उस्तादाना कमाल

लब्धप्रतिष्ठ, प्रामाणिक उस्तादों द्वारा दी
गयी इस्लाहों का संकलन

अयोध्याप्रसाद गोयलीय

वाणी प्रकाशन ग्रुप
भारतीय ज्ञानपीठ
वाणी प्रकाशन : भारतीय ज्ञानपीठ की पुस्तकों के एकमात्र प्रकाशक एवं वितरक

पेपरबैक पहला संस्करण : 1966
पेपरबैक दूसरा संस्करण : 2025

भारतीय ज्ञानपीठ
वाणी प्रकाशन : भारतीय ज्ञानपीठ की पुस्तकों के एकमात्र प्रकाशक एवं वितरक

लोकोदय ग्रन्थमाला : ग्रन्थांक 236

प्रकाशक
वाणी प्रकाशन ग्रुप
4695, 21-ए, दरियागंज, नयी दिल्ली-110 002
फ़ोन : 011-23273167, 23275710
ईमेल : sales@vaniprakashan.in

ISBN : 978-93-6287-146-6

उस्तादाना कमाल
(शायरी)
अयोध्याप्रसाद गोयलीय

USTADANA KAMAL
(Shayari)
by Ayodhya Prasad Goyaliya

मुद्रक : नरूला प्रिंटर्स, दिल्ली-110 032

Price : INR. 395

तालिका

■

भूमिका

उर्दू लिपि न जानने के बावजूद उर्दू शाइरी से प्रेम करने वाले हिन्दी पाठकों के लिए स्व. अयोध्या प्रसाद गोयलीय ने अपनी सम्पादित और संकलित पुस्तकों के माध्यम से जो काम किया है वह अविस्मरणीय है। उनकी पुस्तक 'शेरो-शाइरी' अगर उर्दू शाइरी का प्रामाणिक इतिहास है तो 'शेरो-सुखन', (पाँच भाग) 'शाइरी के नये दौर' (पाँच भाग) 'शाइरी के नये मोड़' (पाँच भाग) और 'उर्दू शाइरात' (कवयित्रियों) के परिचय पर आधारित 'नज़्म-ए-हरम' उर्दू कविता के इतिहास, विकास, समय-समय पर हुए प्रयोग, परिवर्तन और देश-काल की परिस्थितियों से पड़े प्रभाव से परिचय ही नहीं कराती बल्कि उर्दू कविता के बारे में, हिन्दी पाठकों में व्याप्त ग़लतफ़हमियों को भी दूर करने का प्रयास करती हैं।

देवनागरी में उर्दू कविता के विवेचन और तुलनात्मक अध्ययन में गोयलीय जी के अलावा भी कुछ उल्लेखनीय नाम हैं जैसे श्री रामनाथ 'सुमन', प्रकाश पण्डित आदि। सुमन जी ने मीर और ग़ालिब के नाम से जो दो पुस्तकें लिखी हैं वे आज अपनी मिसाल है।

प्रकाश पण्डित का काम भी महत्त्वपूर्ण है। उनकी 'उर्दू के लोकप्रिय शाइर' की शृंखला ने हिन्दी पाठकों को उर्दू कविता के प्रति आकर्षित करने में अहम भूमिका निभायी है।

उर्दू शाइरों की मोहक छवि बनाने में प्रकाश पण्डित की अनोखी शैली आज भी लोगों को प्रभावित करती है। लेकिन प्रकाश पण्डित ने शाइरों के चयन में उनकी लोकप्रियता और विचारधारा को प्राथमिकता दी है। वैसे गोयलीय जी से भी एक शिकायत सम्भव है कि उन्होंने उर्दू के प्रगतिशील कवियों के समकालीन समानान्तर आधुनिक शाइरों, जो बाद में जहीद शाइर कहलाये, का कहीं उल्लेख नहीं किया है। यहाँ उन पर विस्तार से बात करने का अवसर नहीं लेकिन यह सही है कि उन

शाइरों के बग़ैर आज की उर्दू शाइरी सम्भव नहीं होती; विशेष रूप से नज़्म। ख़ैर यहाँ तो हमें प्रस्तुत पुस्तक की बात करनी है।

'उस्तादाना कमाल' गोयलीय जी की ऐसी पुस्तक है जिसे अगर उर्दू के प्रारम्भिक काल से विभाजन के बाद के कुछ वर्षों तक की व्यावहारिक आलोचना का नाम दिया जाये तो ग़लत नहीं होगा। इसमें सिद्धहस्त उस्तादों के सृजनात्मक अनुभवों का आलोक है। इससे यह मालूम होता है कि उर्दू काव्य के पुरखों ने किन-किन जतनों से अपनी भाषा को संस्कारित किया है। अपने शागिर्दों को भाषा की भंगिमाओं से परिचय कराते हुए वे किस तरह शब्दों को साधने का सलीक़ा सिखाते थे। शाइरी मुहावरे से ज़्यादा मुहावरे की महक में होती है लेकिन इसकी समझ मुहावरे के प्रयोग ही से मुमकिन है। इन इस्लाहों से ही यह स्पष्ट होता है कि कोई शब्द किसी का पर्याय नहीं होता अनेक इस्लाहें ऐसी हैं जिनसे यह मालूम होता है कि भाषा में रहते हुए और भाषा की सत्ता को स्वीकारते हुए भाषा को किस तरह साधना सम्भव है। उस्तादों के कहे को सनद-प्रमाण-मानते हुए और 'क़ौले-उस्ताद भी, उस्ताद है उस्ताद के बाद' मानने के बावजूद समकालीन और बाद में आने वाले किस-किस तरह से उस्तादों ने अपनी-अपनी वाजिब और ग़ैर-वाजिब असहमतियों का इज़हार किया है।

आगे बढ़ने से पहले कुछ बातों के बारे में जानकारी प्राप्त कर लेते हैं। उर्दू में उस्ताद-शागिर्द की परम्परा सम्भवत: तसव्वुफ़ से, सूफ़ियों के पीरी-मुरीदी यानी आध्यात्मिक गुरु-शिष्य या संगीत की गुरु-शिष्य परम्परा की देन मालूम होती है। पहली इस्लाह किसने, किसको दी इसका प्रमाण नहीं मिलता अपुष्ट हवालों से यह बताया जाता है कि यह परम्परा हातिम देहल्वी से शुरू होती है।

इस्लाह अरबी शब्द है जिसका अर्थ है संशोधन, सँवारना, त्रुटियों को दूर करना, शुद्ध करना आदि। इस्लाह के लिए अरबी ही का एक और शब्द है 'मश्वरा'– परामर्श, मन्त्रणा आदि। एक और शब्द है तर्मीम–परिवर्तन, मरम्मत आदि इसी तरह का शब्द है नज़रें-सानी-पुनर्विचार। वैसे तो सभी का एक ही भाव है लेकिन इसमें सूक्ष्म भेद भी है। इस्लाह उस्ताद की शागिर्द को दी जाने वाली सलाह या आज्ञा है। मश्वरा कोई भी दे सकता है। तर्मीम स्वयं शाइर किसी के सुझाव को मान कर या अपनी इच्छा से करता है और नज़रे-सानी भी स्वयं शाइर द्वारा पुनर्विचार है।

इन इस्लाहों के प्रकार के अलावा इस्लाह का एक और प्रकार है जिसे आम और अवाम अपनी इच्छा और अवसर के अनुसार शेर की अस्ल सूरत बदल देते हैं। अपने पाकिस्तान के सफ़र में मैंने दाग़ के मशहूर शेर–

उर्दू है जिसका नाम, हमीं जानते हैं 'दाग़'
हिन्दुस्तां में धूम हमारी ज़बां की है

को स्टेज पर लगे बैनर पर यूँ पढ़ा—पहली पंक्ति मूल ही की तरह थी लेकिन दूसरा मिस्रा (पंक्ति) यूँ था—"सारे जहाँ में धूम हमारी ज़बां की है"—आयोजकों में से एक सदस्य का इस तरफ़ ध्यान दिलाया तो उन्होंने कहा आप तो जानते हैं कि उर्दू आलमी-ज़बान है। उनकी इस बात से तो इनकार सम्भव नहीं लेकिन 'दाग़' के शेर में तो 'हिन्दुस्तां' ही है। और वह भी इसलिए कि उस वक़्त हैदराबाद दक़्कन वाले उत्तर भारत को हिन्दुस्तान कहते थे।

इसी तरह किसी नामालूम वजह से ग़ालिब के शेर—

जी ढूँढ़ता है फिर वही फ़ुर्सत कि, रात-दिन
बैठे रहें तसव्वुरे—जानां किये हुए।

का पहला मिस्रा (पंक्ति) बदल कर यूँ कर दिया गया है—"जी ढूँढ़ता है फिर वही फ़ुर्सत के रात-दिन" 'के' रात दिन और 'कि रात दिन' में जो अन्तर है, वह स्पष्ट है। तमाशा यह है कि विद्वानों की पुस्तकों में भी यह ग़लती मिलती है। एक और मिसाल देखें। ग़ालिब का शेर है—

जान दी, दी हुई उसी की थी
हक़ तो यूँ है कि हक़ अदा न हुआ

बोल-चाल में अक्सर हक़ तो ये है सुना जाता है। कुछ पुस्तकों में भी यह ग़लती मिलती है। इस प्रसंग में एक मिसाल 'मीर' की भी देख लें—

मीर का शेर है—

सिरहाने 'मीर' के कोई न बोलो
अभी टुक रोते-रोते सो गया है

लेकिन मशहूर यूँ हो गया है "सिरहाने 'मीर' के आहिस्ता बोलो।"

'आहिस्ता बोलो' में बोलने की मनाही नहीं है। बोला जा सकता है मगर धीरे, आहिस्ता। जब कि 'मीर' तो न बोलने की सख़्ती करते हैं। रोते-रोते सोने के सबब नींद कच्ची है ज़रा सी खुसर-फुसर से भी नींद के टूटने की सम्भावना है। कहने का मतलब यह है कि ऐसी तब्दीलियों से शेर की सूरत ही नहीं सीरत भी बदल जाती है।

उस्तादाना कमाल में स्वयं शाइरों की अपने कलाम पर दी गयी इस्लाहें या संशोधन की मिसालें न के बराबर हैं। मैंने उन पर काम करने की कोशिश की है। जिसे देखने से यह मालूम होगा कि स्वयं शाइर ने अपने कहे पर ग़ौर करने के बाद अपने शेर को कहाँ से कहाँ पहुँचा दिया है। चिन्तन और रचना प्रक्रिया प्रकाशन के बाद भी पूर्ण नहीं होती। एक उदाहरण प्रस्तुत है–

इक़बाल ने 'तराना-ए-हिन्दी', जिसका पहले शीर्षक 'हमारा देस' था यानी 'सारे जहाँ से अच्छा हिन्दुस्तां हमारा' के इस शेर–

पंजाब क्या दकन क्या बंगाल बम्बई क्या
हिन्दी है हम वतन है हिन्दुस्तां हमारा

को ग़ोर करने के बाद बदला। आज वह बदली हुई सूरत ही मशहूर है।

मज़हब नहीं सिखाता आपस में बैर रखना

आप ख़ुद देख सकते हैं कि शेर कहाँ से कहाँ पहुँच गया। यह तो एक विषय के मुताबिक लेकिन अलग बात थी। बात तो 'उस्तादाना कमाल' की है, जिसे अगर ग़ौर से पढ़ा जाये तो भाषा और अभिव्यक्ति से सम्बन्धित बहुत-सी बातें समझी जा सकती हैं। कहने का तरीक़ा, सोचने के सलीक़े को नुमायाँ करता है।

इस पुस्तक का पहला संस्करण 1966 में प्रकाशित हुआ था। मेरे निजी पुस्तकालय में यह तब से मौजूद है। अनेक मित्रों से कहा कि ग़ज़ल कहने के साथ-साथ अगर इसे पढ़ें तो बहुत लाभ होगा लेकिन सभी का एक ही उत्तर था कि यह उपलब्ध नहीं है। दिल्ली में एक दिन, अरुण जी से, बातों-बातों में इस पुस्तक का ज़िक्र आ गया। उन्होंने इसे प्रकाशित करने में तत्परता दिखाई। जिन मित्रों को इस पुस्तक की तलाश थी उन्हें अरुण जी का शुक्रिया अदा करना चाहिए।

3.12.2024

–शीन काफ़ निज़ाम
कल्लों की गली, जोधपुर

ये इस्लाहें

इन तल्ख़ आँसुओंको न यूँ मुँह बनाके पी
ये मै है ख़ुद कशीद इसे मुस्कराके पी
उतरेंगे किसके हल्क़से यह दिल ख़राश घूँट
किसको पयाम दूँ कि मेरे साथ आके पी

इस्लाह लेने-देनेका रिवाज़ उर्दू-शाइरीके जन्मकाल ही से चला आ रहा है। शेर कहना उतना मुश्किल नहीं, जितना कि उसका समझना। लगन और परिश्रमके बल-बूतेपर शेर कहनेका अभ्यास तो हो सकता है, किन्तु शेरको समझना, परखना, उसकी अच्छाई-बुराई, ख़ूबी और ऐब-पर आलोचनात्मक दृष्टि पड़ना बहुत मुश्किल है। यदि नीर-क्षीर विवेक-दृष्टि सौभाग्यसे प्राप्त हो भी जाये तो शेरके ऐबोंको निकालकर उसे चमका देना हर उस्तादसे सम्भव नहीं। सोनेके खरे-खोटेकी तो परख सर्राफ़ कर सकता है, परन्तु उसका खोट निकालकर उसे शुद्ध बनाना उसके वशका नहीं, यह काम सुनार ही कर सकता है।

इस्लाह देनेकी क्षमता केवल—छन्दशास्त्र, अलंकार, साहित्य आदिमें पारंगत होनेसे नहीं आती, अपितु उसके लिए—शाइराना सूझ-बूझ, स्वानुभव और विवेक बुद्धि भी अत्यन्त आवश्यक है। इस्लाहसे न केवल शागिर्द ही को लाभ पहुँचता है, अपितु उस्तादका अभ्यास बढ़ता है और उत्तरोत्तर उसके काव्य-कौशलमें निखार आ जाता है, और नयी-नयी बातोंकी जानकारीके लिए अध्ययनकी भी प्रवृत्ति बढ़ती जाती है, ताकि वह अपने शिष्योंको इस कलामें पारंगत कर सके। उस्तादोंके मुद्रित कलामसे यह तो ज्ञात हो सकता है कि वे स्वयं क्या कहते थे और कैसा कहते थे, किन्तु उनकी समालोचक दृष्टि और

सूझ-बूझका अनुमान तो उन-द्वारा दी गयी इस्लाहों ही से हो सकता है शागिर्दने क्या कहा और उस्तादने तनिक-से संशोधनसे उसे क्यासे क्या बना दिया ?

कुछ महानुभाव इस्लाहको शिष्यके लिए अहितकर समझते हैं। उनका कथन है कि इस्लाहके बन्धनसे शिष्य अपने स्वयंके विचार व्यक्त नहीं कर पाता और वह उस्तादका अन्ध अनुकरण करने लगता है। वह अपनी कल्पनाओं, उपमाओंको व्यक्त करनेकी क्षमता खोकर उस्तादका आश्रित हो जाता है, किन्तु यह उनकी भ्रामक धारणा है। पक्षी, पशु, मानव सभी प्रारम्भिक अवस्थामें अपनेसे समर्थ एवं अनुभवियोंसे शिक्षित-दीक्षित होनेके लिए बाध्य हैं। पक्षी अपने माँ-बापसे खाना-पीना और उड़ना सीखते हैं। तभी वे स्वतन्त्र बिहारी होते हैं। पशु भी अपने शिशुओंको चूम-चाटकर, दूध पिलाकर अपने पाँवोंपर खड़ा होना सिखाते हैं और मानव तो जन्मसे मृत्यु तक अपने-परायोंसे कुछ-न-कुछ सीखता ही रहता है।

मीर, ग़ालिब, मोमिन, ज़ौक़, मुसहफ़ी आदिने भी अपने उस्तादोंसे इस्लाहें लीं, किन्तु कौन कह सकता है कि वे अपने स्वानुभव व्यक्त न करके उस्तादका अनुसरण करते रहे और स्वावलम्बी न होकर परमुखा-पेक्षी रहे। मिर्ज़ा दाग़-जैसे रंगीन एवं शोख़ उस्तादके दो हज़ारके क़रीब शिष्य थे। जिन शिष्योंका उनके रंगसे रुझान था, वे ही उनके रंगमें कहते रहे, किन्तु सर इक़बाल, सीमाब अकबराबादी, जिगर मुरादा-बादी, जोश मलसियानी, भी तो उन्हींके शिष्य थे। वे क्यों अपनी-नवीन डगर चुन पाये। हमारे कहनेका अभिप्राय केवल इतना ही है कि इस्लाह तो ऐसी रौशनी है जिसका प्रकाश शिष्यको अपने गन्तव्य स्थान तक पहुँचानेमें सहायक हो सकता है। अब कोई नासमझ रौशनीसे उजागर होनेवाली झाड़-झंखाड़ोंमें अपनेको फँसा ले, कुएँमें कूद पड़े या पर्वतसे लुढ़क पड़े तो उस प्रकाशका क्या दोष ? जो प्रकाश आँखोंकी

रौशनीके लिए निहायत ज़रूरी है, उससे कोई कपड़ोंमें आग लगा ले तो उसे जाहिलके सिवा क्या समझा जाये ?

अधकचरे उस्तादसे इस्लाह लेना नीम हकीमको नाड़ी दिखानेके समान है। इस्लाह देना बहुत बड़ा कौशल है। अतः सदैव प्रामाणिक एवं सिद्धहस्त उस्ताद ही से मशवरए-सुख़न लेना चाहिए। ताकि शाइरीका वास्तविक मर्म समझमें आ सके और इस कलामें निपुणता प्राप्त की जा सके। योग्य उस्तादसे इस्लाह लेनेमें विचार परिष्कृत होते हैं। शाइरीके सूक्ष्मसे सूक्ष्म तत्त्वोंका ज्ञान होता है और अनेक नुक्तोंका पता लगता है। 'राज़' अहसनी स्वयं उस्तादीका मर्त्तबा रखते हैं। उनका यह शेर—

हमारे आशियाँसे आस्माँ तक रोक ही क्या थी
बलाए-बर्क़से महफ़ूज़ क्योंकर आशियाँ करते ?

ज़ाहिरामें बहुत अच्छा शेर है, किन्तु बाबाए-उर्दू 'जोश' मलसियानी-जैसे वयोवृद्ध और सिद्धहस्तकी आलोचक दृष्टिसे शेरकी ये तनिक-सी ख़ामी छिपी न रह सकी। बिजली आस्मानसे ज़मीनपर गिरती है। अतः बिजलीके रवानगीके मक़ामका उल्लेख पहले और मंज़िलपर पहुँचनेका बादमें होना चाहिए था। अतः उन्होंने पहले मिसरेको इस तरह परिवर्त्तित कर दिया—

रुकावट कौन-सी थी चर्ख़से शाख़े-नशेमन तक

स्वानुभवकी कमीके कारण भी कभी-कभी ऐसी भूलें हो जाती हैं कि अच्छे-अच्छे उस्ताद उन अस्वाभाविकताओंको नहीं भाँप पाते। 'अहसन' माहरहरवी मिर्ज़ा 'दाग़' के योग्य शिष्य थे। शिष्योंकी डाक-द्वारा आयी हुई ग़ज़लोंको अक्सर वे पढ़कर मिर्ज़ा 'दाग़' को सुनाते थे और जो इस्लाह उस्ताद फ़र्माते थे, लिखकर शिष्योंको वापिस भिजवा देते थे। ऐसे दक्ष शागिदने जब अपना यह शेर इस्लाहके लिए

पेश किया—

किसी दिन बेखुदोमें जा पड़े थे उनके सीने पर
बस इतनी-सी ख़तापर हाथ कुचले उसने पत्थरसे

मिर्ज़ा दाग़के पास बैठी हुई तवाइफ़ शेर सुनकर मुस्करायी। अहसन तो बेचारे मौलाना और ज़ाहिदे-ख़ुश्क थे। इस मुस्कानका रहस्य समझना उनकी समझके बाहर था, किन्तु मिर्ज़ा दाग़-जैसा स्वानुभवी भाँप गया। फ़र्माया बेख़ुदीमें एक ही हाथ सीनेपर पड़ना मुमकिन है। दोनों हाथ तो अनजानेमें नहीं जान-बूझकर ही पड़ते हैं। शेर यूँ बना लो—

किसी दिन बेख़ुदोमें जा पड़ा था उनके सीने पर
बस इतनी-सी ख़तापर हाथ कुचला उसने पत्थरसे

मिर्ज़ा सुलेमान जाह 'अंजुम' उस्ताद हैदरअली तबातबाई 'नज्म' से अपनी ग़ज़लपर इस्लाह लेकर जा रहे थे कि रास्तेमें नवाब अख़्तर महल बेगमको सलाम करनेके लिए उनके दौलतख़ानेपर चले गये। बेगम साहिबा शाइरा तो न थीं, हाँ सुख़न-फ़हम ज़रूर थीं। ताजा ग़ज़ल सुनानेकी फ़र्माइशपर अपनी इस्लाहशुदा ग़ज़ल पढ़नी शुरू की। जब यह शेर पढ़ा—

दम मेरा निकला तेरे वादेके साथ
तेरी घबरायी हुई हाँ की तरह

तो बेगमने मुस्कराते हुए पूछा—क्या उसने घबराकर कहा था कि 'हाँ'? फिर फ़र्माया यूँ पढ़िए—

तेरी शर्मायी हुई हाँ की तरह

उस्तादने इस्लाह तो दे दी, परन्तु नारी-सुलभ इस अदाका अनुभव न होनेसे मात खा गये। शेरो-शाइरी ऐसा असीम सागर है, जिसमें

अच्छे-अच्छे तैराक ग़ोते खाजाते हैं। 'हातिम' अपने ज़मानेमें बहुत अच्छा उस्तादाना मर्त्तबा रखते थे। अपने कुछ शागिर्दोंके साथ बैठे हुए थे। फ़र्माइशपर अपनी ग़ज़लका यह मतला पढ़ा—

सरको पटका है कभू, सीना कभू कूटा है
रात हम हिज्रकी दौलतसे मज़ा लूटा है

शागिर्दोंमें मियाँ सआदत यार खाँ 'रंगीं' भी बैठे हुए थे। उन्होंने बा-अदब अर्ज़ किया—"उस्ताद मत्ला तो बहुत अच्छा है. लेकिन दूसरे मिसरेमें ज़रा-सी तरमीमकी ज़रूरत है।" उस्तादने पूछा—वोह क्या? रंगींने हाथ बाँधकर अर्ज़ की "मेरी नाक़िस रायमें दूसरा मिसरा यूँ रहना चाहिए—

हमने शबे-हिज्रकी दौलतसे मज़ा लूटा है

उस्तादने ग़ौर किया तो मालूम हुआ कि 'हम लूटा है' अशुद्ध है। 'हमने लूटा है' कहना चाहिए था। उस्तादने 'रंगीं' की इस इस्लाहको बेतकल्लुफ़ क़ुबूल कर लिया और सबके सामने रंगींकी सराहना भी की।

उस्तादका कर्तव्य

१. शिष्यके मौलिक विचारोंमें परिवर्त्तन न करके उसके अशआरके शब्दार्थके दोषोंको दूर करनेके लिए और ख़ूबी पैदा करनेके लिए उपयुक्त शब्दोंका परिवर्त्तन-परिवर्द्धन करना चाहिए।

२. यदि शिष्यके विचार अस्वाभाविक, निम्नकोटिके हैं और शेरकी बन्दिश भी ढीली है तो वह शेर काट देना चाहिए और शिष्यको उसके स्थानपर उपयुक्त शेर कहनेका आदेश देना चाहिए। ताकि उसके अभ्यासमें वृद्धि हो सके।

३. शेरमें संशोधन करनेपर उसकी वजह शिष्यको समझा देनी

चाहिए ताकि भविष्यमें वह उस भूलसे सावधान रहे।

४. किसी भी स्थितिमें शिष्यके लिए अपना शेर नहीं देना चाहिए। क्योंकि इस आदतसे शिष्यकी उन्नति रुक जाती है और वह परमुखापेक्षी हो जाता है।

५. इस्लाह देते समय निम्नलिखित नुक़्तोंका ख़याल रखना चाहिए—

(क) शेरका आभ्यन्तरिक और बाह्य रूप सुन्दर है या नहीं ?
(ख) वह शब्दार्थकी दृष्टिसे एवं भाषा-सौन्दर्यसे रिक्त तो नहीं ?
(ग) शेरकी बन्दिश चुस्त एवं आकर्षक है या भोण्डी ?
(घ) शाइरीके व्याकरण सम्बन्धी कोई त्रुटि तो नहीं ?
(ङ) क़ाफ़िया और रदीफ़का सही इस्तेमाल हुआ है या नहीं ? शेरियत पैदा हो सकी है या सिर्फ़ शब्दोंका गोरख-धन्धा है ?

शिष्योंके लिए ध्यान देने योग्य

१. क्लिष्ट शब्दों एवं व्यर्थकी फ़ार्सीयतसे परहेज़ करना चाहिए।

इक मुनज्जिमने कहा है कि यह साल अच्छा है

इसकी जगह "एक नजूमीने कहा है कि यह साल अच्छा है" कहना आम फ़हम है। यहाँ सरल एवं चित्ताकर्षक अशआ़रके चन्द नमूने दिये जा रहे हैं—

मीर—इक निगाह करके उसने मोल लिया
बिक गये आह, हम भी क्या सस्ते

दर्द—जगमें आकर इधर-उधर देखा
तू ही आया नज़र जिधर देखा

मुसहफ़ी—हैरान है किसका? जो समन्दर
मुद्दतसे रुका हुआ खड़ा है

नासिख़—ज़िन्दगी ज़िन्दादिलीका नाम है
मुर्दा दिल ख़ाक जिया करते हैं

आतिश—आईना देखनेका गुज़रता नहीं ख़याल
अपनी ख़बर नहीं उन्हें मेरी ख़बर कहाँ?

ग़ालिब—घर जब बना लिया तेरे दर पै कहे बग़ैर
जानेगा अब भी तू न मेरा घर कहे बग़ैर

मोमिन—तुम मेरे पास होते हो गोया
जब कोई दूसरा नहीं होता

ज़ौक़—उसने जब माल बहुत रद्दो-बदलमें मारा
हमने दिल अपना उठा अपनी बग़लमें मारा

जलाल लखनवी—फ़िर हम उनके रूठ जानेपर फ़िदा होने लगे
फ़िर हमें प्यार आ गया, जब वे ख़फ़ा होने लगे

अमीर मीनाई—इक किनारे पड़ा हुआ है 'अमीर'
कुछ तुम्हारा ग़रीब लेता है?

हसरत मोहानी—नहीं आती तो याद उनकी महीनों तक नहीं आती
मगर जब याद आते हैं तो अक्सर याद आते हैं

साक़िब लखनवी—लूटने वाले हमारी नींदके
रात भर किस चैनसे सोते रहे?

आर्ज़ू लखनवी—भरी आते ही किसने चुपके-से सिसकी?
बदलने लगा करवटें मरने वाला

असर लखनवी—एक बात भला पूछें "किस तरह मनाओगे?
जैसे कोई रूठा हो और तुमको मनाना है"

जिगर मुरादाबादी—सब पै तू महर्बान है प्यारे
कुछ हमारा भी ध्यान है प्यारे ?

रज़ा लखनवी— छुप नहीं सकती चाहकी चितवन
रोज़ कहाँ तक बात बनायें

सिराज लखनवी— परोंसे मुँहको छुपाके क़फ़समें बैठा हूँ
यह शर्म है कि न पहचान ले बहार मुझे

फ़िराक़ गोरखपुरी—उसे भूलिए भी तो क्या भूलिए
हज़ारों तरह याद आ जाये है

आसान और बोलचालकी भाषामें शेर कहना सर्वसाधारणके लिए विशेष लुभावने होते हैं।

२. मतरूक (उर्दूसे निष्कासित) शब्दोंका प्रयोग वर्जनीय है। ऐसे शब्दोंकी सूची ख़ासी लम्बी-चौड़ी है और उत्तरोत्तर बढ़ती जाती है। यहाँ बतौर नमूना चन्द शब्द दिये जा रहे हैं—

मतरूक	जाइज़	मतरूक	जाइज़
पर	मगर	तूँ	तू
याँ, वाँ	यहाँ, वहाँ	तनक	ज़रा
गर	अगर	कनें	पास
तें	तूने	बास	बू
नित	हमेशा	मैला	गन्दा
खोलियाँ	खोला	जिन्होंनेके	जिनके
टुक	ज़रा	पवन	हवा
तिधर	उधर	मुखड़ा	मुँह
मत, ने	न, नहीं	तईं	लिए
लोहू	लहू, ख़ून	जूँ	ज्यूँ

ओर	तरफ़	उन्नने	उसने
बुलबुलाँ	बुलबुल	ठौर	जगह
सेती	से	तिसपै	उसपर
कबलग	कबतक	कभू	कभी

३. सरल एवं लालित्यपूर्ण भाषाके साथ ही शेरकी सुरुचिपूर्ण गठन भी अत्यन्त आवश्यक है। भाव और शब्द कितने ही सुन्दर हों; शेरकी बन्दिश चुस्त नहीं तो वह शेर बे नमक है। शेर कहनेका कमाल तो यह होना चाहिए कि उसे गद्य रूपमें परिणत किया जाय तो एक भी शब्द इधर-से-उधर न किया जा सके। मिर्ज़ा दाग़का यह शेर इस कसौटीपर खरा उतरता है—

रुख़े-रौशनके आगे शमअ़ रखकर वे यह कहते हैं
उधर जाता है देखें या इधर परवाना आता है

चार शेर इसी क़िस्मके और दिये जा रहे हैं—

असर लखनवी— हमने रो-रोके रात काटी हैं
आँसुओंपर यह रंग तब आया

अज्ञात— थमते-थमते थमेंगे आँसू
रोना है कुछ हँसी नहीं है

फ़ैज़ अहमद— तुम तो ग़म देके भूल जाते हो
मुझको अहसाँका पास रहता है

आर्ज़ू लखनवी—कहके यह कुछ और कहा न गया
कि "हमें आपसे शिकायत है"

४. कर्त्ता, कर्म, क्रियाको यथास्थान न रखकर इधर-उधर कर देना भी उचित नहीं।

ज़िब्ह वोह करता है पर, चाहिए ऐ मुर्ग़-दिल !
दम फड़क जाये तड़पना देखकर सैयादका

शाइरका आशय तो ये है कि—सैयाद मुर्ग़-दिलका वध कर रहा है। अतः उसे इस ढंगसे तड़पना चाहिए कि सैयादका दम भी देखकर फड़क उठे। उसका भी दिल लरज़ जाये, किन्तु शेरको पढ़नेसे ख़्याल यह होता है कि 'सैयादका तड़पना देखकर मुर्ग़-दिलका दम फड़क जाय।' इस भ्रमका कारण ये है कि दम और सैयादके मध्यमें शाइरने चार शब्दोंकी दीवार खड़ी कर दी है। 'दम सैयादका' या 'सैयादका दम' कहा जाता और 'मुर्ग़-दिलका तड़पना देखकर' कहा जाता तो यह भ्रम न होता। इसी ढंगका एक और उदाहरण—

डाली गयी जो फ़स्ले-ख़िज़ाँमें शजरसे टूट

इस मिसरेमें 'डाली' भूतकालीन क्रियाके अर्थमें प्रयुक्त नहीं हुई है, अपितु 'डाली' का अर्थ यहाँ पेड़की डालीसे है, किन्तु भ्रम 'नींव डाली' या किसी वस्तुके डालनेका होता है। उक्त मिसरेमें 'टूट गयी' को गयी टूट बाँधा है और 'डाली टूट गयी' को दो भागोंमें विभक्त करके डाली गयी और टूटके दरम्यान छह शब्द रख दिये गये हैं। इस प्रकार शब्दोंके उलट-फेरसे शाइरको बचना चाहिए। 'डाली' पर एक अच्छा शेर याद आया—

मुझे खटका हुआ था जब बिनाए-काबा[1] डाली थी
कि यह धोकेमें डालेगी बहुत गब्रो-मुसलमाँ[2] को

५. ग़ज़लके मिज़ाजके लिए कौन शब्द उचित है और कौन अनुचित इसका पूर्णरूपेण ज्ञान आवश्यक है। बहुत-से शब्द–जो क़सीदों, मर्सियों, मसनवियों, नज़्मों आदिके लिए तो उपयुक्त होते हैं, किन्तु उन सबका प्रयोग ग़ज़लमें नहीं किया जा सकता। ग़ज़ल एक बहुत कोमल

१. काबेकी नींव। २. अग्निपूजकों और मुसलमानोंको।

छुई-मुई-सी कला है, जो तनिक-सी असावधानी बरतनेसे कुम्हला जाती है। इसकी साफ़-सुथरी, मँजी-धुली, नोक-पलकसे दुरुस्त, सजी सँवरी अपनी भाषा है। इसकी अपनी टकसाली, बा-मुहावरा ज़बान है। यह करख़्त, क्लिष्ट, भारी बोझिल शब्दोंको सहन नहीं करती। बाज़ारी ज़बान, अश्लील फ़ब्तियाँ, निम्नकोटिके मुहावरे ग़ज़लको पसन्द नहीं। मसलन 'नादानी' लफ़्ज़ तो ग़ज़लके शेरमें इस्तेमाल हो सकता है, किन्तु उसकी जगह 'हिमाक़त' शब्द नहीं रखा जा सकता।

६. शुतुरगुर्बापन भी शाइरीका एक दोष है। जिसमें पहले मिसरेमें एकवचन हो, और उसी शब्दका दूसरे मिसरेमें बहुवचन। बक़ौले-दाग़—

एक मिसरे में हो तू और दूसरे मिसरे में तुम
यह शुतुर गुर्बा हुआ मैंने इसे तर्क किया

७. रकाकत (तुच्छता), इब्तिज़ाल (फूहड़पन) और ज़मके पहलू (अश्लील शब्दोंका व्यवहार) भी ग़ज़लके लिए अयोग्य हैं। बाज़ारी जबान, बाज़ारी मुहावरे और बाज़ारी अल्फ़ाज़के इस्तेमालसे भी उक्त तीनों दोष उत्पन्न हो जाते हैं। एक सज्जन रातको देरसे घर पहुँचे तो उनकी श्रीमतीजी बोलीं—'तुम्हारा दूध बिल्ली पी गयी है तुम मेरा पी लो।' पति महाशयने आशय समझकर भी व्यंग्य किया—'क्या आज बच्चोंने नहीं पिया जो मुझे पिलाना चाहती हो।' श्रीमतीजी झेंपते हुए बोलीं—'तुम बड़े वो हो, हर बातमें मज़ाक़ तलाश कर लेते हो।'

एक महिला प्रथम श्रेणीके कूपेमें अपनी बर्थपर आसीन थीं। दूसरी बर्थपर उनके पतिदेव थे। वे किसी कामसे प्लेटफ़ॉर्मपर गये हुए थे कि एक यात्री डिब्बेमें प्रवेश करने लगा तो महिला जल्दीसे बोल उठीं—"यह बर्थ कण्ट्रोल है।" इस तरहकी उपहासास्पद भूलें अक्सर होती रहती हैं। तेरी और तुम्हारी शब्दके व्यवहारमें सावधानी न बरतनेसे

भी ज़मका पहलू निकल आता है। बाज़ शब्दोंकी परस्पर समीपतासे भी यह दोष आ जाता है। मसलन—'इस्' और 'हाल'को समीप रखा जाये तो इसहालकी आवाज़ पैदा होती है और इसहालका अर्थ 'अतिसार' है। चू और दामन शब्द भी एक जगह नहीं रखने चाहिएँ।

मैंने पर्दा जो उठाया तो क़यामत देखी

यह मिसरा एक मशहूर शाइरका है। ज़बान अच्छी, बन्दिश अच्छी, अल्फ़ाज़का चुनाव और रख-रखाव सब मुनासिब। मगर फिर भी शब्दार्थकी अस्पष्ट सूरतने जमका पहलू पैदा कर दिया और मिसरा उपहासास्पद हो गया।

८. उपमाओं, अलंकारोंका प्रयोग बहुत सावधानीसे करना चाहिए। इस बातका ध्यान रखना चाहिए कि उपमाओं आदिके प्रयोगसे शेरका स्वाभाविक रूप तो विकृत नहीं हो रहा है। जैसे कोई चितेरा अपना हस्त-कौशल दिखानेके लोभमें गुलाबकी पत्तियोंपर बेल-बूटे बनाये तो फूलका प्राकृतिक रूप नष्ट हो जायेगा। उसी प्रकार उपमाओं-अलंकारोंकी व्यर्थकी भरमार भी शेरके सौन्दर्यको विकृत कर देती है। इसी प्रकार मनमानी ग़लत-सलत उपमाएँ भी वर्जनीय हैं। मसलन—हँसती हुई ख़िज़ाँपर रोना, रोती हुई बहारपर हँसना, सीमगूँ ख़ामोशियाँ, तड़पती हुई मदहोशियाँ। यासकी ज़ुल्मतोंमें उम्मीदकी रौशनी।' इसी प्रकारके बहुत-से नियम-उपनियम हैं। जिन सबका उल्लेख स्थानाभावके कारण नहीं किया जा सका है।[१]

० ० ०

उर्दू-शाइरीमें इस्लाहका रिवाज तो पुराना है, लेकिन १९१८ ई०

१. प्रामाणिकताके लिए हमने 'शिष्योंके कर्तव्य' शीर्षकमें बाबाए-उर्दू हज़रत जोश मलसियानी-जैसे सिद्धहस्त विद्वान्‌की कृति 'आईनए-इस्लाह'के १५-२० वाक्योंका उपयोग किया है और पचाकर अपनी शैलीमें व्यक्त किया है। उदाहरणमें पाँच अशआर भी दिये गये हैं।

से पूर्व इस्लाहोंका संकलन किसी शाइर या अदीबने नहीं किया था। इस तरफ़ हज़रत 'सफ़दर' मिर्ज़ापुरीका ध्यान आकर्षित हुआ। मीर, दर्द, मुसहफ़ी, आतिश, नासिख़, ग़ालिब, मोमिन, ज़ौक़, दाग़, असीर, तस्लीम, तस्नीम, अमीर मीनाई-जैसे रौशन दमाग़ उस्ताद भावी पीढ़ीको डगर दिखाकर अन्तर्ध्यान हो चुके थे। जिन शाइरोंने उनकी आँखें देखी थीं। जूतियोंमें बैठकर कुछ सीखा था और अपनी शाइरीका चिराग़ उनकी ज्योतिसे रौशन किया था और स्वयं उस्तादीके मर्त्तबेको पहुँच गये थे। वे भी प्रातःकालीन दीप बने टिमटिमा रहे थे। कब कौन-सा चिराग़ अपनी लौ खो बैठे; यही अन्देशा 'सफ़दर' मिर्ज़ापुरीको सताने लगा।

उस्ताद शाइरोंका कलाम तो उनके दीवानोंमें सुगमतापूर्वक मिल जायगा, किन्तु उन-द्वारा ली-दी गयीं इस्लाहें फिर कहाँ और क्योंकर नसीब होंगी ? शाइरका वास्तविक जौहर तो इस्लाहों ही से प्रकट होता है। अतः तनिक-सी चूकसे उर्दू-अदबका ख़ज़ाना एक अमूल्य निधिसे रिक्त रह जायगा।

अब पछताये कहा होत है जब चिड़िया चुग गयीं खेत।

अतः सफ़दर मिर्ज़ापुरी इस्लाहें संकलन करनेके लिए दीवानावार लखनऊके गली-कूचोंमें उस्तादोंके दरोंकी खाक छानने लगे। शुरू-शुरूमें कुछने यह कहकर उन्हें टरकाया—"हमारे कलामपर उस्तादने इस्लाह देनेकी ज़रूरत ही महसूस नहीं की और हमने अपने शागिर्दोंको दी गयीं इस्लाहोंकी नक़ल नहीं रक्खी।" कुछने यह कहकर चलता किया—"हमें जो इस्लाहें दी गयी थीं, उन्हें हमने अपनी ब्याज (कविता संकलन) में नोट करनेके बाद ज़ाया कर दिया। यह मालूम होता कि कोई अदीब इस्लाहोंको भी शाया (प्रकाशित) करेगा तो सहेजकर रख लेते।"

लेकिन 'सफ़दर' निराश न हुए। वे अपनी धुन के पक्के थे। तीन वर्ष

तक लगातार प्रयास करनेपर १९१८ ई०में इस्लाहोंका प्रथम संकलन और १९२८ ई० में द्वितीय संकलन प्रकाशित करानेमें कामयाब हो ही गये।[1] सफ़दर साहबने अपने उन कई दर्जन मित्रों, शाइरों अदीबोंका सम्मान पूर्वक उल्लेख किया है, जिन हितैषी महानुभावने इस्लाहें भिजवायीं या संकलन करनेमें सहयोग दिया। यदि किसीने एक शेरकी इस्लाह भी भिजवायी तो अत्यन्त कृतज्ञतापूर्वक शेरके साथ उसके नामका भी उल्लेख किया है।

हमने 'सफ़दर' साहबके इस इस्लाहोद्यानसे १५० शेरोंकी इस्लाहोंका चयन करके गुलदस्ता बनाया है।[2] इसमें ख्यातिप्राप्त प्रामाणिक उस्तादोंकी सुरुचिपूर्ण इस्लाहोंके चयनका प्रयास किया गया है। साधारण कोटिकी, एवं शिष्यकी प्रारम्भिक अवस्थाकी और एक ही रंगकी कई-कई इस्लाहोंके निर्वाचनसे परहेज़ रखा गया है। जिन-जिन उस्तादोंकी इस्लाहोंका चयन सफ़दर साहबके मुश्शातए सुख़नसे किया गया है, उन-उन उस्तादोंके अन्तमें पादटिप्पणियोंमें पुस्तकका उल्लेख पृष्ठ सहित प्रेस-कापीमें किया गया था, किन्तु प्रूफ़ आते ही महसूस हुआ कि केवल पाद टिप्पणीमें उल्लेख कर देनेसे न उनके श्रमका मूल्यांकन हो सकेगा और न अपनी कृतज्ञता प्रकट हो सकेगी। इस सपूत अदीबका आभार तो अलगसे मानना चाहिए। यह महसूस होते ही फ़ुटनोटसे मुश्शातए-सुख़नके हवाले निकाल दिये गये।

सफ़दर साहबके अतिरिक्त पृष्ठ १२० से २२८ तककी इस्लाहोंकी माला जिन उस्तादोंकी वाटिकाओंसे गूँथी गयी है। उनका उल्लेख

---

१. इन संकलनोंके नाम हैं—"मुश्शातए-सुख़न।" १८–२२ आकारके अठपेजी साइज़। पहला हिस्सा पृ० १५२। ३७ उस्तादोंकी इस्लाहोंका संकलन। प्रकाशक—सिद्दीक़ बुकडिपो लखनऊ। दूसरा हिस्सा पृष्ठ २६२। ६९ उस्तादोंकी इस्लाहें संकलित। प्रकाशक—ताजराने-कुतुब लाहौर।

२. प्रस्तुत पुस्तक पृष्ठ ८ से ७४ और ८० से ११९ तकके उस्तादोंकी इस्लाहें।

सम्मानपूर्वक यथास्थान किया गया है। इस्लाह देनेकी वजूहात स्वयं उस्तादोंने, शागिर्दोंने और सफ़दर साहबने बयान की है। हमने उन्हीं बयानोंके आधारपर उन्हें सरल भाषा एवं भावोंका परिधान पहनाकर प्रस्तुत किया है। व्याकरण और छन्दशास्त्र सम्बन्धी बारीकियोंको सुगम बनानेका प्रयास किया है। लम्बे-लम्बे वाक्योंको संक्षिप्त किया है और उस्तादोंकी इस्लाहोंकी प्रशंसा प्रत्येक शेरके साथ प्रायः एक ही तरहकी या आवश्यकतासे अधिक प्रशंसाके उल्लेख करनेमें बहुत कंजूसी बरती गयी है।

मुझ तुच्छ बुद्धिहीनने 'उस्तादाना कमाल' प्रस्तुत करनेकी धृष्टता की है। न जाने अज्ञानवश कितनी भूलें हुई होंगी। अधिकारी गुरुजनों-के द्वारा भूल सुझाये जानेपर अत्यन्त कृतज्ञ होऊँगा। इसके सम्पादनमें प्रमाद एवं असावधानीको मैंने पास नहीं फटकने दिया है। मुझसे जो बन पड़ा वह प्रस्तुत है, अब हिन्दी-संसारपर निर्भर है कि वह इसे किस प्रकार अपनाता है। बक़ौल शख़्से—

ख़ुदाके हाथ है बिकना न बिकना मैका ऐ साक़ी !
बराबर मस्जिदे-जामअ़के हमने तो दुकाँ रख दी

डालमियानगर (बिहार)
४—११—१९६६ ई०

अयोध्याप्रसाद गोयलीय

मेरे दोस्तो ! मेरे हमदमो !! हो ख़ामोश किस लिए ? कुछ कहो
मुझे दादे-बेहुनरी ही दो, जो मजाले-क़द्रे-हुनर न हो

—एजाज़ सिद्दीक़ी

उस्तादाना कमाल

यूँ लाये वाँ से हम दिले-सद्पारः ढूँढकर
पाया पड़ा जहाँ कोई टुकड़ा उठा लिया

—अज्ञात

उस्तादाना कमाल

उर्दू-शाइरीमें इस्लाह (संशोधन) का बहुत अधिक प्रचलन रहा है। शिष्य चाहे बादशाह या नवाब, अथवा कितना ही प्रतिष्ठित व्यक्ति रहा हो, वह अपने दरिद्र अथवा साधारण व्यक्तित्वके उस्तादको भी बहुत अधिक आदर और सम्मान देता था। बहादुरशाह ज़फ़र, नवाब आसफ़ुद्दौला, वाजिद अलीशाह, नवाब हैदराबाद, नवाब रामपुर आदि अपने यहाँ रहनेवाले वैतनिक उस्तादोंका भी उसी तरह अदब करते थे, जिस तरह एक साधारण व्यक्ति-द्वारा किसी महान् विद्वान् या श्रद्धेय धर्माचार्यका किया जाता है। सर इक़बाल-जैसे अन्तर्राष्ट्रीय ख्याति-प्राप्त शाइर अपने उस्ताद मिर्ज़ा 'दाग़' का, जोश मलीहाबादी-जैसे शाइरे-इन्क़िलाब अपने उस्ताद 'अज़ीज़' लखनवीका उसी तरह आदर और सत्कार करते थे, जैसे संस्कृत पाठशालाके विद्यार्थी अपने गुरुजनोंकी श्रद्धा-भक्ति करते हैं।

अक्सर यह भी हुआ है कि उस्ताद अच्छे चरित्रके नहीं हैं और उनके शिष्य माने हुए चरित्रवान् और सम्मानित व्यक्ति हुए हैं। फिर भी शिष्य सदैव नतमस्तक और श्रद्धालु बने रहे हैं। मिर्ज़ा 'ग़ालिब' शराब पीते थे और उनके शिष्य शम्सउल उलमा मौलाना 'हाली' बहुत परहेजगार व्यक्ति थे। उन्होंने मिर्ज़ा 'ग़ालिब' की सेवा-शुश्रूषाके अतिरिक्त 'यादगारे-ग़ालिब' लिखकर उन्हें अमर कर दिया। शम्स-उल-उलमा मौलाना मुहम्मद हुसैन 'आज़ाद'के घरमें आग लगी तो वे अपने घरको जलता हुआ छोड़कर केवल अपने उस्ताद 'ज़ौक़' का दीवान यह कहते हुए लेकर चल दिये कि "और चीज़ें तो फिर भी नसीब हो सकती हैं परन्तु उस्तादका यह कलाम कहाँ नसीब होगा?"

शिष्य कितना ही सिद्धहस्त शाइर हो, वह अपने उस्तादको दिखाये वग़ैर न मुशाअ़रोंमें कलाम पढ़ता था, न किसी पत्र-पत्रिकामें प्रकाशित कराता था। जबतक कि उस्ताद उसे इस्लाह (संशोधन) देनेसे मुक्त न कर दे। मुशाअ़रोंमें उस्तादसे पहले शिष्य कलाम पढ़ते थे और किसी वजहसे उस्ताद पहले पढ़ ले तो बादमें पढ़ना शाइर धृष्टता समझते थे और संयोजकोंके मिन्नत-ख़ुशामद करनेपर भी नहीं पढ़ते थे। उस्तादके अदबो-आदाबका कितना लिहाज़ रखते थे, यह मिर्ज़ा दाग़के प्रसिद्ध शिष्य 'आग़ा शाइर किज़लबाश'की ज़बाने-मुबारकसे सुनिए :

''मैं उस्तादकी ख़िदमतमें इस तरह हाज़िर होता था, जैसे ग़ुलाम अपने आक़ा (स्वामी)के सामने, या गुनहगार हाकिमेवक़्तके रूबरू लरजता-काँपता, थर्राता और कभी बजुज़ ज़रूरतके (आवश्यकताके अतिरिक्त) कोई कलमा मेरी ज़बानसे न निकलता। जो कुछ पूछना होता पूछा, जो पूछा वह अर्ज़ किया। बाक़ी वक़्त ख़ामोश, और यही हाल उस्तादका था। वे भी मुझे शेरकी निगाहसे देखते थे। मैं हाज़िर हुआ हूँ, कमरेमें क़हक़हे उड़ रहे हैं और जहाँ मैंने अन्दर क़दम रखा, लबे-फ़र्श पहुँचकर आदाब बजा लाया और सबसे फ़र्दतर बैठ गया। अब वही मुक़ाम इस तरह सुनसान और ख़ामोश था, जैसे वहाँ कोई ज़ीरूह (प्राणी) नहीं। मेरी इस्लाह क्या होती थी, गोया जंगेअज़ीम (महासमर) का एक अल्टीमेटम होता था। उधर हज़ार गोशवरआवाज़ (सैकड़ों सुननेवाले उपस्थित) इधर मैं खौफ़से लरज़ाँ और लब कुश्तए-मतालिब (ओठ मनकी बात कहनेमें असमर्थ)। उधर उस्तादको मामूलसे ज्यादा काविशे-मतलूब (आवश्यकतासे अधिक मतलबकी बात सुननेकी जल्दी) त्यौरी चढ़ी हुई हैं, एक भौं माथे तक खिचकर जा पहुँची है, और जितना बुलन्द-से-बुलन्द शेर होता था, बिगड़-बिगड़कर फ़र्माते—'आगे चलो जी' और जहाँ ज़रा-सा भी सुक़्म (नुक़्स) नज़र आ गया बस बरस पड़े, क़यामत कर दी। 'यह क्या साहब यह क्या ? ज़रा फिर इनायत

कीजिए। माशा अल्लाह ! सुब्हान अल्लाह ! ! यह आपने कहा है' ? ग़रज़ जान छुड़ानी मुश्किल हो जाती। इस सरज़निस (मलामत, तम्बीह) और मुआसरीन (समकालीन अन्य शिष्यों) की मौजूदगीका इस दर्जा ख़ौफ़ होता था कि एक-एक मिसरेपर जान लगा देनी पड़ती थी। तब जाकर वे फ़र्माते थे कि 'आगे चलो, आगे चलो।' हाँ, अलबत्ता जिन मिसरोंपर मिसरा लगाना मेरे बसका रोग न होता, वह बेशक मैं चुनकर ले जाता था और बाज़ औक़ात उन्हींकी इस्लाहमें उन्हें सख्त काविश करनी पड़ती थी, और उन्हींपर वे अक्सर मुनग़ज़ (अप्रसन्न) भी हो जाते थे। बार-बार पहलू बदलते। 'इधर तकिया लगाओ; फिर पढ़ो; और फिर पढ़ो; क्या मिसरा बका है ? क्या लग्व (व्यर्थ) बन्दिश है ? यह हमारे पास इस्लाह लेने थोड़े ही आते हैं; यह तो हमारा इम्तहान लेने आते हैं साहब !'

बाहरके शागिर्दोंके कलामकी इस्लाह देनेकी सूरत इस तरह बयान करते हैं :

"आप पलंगड़ीपर लेटे हैं या गावतकियेसे लगे बैठे हैं। चारों तरफ़ तलामज़: (शिष्यों)का झुरमुट है और एक साहब ग़ज़लोंका थब्बा (बण्डल) सामने रखे क़लम हाथमें लिये एक-एक ग़ज़ल पढ़ते जाते हैं। हाज़रीन हर शेरको ग़ौरसे समाअ़त फ़र्माते (सुनते) हैं और मुनासिब मौक़ेपर अपनी-अपनी राय भी देते जाते हैं। अगर इस मशविरेसे उस्तादकी रायको भी इत्तफ़ाक़ हो गया तो वही अल्फ़ाज़ उस ग़ज़लमें बना दिये गये, वर्ना जो उस्तादने बतौर ख़ुदईमाँ फ़र्माया, बजिस ही (हू-ब-हू) वोह उस मुक़ामपर जड़ दिया गया। इस तरह इस्लाहकी इस्लाह हो जाती थी और आपसके तबादलए-ख़यालातसे मालूमातका दायरा भी वसीअ़ हो जाता था[1]।"

मौलाना इफ़्तख़ार आलम मारहरवी लिखते हैं—

"मिर्ज़ा साहबका क़ायदा है कि अक्सर सुबह ७ बजेसे १० बजे तक

१. नक़्शे-नक्श, पृ० २१२–१३।

और शामके ५ बजेसे आठ-नौ बजे तक बशर्ते फ़ुर्सते-तलामज़ा (शिष्यों) की ग़ज़लोंपर इस्लाहके लिए भी कुछ वक़्त निकालते हैं। वर्ना आमतौरसे यह वक़्त तफ़रीहके लिए मख़सूस है। क़ायदा यह है कि एक शख़्स ग़ज़ल सुनाता है। शेर सुनकर अच्छा हुआ तो 'हूँ' कर दिया और अगर इस्लाहकी ज़रूरत हुई तो कहा 'क्या'। पढ़नेवालेने दुबारा शेर पढ़ा और मिर्ज़ा साहबने उसी वक़्त अल्फ़ाज़को उलट-फेरकर या रद्दोबदल करके इस्लाह दे दी। इस्लाह दे देनेके बाद 'हूँ' कहते, इस आवाज़के साथ ही पढ़नेवाला दूसरा शेर पढ़ता। एक ग़ज़लकी इस्लाहमें अगर कोई उलझन पैदा न हो तो एक-दो मिनट फ़ी शेरसे ज़्यादा वक़्त सर्फ़ नहीं होता है। इस्लाह करते वक़्त मिर्ज़ा साहब अपना पूरा शेर या मिसरा कभी नहीं दिया करते। एक-आध लफ़्ज़की अगर ग़लती हुई है तो बनवा देते हैं। यह नहीं करते कि पूरा शेर या मिसरा बनवा दें। बल्कि पूरा मिसरा या शेर ग़लत होता है तो वह क़लमज़द कर दिया जाता है। बहालते-मौजूदा यह तरीक़ा मुक़र्रर है कि मुझको या 'अहसन'को इस्लाहके लिए ग़ज़ल दिया करते हैं। कभी-कभी हम लोग भी अपनी समझके मुताबिक़ कोई लफ़्ज़ बता दिया करते हैं। जिसकी हमें इजाज़त है। अगर वह लफ़्ज़ अच्छा होता है तो बेतकल्लुफ़ उसे लिखा दिया करते हैं। इस मुआमलेमें मिर्ज़ा साहब इतने फ़राख़ हौसला हैं कि जब कभी अपनी ग़ज़ल कहते हैं, कोई लफ़्ज़ खटकता है तो पूछते हैं। हम अदबकी वजहसे ज़बान बन्द रखते हैं। मगर वह उसपर ख़फ़ा होते हैं और फ़र्माते हैं कि 'जब कोई लफ़्ज़ खटके बेतकल्लुफ़ बता दो। मैं फ़रिश्ता नहीं हूँ। इंसान हूँ। मुमकिन है कि तुम्हारे खयालमें कोई अच्छा लफ़्ज़ आ जाये।'

एक दफ़ा ऐसा हुआ कि फ़सीह उललुग़ातके लिए अहसन मज़ाहिय अशआर कहलवा रहे थे। अहसनने अर्ज़ की कि हज़रत 'बातचीत' को नज़्म फ़र्मा दीजिए। अहसनका यह कहना था कि बे-इख़्तियार मेरे मुँहसे निकला—

बातचीत उनसे अब नहीं होती

उस्तादने दूसरा मिसरा फ़ौरन फ़र्मा दिया और यूँ शेर हो गया।

हम भी कुछ कहते वह भी कुछ कहते
बातचीत उनसे अब नहीं होती

यह शेर अहसनने लिख लिया और यादगारे-दाग़के मसविदेपर भी दर्ज हो गया। लोग कुछ समझें मुझे उसकी परवा नहीं। मैं उनकी तबीयतका अन्दाज़ा करनेके लिए उसे ज़ाहिर करना चाहता और बताना चाहता हूँ कि वह किसी शख़्सके नेक मशविरेको किस तरह क़ुबूल कर लिया करते थे[1]।"

---

१. बज़्मे-दाग़से।

मीर तक़ी मीर-द्वारा इस्लाहें

[जन्म १७०९; मृत्यु १८०९]

मीर उर्दू-शाइरीके ख़ुदाए-सुख़न थे। उनकी शैलीका अनुकरण नासिख़, आतिश, ग़ालिब, ज़ौक़ आदि जैसे अनेक सिद्धहस्त शाइरोंने करना चाहा, किन्तु वोह बात नसीब न हुई।

न हुआ, पर न हुआ मीरका अन्दाज़ नसीब
'ज़ौक़' यारोंने बहुत ज़ोर ग़ज़लमें मारा

आप द्वारा दी गयीं चन्द इस्लाहें यहाँ दी जा रही हैं :

मज़मून[1]—मेरे पैग़ामको तू ऐ क़ासिद!
कहियो सबसे उसे जुदा करके

मीर— मेरा पैग़ामे-वस्ल ....
....

चूँकि दूसरे मिसरेमें 'जुदा करके' था। अतः पहिले मिसरेमें मीरने केवल 'पैग़ामे-वस्ल' (मिलन-सन्देश) डालकर शेरको चमका दिया।

मज़मून—मज़मूँ! तू शुक्र कर कि तेरा नाम सुन रक़ीब
ग़ुस्सेसे भूत हो गया, लेकिन जला तो है

मीर— ....तेरा इस्म....................
....

पहले मिसरेमें 'तेरा नाम' के एवज़ 'तेरा इस्म' बनाकर शेरको लतीफ़ बना दिया। साधारण व्यक्तिसे तो पूछ लिया जाता है कि आपका क्या

१. मियाँ शरफ़ुद्दीन साहब 'मज़मून'।

नाम है, किन्तु विशिष्ट व्यक्तिसे पूछा जायेगा – "आपका इस्मशरीफ़ ?" 'इस्म'का अर्थ भी 'नाम' है, किन्तु इन दोनोंमें वही अन्तर है, जो 'आइए' और 'पधारिए'में है।

[1]यकरंग—सच कहे जो कोई सो मारा जाये
रास्ती हैगी दारकी सूरत
मीर— हक़...............................
....

मुहावरा है कि साँचको आँच नहीं, किन्तु सच कहनेमें बहुत जान-जोखिम है। सच्ची बात कहनेके कारण मंसूर, ईसा सूलीपर चढ़ायें गये। प्रह्लादको आगमें झोंक दिया गया और न जाने कितनोंको आँखें निकलवानी पड़ीं, हलाहल पीकर जान देनी पड़ी, असह्य यन्त्रणाएँ सहनी पड़ीं। इसी भावका द्योतक उक्त शेर है।

'मीर' साहबने पहले मिसरेमें 'सच'के एवज़ 'हक़' शब्द डालकर शेरको बहुत बुलन्द बना दिया है। 'सच' और 'हक़' यूँ तो समानार्थक हैं, किन्तु भावमें पृथ्वी-आकाशका अन्तर है। सच्ची बात कह देनेसे महा अनर्थ भी होते देखे गये हैं। व्यक्तिविशेष ही नहीं, राष्ट्र एवं समाज भी खतरेमें पड़ते रहे हैं। गोपनीय बात सच होते हुए भी प्रकट करना राष्ट्र-द्रोह एवं सामाजिक अपराध है; किन्तु सचके बजाय हक़ – उचित बात – कहना साहसका कार्य है। हक़ बात कहनेसे किसी अन्यके अनिष्टकी आशंका नहीं, स्वयं अपनेपर आपत्तियोंकी सम्भावना रहती है।

दूसरे मिसरेमें 'हैगी' शब्द कानमें खटकता है, परन्तु उन दिनों यह शब्द प्रचलित था। वर्तमान कालमें भी दिल्लीके आसपासके इलाक़ोंमें 'है' या 'होगी'के एवज़में 'हैगी' शब्द प्रयुक्त होता है।

---

१. मुस्तफ़ा ख़ाँ साहब 'यकरंग'।

सज्जाद— हिज्रे-शीरीं में क्योंकि काटेगा
कोहकन यह पहाड़-सी रातें

मीर— किस तरह कोहकन पै गुज़रेंगी
हिज्रकी..............................

सज्जादके पहले मिसरेमें 'क्यों कर'के बजाय 'क्योंकि' ग़ैरफ़सीह था। साथ ही पहाड़-सी रातें काटनेसे ध्वनित होता था कि फ़रहाद तेसा लेकर हिज्रकी पहाड़ी रातपर चढ़कर उसे काटेगा। लेकिन मीर साहबने 'किस तरह कोहकन पै गुज़रेंगी' बनाकर चित्र-सा खींच दिया है कि बेचारा विरही कोहकन न जाने कैसे हिज्रकी पहाड़-सी रातें अपनेपर गुज़ारेगा। पहाड़-सी रातोंको काटनेमें और उनको अपनेपरसे गुज़र जानेमें उतना ही अन्तर है, जितना पागल हाथीके सवारमें और हाथीके पाँव तले आये हुएमें होता है।

हातिम[1]— हाय बेदर्द से मिला क्यों था
आगे आया मेरे किया मेरा

मिसरेमें या वाक्यमें कोई ऐसा शब्द प्रयुक्त करना, जिसमें ज़म (अश्लीलता) का पहलू निकले, उर्दू-साहित्यमें त्याज्य है। फिर भी शाइरों एवं अदीबोंसे भूल हो ही जाती है। उक्त शेरके पहले मिसरेमें 'मिला' शब्दसे अश्लीलता प्रकट होती है। 'मिला' शब्द बाज़ारी ज़बानमें सम्भोगके अर्थोंमें भी आता है। जैसे 'मैं उस वेश्यासे मिलता हूँ या मिला था'।

'मीर' अपनी तुनकमिज़ाजीके लिए मशहूर थे। भला वे कब ऐसी भूल बरदाश्त कर सकते थे। तुरन्त व्यंग्यात्मक स्वरमें फ़र्माया – "भई अगर मैं कहता तो यह शेर यूँ कहता :

---

१. शैख़ मुहम्मद साहब 'हातिम'।

मुब्तिला आतशकमें हूँ अब मैं
आगे आया मेरे किया मेरा

शेर सुनकर 'हातिम' पानी-पानी हो गये।

[1]यक़ीन— मजनूँका .ख़ुशनसीबी करती है दाग़ मुझको
क्या ऐश कर गया है ज़ालिम दिवानापनमें

मीर— ……………ख़ुशमआशी……………………
…………… ………………………………………

'ख़ुशनसीबी'के मायने हैं – '.ख़ुशक़िस्मती' (सौभाग्य) और '.ख़ुशमआशी'का अर्थ है – अच्छी कमाईसे जीवन बिताना, नेकचलनी। .ख़ुशनसीबी और .ख़ुशमआशीमें वही अन्तर है जो भाग्य और कर्ममें है। भाग्यके बलपर ऐश करना तो कोई पुरुषार्थ नहीं : अपने कर्म (.श्रम) से ऐश करना ही वास्तवमें काहिलोंके लिए जलन (दाग़) है।

[2]ख़ाकसार—ख़ाकसार उसकी तू आँखोंके कहे मत लगियो
मुझको इन ख़ानाख़राबों ही ने बीमार किया

मीर— ………………………………………………
……………………………… …गिरफ़्तार……

मीरने बीमारके बदले केवल 'गिरफ़्तार' शब्द बना दिया है। अब इस तनिक-से हेर-फेरसे देखिए, शेरमें क्या .ख़ूबी आ गयी है। आँखें प्रारम्भमें गिरफ़्तार करती हैं। इस गिरफ़्तारीके बाद ही इश्क़की अन्य यातनाएँ भोगनी पड़ती हैं।

---

1. इन्आम अल्लाहख़ाँ साहब 'यक़ीन'। 2. मुहम्मद यार 'ख़ाकसार'।

मुसहफ़ी-द्वारा इस्लाहें

[जन्म १७५१; मृत्यु १८२४ ई०]

शैख़ गुलाम हमदानी 'मुसहफ़ी' मुरादाबाद निवासी थे। लेकिन जवानीमें दिल्ली चले गये थे। वहीं रहकर शाइरीमें उस्तादाना मर्त्तबा हासिल किया। आर्थिक परेशानियोंके कारण आप लखनऊ चले गये थे। वहाँ इंशा और जुरअत-जैसे अखाड़ेबाज़ शाइरोंसे मोर्चा लेते-लेते जीवन दूभर हो गया। आपके आतिश, ज़मीर, खलीक, असीर आदि जैसे नामवर शागिर्द थे, जिन्होंने आगे चलकर स्वयं उस्तादाना मर्त्तबा पाया। आपने अपने आठ दीवान, दो तज़करे उर्दू शाइरोंके, एक तज़करा फ़ार्सी शाइरोंका स्मृति स्वरूप छोड़े हैं। यहाँ आप द्वारा दी गयीं चन्द इस्लाहें दी जा रही हैं—

असीर[1]—मैं वो बुलबुल हूँ, मेरे वास्ते ऐसी ज़मीं पकड़ी
कि तूदः बन गया सैयाद दीवारे-गुलिस्ताँका

मुसहफ़ी—..........................मेरी घातमें.........................
कि पुश्तः..

शाइरका आशय था कि बुलबुलको पकड़नेके लिए अहेरी ऐसा उपयुक्त स्थान चुनकर बैठा कि बचनेका कोई उपाय नहीं रहा। गुलिस्ताँके हर तरफ़ दीवार-सी थी। उस्तादने पहले मिसरेमें 'वास्ते' के एवज़ 'घातमें' और दूसरे मिसरेमें 'तूदः' (मिट्टीका ढेर) के बजाय 'पुश्तः' (दीवार) बनाकर शेरको चमका दिया है।

---

१. मुंशी सैय्यद मुज़फ़्फ़र अली खाँ 'असीर' लखनवी।

असीर— नहर अश्कोंकी शबे-हिज्रमें जारी रखना
आबरू दीदए-तर ! आज हमारी रखना
मुसहफ़ी— ....सिवा बहरसे ....
....

उस्तादने ऊले मिसरेके 'शबे-हिज्र'को निकालकर 'सिवा बहरसे' (समुद्रसे भी अधिक वेगगामी) बना दिया है। रोनेके लिए शबे-हिज्रकी क़ैद क्या ? प्यारेके मिलनपर भी तो आँसू उमड़ आते हैं। उसके समक्ष अपनी विरहजन्य व्यथाओंके गौन प्रदर्शनके लिए भी तो अश्रुधाराकी आवश्यकता पड़ती है। और प्रेमीके आँसुओंके वेगमें जितनी अधिक तीव्रता होगी, उतना ही अधिक वह प्यारका पात्र समझा जायगा। आँसू खारी होते हैं, उस्तादने बहर (समुद्र) शब्दसे शेरका यह दोष भी दूर कर दिया।

असीर—दख़्ल अग़ियारका अब सहने-गुलिस्ताँमें नहीं
पाँव कुछ सोचके, ओ, बादे-बहारी ! रखना
मुसहफ़ी— दख़्ले-अग़ियार नहीं बज़्मे-गुलो-बुलबुल में
....

असीरने अग़ियार शब्द तो प्रयुक्त किया, किन्तु उसके लिए लाज़िमी 'बज़्म' शब्द न डाल सके। अग़ियारका स्थान तो बज़्मे-यार ही है। उसीकी शह पाकर माशूक़ आशिक़ोंका अपमान करते आये हैं। कभी अग़ियारके संकेतपर माशूक़, आशिक़को बज़्मसे निकलवा देते हैं, कभी आशिक़की उपस्थितिमें ही अग़ियारके साथ सुरापान करते हैं। अठखेलियाँ करते हैं और बेचारे आशिक़ कलेजेपर पत्थर रखकर सब कुछ सहन करते हैं।

इसी लखनवी शैलीके अनुसार उस्तादने ऊले मिसरेमें बज़्म शब्द बनाया है। सहने-गुलिस्ताँको बज़्मे-गुलो-बुलबुल कहना उस्तादाना कमाल है।

असीर—जुदाई कूए-जानाँकी हुई वजहे-अलम हमको
फ़िराके-बाग़े-जन्नत किस क़दर था शाक़ आदमको

मुसहफ़ी—..................................रुलाती है बजा हमको
....

अल्लाह मियाँने आदम और हव्वाको वर्जित फल खानेके अपराधमें अपने बाग़े-जन्नतसे निकाल दिया था। इसी इस्लामी विश्वासके अनुसार उक्त शेर कहा गया है। उस्तादने 'हुई वजहे-अलम' के स्थानपर 'रुलाती है बजा' का नगीना जड़ दिया है। अक्सर देखा गया है कि विरह-व्यथामें, दुःख-शोकमें आँखोंसे बरबस आँसू निकल पड़ते हैं।

आतिश[1]—बन्दःनवाज़ तुझ-सा कोई दूसरा नहीं
रंजूरका अनीस है, हमदम अलीलका

मुसहफ़ी—आजिज़ नवाज़.............................
....

उस्तादने ऊले मिसरेके 'बन्दःनवाज़' को 'आजिज़-नवाज़' बनाया है। केवल एक शब्दके परिवर्तनसे शेर बहुत बुलन्द हो गया है। आतिशका सानी मिसरा "रंजूरका अनीस है (दुखितका सखा है), हमदम अलीलका (रुग्णोंके दुःख-दर्दका साथी) है। ऐसे सहायकके लिए बन्दःनवाज़ (भक्तवत्सल) कहनेकी अपेक्षा आजिज़-नवाज़ (असहायोंका सहायक) कहना अधिक उपयुक्त है।

आतिश—गुबारे-राह होकर चश्मे-इंसाँमें महल पाया
निहाले-ख़ाकसारी को लगाकर हमने फल पाया

मुसहफ़ी—..............................चश्मे-मर्दुममें..........
....

१. ख्वाजा हैदरअली 'आतिश'।

मुसहफ़ीने ऊले मिसरेमें ईसाँके बजाय मर्दुम रखा है। चश्मे-ईसाँ भी उपयुक्त था, किन्तु "चश्मे-मर्दुम" मुहावरा है, इसीलिए यह परिवर्त्तन किया है।

आतिश फ़र्माते हैं—हमने अपनेको मानवोंकी चरण-धूल बनाया तभी उनकी नज़रोंमें स्थान पा सके। नम्रताका अंकुर बोनेपर ही हम फल चख सके हैं।

आतिश—काम करती रही वो चश्मे-फ़ुसूँ साज़ अपना
नीची नज़रोंसे दिखाया मुझे एजाज़ अपना

मुसहफ़ी—...
लबे-जाँ बख़्श दिखाया किये एजाज़ अपना

उस्तादने सानी मिसरेमें नीची नज़रोंके एवज लबे-जाँ बख़्श बना दिया है। ऊले मिसरेमें जब चश्मे-फ़ुसूँ साज़ (जादूगर नज़रें) अपना काम कर रही हैं, तब सानी मिसरेमें फिर वही नज़रोंके ऐजाज (जादू) को दोहरानेकी अपेक्षा प्रियतमाके लबे-जाँबख़्श (प्राण डालनेवाले ओष्ठ) भी अपना एजाज़ (चमत्कार) दिखाते रहे कहना ही उपयुक्त है।

आतिश—सुना करते थे हम कि पहलूमें दिल है
जो चीरा तो इक क़तरए-ख़ूँ न निकला

मुसहफ़ी—बड़ा शोर सुनते थे पहलूमें दिल है
....

उस्तादने ऐसी इस्लाह दी कि यह शेर आमफ़हम हो गया है। अगर धृष्टता क्षमा की जाय तो मेरी नम्र सम्मतिमें बड़ा शोरकी बजाय 'बहुत शोर' भी उपयुक्त है।

नासिख़-द्वारा इस्लाहें

[जन्म १७३८; मृत्यु १८३८ ई०]

शैख़ इमामबख़्श 'नासिख़' लखनवी थे। शाइरीमें किसीके शिष्य नहीं थे, परन्तु शाइरीमें वोह नाम पैदा किया कि—वज़ीर, बर्क़, रश्क, बहर, मुनीर, नादर-जैसे प्रसिद्ध शाइर आपके ही शिष्य थे। आतिशके प्रतिद्वन्द्वी समझे जाते थे। कसरतका शौक़ था। १३०० डंड रोज़ाना पेला करते थे। खाना एक वक़्त खाते थे, मगर वह ५ सेरसे कम न होता था। आम खाने बैठते तो तीन-चार टोकरे हज़म कर जाते। जामनें आतीं तो ५-६ सेरसे कम न खाते थे। लगी लिपटी बिलकुल न रखते थे, जो बात नागवार गुज़रती तो फ़ौरन मुँहपर कह देते थे। चाहे सुननेवालेको कितनी ही नागवार गुज़रे और वह कितना ही बड़ा क्यों न हो। आपकी नाज़ुक मिज़ाजीके अनेक लतीफ़े मशहूर हैं। लखनऊकी ख़ारजी रंगकी शाइरीके आप ही आविष्कारक समझे जाते हैं। ख़ारजी शाइरीमें बाहरी सौन्दर्य्य, शब्दोंका रख-रखाव, नाज़ुक खयालीकी तो भरमार होती है। लेकिन तासीर कम होती है। यूँ समझिए गुलाबकी पत्तियोंपर बेल-बूटे बनानेके प्रयासमें यह ध्यान ही नहीं रहता कि उसका प्राकृतिक सौन्दर्य-नष्ट हुआ जा रहा है। ख़ारजी शाइरी भाव-प्रधान न होकर सौन्दर्य्य प्रधान होती है। नासिख़ तीन दीवान, एक मसनवी, स्मृति स्वरूप छोड़ गये हैं।

वज़ीर[1]—मंज़ूर है कि रंज मुझे हो, जहाँको ऐश
रक्खूँ न कोई बाग़में काँटा गुलाबका
नासिख़—...
तोड़ूँ एवज़ मैं फूलके काँटा गुलाबका

सानी मिसरेमें काँटा शब्द आया है तो ख़ारजी शाइरीके अनुसार फूल भी होना चाहिए। उस्तादने सानी मिसरेमें फूल शब्द डालकर वज़ीरकी यह ग़लती भी सुधार दी है और "तोड़ूँ एवज़ मैं फूलके काँटा" बनाकर शेरके भावको बहुत स्पष्ट और बुलन्द बना दिया है। वज़ीरके सानी मिसरेसे ध्वनित होता था कि वह बाग़में फूलके अतिरिक्त एक भी काँटा नहीं रखना चाहते, फूल-ही-फूल चाहते हैं। नासिख़की इस्लाहसे यह ख़ूबी आ गयी कि वे स्वयं काँटे तोड़कर उद्यानको फूलमय बना देना चाहते हैं। संसारका विष पीकर अमृत औरोंके लिए छोड़ देना चाहते हैं। वज़ीर विश्व-सुखके लिए स्वयंको दुःख (रंज) में घिरे रहनेको प्रस्तुत हैं। लेकिन जबतक दूसरोंके दुःख रूपी काँटोंको तोड़ा न जायगा, विश्वरूपी उद्यानमें केवल फूल-ही-फूल (ऐश-ही-ऐश) क्योंकर नसीब होंगे ?

वज़ीर—ज़ाहिद ! हराम मै को बतायेगा तू अगर
जन्नतमें छीन लूँगा प्याला शराबका
नासिख़—.............................न कहना वगर्ना मैं
....

उस्तादकी इस्लाहसे धमकीमें ज़ोर आ गया।

वज़ीर—शुक्र है अब तक न मैं मिन्नत कशे-गर्दूं[2] हुआ
ख़ाकसे पैदा हुआ और ख़ाक में [3]मदफ़ूँ हुआ
नासिख़—मर गया लेकिन.................................
....

---

१. ख़्वाजा मुहम्मद साहब वज़ीर लखनवी। २. किसीका एहसानमन्द, आभारी, ३. दफ़्न, ज़मीनमें गाड़ा गया।

इस्लाहसे स्वाभिमानमें काफ़ी दृढ़ता आ गयी। मुहावरा भी यही है—मर गया लेकिन आन न छोड़ी।

वज़ीर—इसी बाइस तो क़त्ले-आशिक़ाँसे मनअ् करते थे
अकेले फिर रहे हो यूसुफ़े-[1]बेकारवाँ होकर

नासिख़—इसी ख़ातिर.............................
....

उस्तादने 'बाइस' शब्द निकालकर आम फ़हम 'ख़ातिर' शब्द रख दिया है। यह शेर उर्दू-संसारमें काफ़ी मशहूर है।

वज़ीर—मुए[2] हम रश्कके[3] मारे, किया ग़ैरों को क़त्ल उसने
अजल[4] भी दोस्तो आयी, नसीबे-दुश्मनाँ[5] होकर

नासिख़—किया ग़ैरों को क़त्ल उसने, मुए हम रश्क के मारे
....

एक भी शब्द परिवर्त्तन, परिवर्द्धन किये बिना ही ऊले मिसरेको इधरसे उधर कर देनेसे शेरमें नफ़ासत आ गयी है। रक़ाबतपर यह अच्छा शेर है। माशूक़से कृपाभावकी तो कोई आशा ही नहीं थी, उसने आशिक़को ज़ुल्म सहने योग्य भी न समझा। अपनी तेग़े-नाज़से उसे क़त्ल करनेकी अपेक्षा ग़ैर (प्रतिद्वंद्वी) को तरजीह दी। वह मारे ईर्ष्याके 'फ़िराक़' गोरखपुरीके शब्दोंमें यह कहता हुआ मर गया—

आह अब मुझसे तुझे रंजिशे-बेजा भी नहीं
....

---

१. यूसुफ़की तरह सहयात्रियोंसे बिलग। २. मर गये, ३. ईर्ष्यासे, ४. मृत्यु, ५. शत्रुकी बदौलत।

वज़ीर—ग़ज़ब है झुकके मिलते हो, और उस पै क़त्ल करते हो
सितम ईजाद हो, नावक लगाते हो कमाँ होकर

नासिख़—अदासे झुकके मिलते हो, निगहसे क़त्ल करते हो
....

वज़ीरके ऊले मिसरेमें कमानकी तरह झुकनेका तो उल्लेख है, परन्तु किस हथियारसे, माशूक़ क़त्ल करता है इसका कोई संकेत नहीं, जब कि सानी मिसरेमें नावक (तीर) और कमाँ (धनुष) दोनों शब्द आये हैं। अतः उस्तादने 'निगह' शब्दका इज़ाफ़ा करके अपने ख़ारजी रंगका शेर बना दिया। 'निगहको अक्सर तीरकी उपमा दी जाती है। स्वयं वज़ीरका यह शेर बहुत मशहूर है—

तिरछी नज़रोंसे न देखो आशिक़े-दिलगीरको
कैसे तीरन्दाज़ हो सीधा तो कर लो तीरको

बहर[1]—नफ़रत हमारी ख़ाकसे भी यारको ये है
रक्खा क़दम तो पाँयचाँ अपना उठा लिया

नासिख़—..........................ख़ाक़से बाक़ी है यारको
....

बहरके ऊले मिसरेमें 'भी ये है' शब्द भर्ती के-से थे। उस्तादके द्वारा तनिक-से परिवर्त्तनसे ज़बानका आमफ़हम शेर हो गया। पाँयचाँ उठानेकी माशूक़ाना अदा ख़ूब है। अक्सर देखा जाता है कि धूल-कीचड़से बचनेके लिए सलवारका पाँयचाँ या साड़ी टख़नोंसे ऊपर सरका लिये जाते हैं। उसी अदाको बहरने नफ़रतकी मौलिक उपमा दी है।

१. शेख़ इम्दादअली बहर लखनवी।

बहर—क़ामते-यारकी[1] तशबीह[2] जो ढूँड़ी मैंने
उड़के क़ुमरी[3] की तरह ख़ुल्दसे[4] शम्शाद[5] आया

नासिख़—................. ....जो चाही मैंने
....

'ढूँड़ो' के बजाय 'चाही' शब्दसे शेरमें सुथरापन आ गया।

बहर—तआ़न[6] रिन्दों[7] पै न कर शैख़! ख़ुदा लगती बोल
उसके अल्ताफ़[8] सिवा हैं कि गुनहगार बहुत

नासिख़—................................ ....
...................................बहुत.........................

उस्तादने सानी मिसरेमें 'सिवा' के एवज़ 'बहुत' जड़कर दो बातें ज़ाहिर की हैं। प्रथम यह कि बहरके मिसरेमें जब 'सिवा' शब्द है तो अनायास प्रश्न उठ खड़ा होता है कि किससे उसके अल्ताफ़ सिवा हैं? मिसरेमें इसका कहीं 'जवाब नहीं' है। द्वितीय यह कि 'सिवा' से 'बहुत' अधिक अर्थपूर्ण है और सरल है। आम बोल-चालमें—आपके एहसानात हमपर सिवा हैं के बजाय आपके एहसानात हमपर बहुत हैं, लोग कहते हैं। सानी मिसरेमें दो बार 'बहुत' शब्द समो दिये जानेसे शेरमें एक जिद्दत पैदा हो गयी है—देखें तो सही उसके (ख़ुदा) के अल्ताफ़ बहुत हैं या गुनहगार बहुत हैं। उसकी क्षमाशीलताके भरोसेपर ही गुनहगारोंकी संख्या बढ़ रही है, क्योंकि वह क्षमावतार आगे बढ़कर बड़े-बड़े अपराधियोंको ही पहले क्षमा करेगा। जिन्होंने उसकी रह्‌मतपर शक होनेके कारण कोई गुनाह नहीं किया, उनकी क्या खाक वक़त होगी, बक़ौल शख़्से—

---

१. प्रियतमाके क़दको, २. उपमा, ३. एक प्रसिद्ध सफ़ेद पक्षी जो अकसर सरूके पेड़पर बैठता है, ४. जन्नतसे, ५. सरूका पेड़ जो सीधा होता है और जिससे नायिकाके क़दकी, लम्बाईकी उपमा दी जाती है। ६. ताना मारना, व्यंग्य करना, ७. सुरासेवियोंपर, ८. कृपाएँ, महर्बानियाँ।

ऊँचे-ऊँचे मुजरिमों की पूछ होगी हश्रमें
कौन पूछेगा मुझे मैं किन गुनहगारोंमें हूँ

बहर—घरसे निकलके चाल चले किस अदा से तुम
सौ-सौ मज़ार बन गये हर नक़्शे-पा के पास

नासिख़—............................... .. ..
इक ताज़ा क़ब्र बन गयी.......................

उस्तादकी इस्लाह स्पष्ट है। ऊले मिसरेमें 'अदा' और सानी मिसरेमें 'हर नक़्शे-पा (प्रत्येक चरण-चिन्ह) के साथ इक-इक क़ब्र बनती गयी।

बहर—क़दम मैकदेसे न निकलेगा अपना
यहीं नशः में गिरते-पड़ते रहेंगे

नासिख़—..................................बाहर
....

बहर—इतनी बे परवाई भी अच्छी नहीं
लोग करते हैं शिकायत आपकी

नासिख़—इतनी बे परवाइयाँ............
....

उक्त दोनों शेरोंकी इस्लाहें स्पष्ट हैं।

आतिश-द्वारा इस्लाहें

[जन्म १७६४; मृत्यु १८४७ ई०]

ख्वाजा हैदरअली 'आतिश' दिल्ली-निवासी थे, किन्तु लखनऊमें जीवनका अधिकांश समय व्यतीत हुआ। आप 'मुसहफ़ी'से मशवरए-सुख़न लेते थे, उनके बाद आपने वोह बुलन्द मर्त्तबा हासिल किया कि तत्कालीन लखनऊके आप सर्वश्रेष्ठ शाइर माने जाते हैं। अवध-सरकारसे ८० रु० मासिक-वृत्ति मिलती थी, जो चार रोज़में ही खर्च हो जाती थी, क़र्ज़ लिये बिना गुज़ारा नहीं चलता था। केवल एक लँगोट बाँधे सब दिन बोरियेपर एक तकियेके सहारे बैठे रहते थे। एक टूटा-फूटा मड़ियल-सा हुक़्क़ा सामने रखा रहता था। आने-जानेवाले अमीर-ग़रीब सभीके बैठनेको बोरिया और पीनेको यही हुक़्क़ा पेश होता था। भंग ख़ूब छनती थी। सिपाहियाना वेश पसन्द करते थे। मुशाअ़रोंमें ग़ज़ल पढ़ने जाते तो कमरकी तलवार म्यानसे दो अंगुल बाहर रखते थे। क़रीब साढ़े आठ हज़ार शेरके दो दीवान यादगार छोड़े हैं। आपके रिन्द, वज़ीर, सबा, खलील, जलील, नसीम जैसे नामवर शिष्य थे।

सबा[1]—इश्क़बाज़ीका जो सौदा हो गया
आप मैं अपना तमाशा हो गया

आतिश—ख़ुदपरस्तीका.......................
...

'इश्क़बाज़ी'के एवज़ 'ख़ुदपरस्ती' (अहम्मन्यता, आत्मपूजा) का नगीना जड़कर उस्तादने बेरौनक़ शेरको चमत्कृत कर दिया है। इश्क़

---

१. मीर वज़ीर अली 'सबा' लखनवी।

करनेसे स्वयं अपनी नज़रोंमें तमाशा कोई-कोई बनता है, परन्तु अपनेको ही सब कुछ समझ बैठनेकी अहम्मन्यता, दूसरोंसे अपनेको श्रेष्ठ समझनेकी निकृष्ट भावना रखनेवाला व्यक्ति औरोंकी दृष्टिमें ही नहीं, अपनी नज़रोंमें भी गिर जाता है, तमाशा बन जाता है।

सबा—दौर-दौरा जो युँ ही तेग़े-जफ़ाका होगा
यह तो कहिए कोई मर जायगा तो क्या होगा ?

आतिश—वार हरदम ....
....

ऊले मिसरेमें जब 'तेग़े-जफ़ा' (अत्याचारीकी तलवार) का उल्लेख किया तो उसके वारका भी उल्लेख आवश्यक था। तलवारका दौर-दौरा नहीं, वार होता है। उस्तादने 'सबा'की इसी भूलको सुधारा है।

सबा—बैठा है हड्डियों पै मेरी शेरकी तरह
देखे कोई ज़रा सगे-दिलदारका मिज़ाज

आतिश—बिफ़रा ....
....

शेरका आशय ये है कि दिलफेंक क़िस्मके आशिक़ घरमें न घुस आयें, इसलिए दिलदारने सग (कुत्ता) पाल रखा है और वह शेरकी तरह आशिक़ोंकी हड्डियाँ नोचनेके लिए प्रस्तुत है। उस्तादने 'बैठा है' के एवज़में 'बिफ़रा' बना दिया है। क्योंकि 'सबा'ने सगे-दिलदारको शेरकी उपमा दी है। शेर ग़ुस्सेमें या शिकार देखकर बैठता नहीं, पहले बिफ़रता है, फिर आक्रमण करता है।

सबा—मूसा हैं तूर पर तो, मसीह आस्मान पर
दोनों ढई दिये हैं तेरे आस्तान पर
आतिश—मूसा न तूर पर, न मसीह आस्मान पर
....

इस्लामी विश्वासके अनुसार 'मूसा' ईश्वरका जल्वा देखने तूर-पर्वतपर गये और ईसाई धर्मानुसार 'मसीहा' सूली पानेके बाद ऊपर चले गये। अर्थात् दोनों ही खुदाके लिए ढई (धरना) दिये हुए हैं। आतिशने केवल 'न' शब्दसे शेरको ज़मींसे आस्मानपर पहुँचा दिया; अर्थात् लोगोंका वहम है कि मूसा तूरपर और मसीह आस्मानपर हैं, लेकिन वह तो तेरे (खुदाके) आस्ताँ (द्वार) पर धरना दिये बैठे हैं।

सबा—किसीने बात न पूछी मलाल लेके चले
लहदमें साथ हम अपना कमाल लेके चले
आतिश—कभी न क़द्र हुई यह मलाल लेके चले
....

कमालके लिए क़द्र ही ज़्यादा मौज़ूँ है। सबाके मिसरेसे यह ज़ाहिर नहीं होता था कि कौन-सा मलाल लेके चले। 'यह' के इज़ाफ़ेने आशय स्पष्ट कर दिया।

सबा—हज़ार बार क़यामत उठायी नालों ने
मगर हनूज़[1] शबे-इन्तज़ार[2] बाक़ी है
आतिश—..............................गुज़र गयी हमपर
....

इस्लाहने शेरको बहुत बुलन्द कर दिया।

---

१. अभीतक। २. प्रतीक्षाकी रात्रि, विरहकी रात।

ग़ालिब-द्वारा इस्लाहें

[जन्म १७९७ ई० मृत्यु १८६९ ई०]

मिर्ज़ा असदुल्ला खाँ 'ग़ालिब' उर्दूके अमर शाइर हुए हैं। वर्त्तमान युगीन शाइरीके आप इमाम समझे जाते हैं। जितनी महत्त्वपूर्ण आपने ग़ज़लें कही हैं, उतने ही कमालका आपने गद्य लिखा है। जिस शानसे आपके दीवान सुन्दर एवं सुरुचिपूर्ण प्रकाशित हुए हैं और हो रहे हैं, इस प्रकारका प्रकाशन किसी अन्य शाइरको नसीब नहीं हुआ। न जाने कितने संस्करण भिन्न-भिन्न प्रकाशकोंने अपने-अपने ढंगसे प्रकाशित किये हैं और करते रहेंगे। आपपर अनेक विद्वानोंने शोध-खोज की है और निरन्तर हो रही है। आप आगरेमें जन्मे, किन्तु १३ वर्षकी आयुमें दिल्ली पहुँचे और जीवन पर्यन्त वहींके हो रहे। १८५५ ई० में शैख़ ज़ौक़की मृत्युके पश्चात् बहादुरशाह 'ज़फ़र' बादशाहके कविता-गुरुके पद-पर प्रतिष्ठित हुए। नजमुद्दौला, दबीरुल मुल्क और निज़ामे-जंग उपाधियोंसे विभूषित किये गये। मदिरा-पानका व्यसन था। जीवन-पर्यन्त आर्थिक चिन्ताओंमें ग्रस्त रहे।

मिर्ज़ा ग़ालिबकी इस्लाहें

नाज़िम[1]—आज वह ले गया दिल छीनकर मेरा मुझसे
जिसको मिट्टीके खिलौने पै मचलते देखा

ग़ालिब—दिलके लेनेमें यह क़ुदरत उसे अल्लाहने दी
....

'यह क़ुदरत उसे अल्लाहने दी' संशोधनकी प्रशंसाके लिए हमारे पास उपयुक्त शब्द नहीं।

नाज़िम—गर नहीं तेरी करामत तो यह क्या है साक़ी !
हमने साग़रको तिरी बज़्ममें चलते देखा

ग़ालिब—है यह साक़ीकी करामत कि नहीं जामके पाँव
और फिर सबने उसे बज़्ममें चलते देखा

नाज़िमके दूसरे मिसरेमें साग़रके चलनेका तो उल्लेख था, किन्तु जिनसे चला जाता है उन पावोंका कहीं पता नहीं था। उस्तादने उसो भूलको सुधारते हुए साक़ीको करामातको बहुत शक्तिशाली बना दिया है।

रअ़ना[2]—गुज़रा है मेरा नालः दरे-चर्ख़े-कुहनसे
था रूहका हम दम, न फिरा जाके वतनसे

ग़ालिब—गुज़रा है मेरा नालए-दिल चर्ख़े-कुहनसे
....

रअ़नाके पहले मिसरेमें 'दरे' शब्द व्यर्थ था। उसीको निकालनेके लिए ग़ालिबने 'दिल' शब्द जड़कर शेरको बा-मायनी बना दिया है।

---

१. हिज़ हाईनेस नवाब यूसुफ़ अ़लीख़ाँ बहादुर 'नाज़िम' वालिए-रामपुर।

२. मर्दानअ़ली ख़ाँ रअ़ना।

हाली[1]—उम्र शायद न करे आज वफ़ा
सामना है शबे-तन्हाईका

ग़ालिब—.....................................
काटना है, ...

'शबे-तन्हाई रो-रोकर काटी' मुहावरा है, न कि शबे-तन्हाईका रो-रोकर सामना करनेका।

हाली—करें अहले दुनिया न आतिश मिज़ाजी
उन्हें एक दिन ख़ाक होना पड़ेगा

ग़ालिब—अज़ीज़ो[2]! कहाँ तक यह आतिश मिज़ाजी[3]?
तुम्हें...

हाली—हुए तुम न सीधे जवानीमें 'हाली'
मगर अब बुढ़ापेमें होना पड़ेगा

ग़ालिब—...
मगर अब मेरी जान होना पड़ेगा

हाली—चुप-चुपाते किसी काफ़िरको दिया दिल हमने
माल महँगा नज़र आता तो चुकाया जाता

ग़ालिब—चुप-चुपाते उसे दे आये दिल इक बात पै हम
....

हाली—बारहा देख चुके तेरा फ़रेब ऐ ज़ालिम!
हमसे अब जानके धोका नहीं खाया जाता

ग़ालिब—.................................... ऐ दुनिया!
....

१. शम्सुल उलमा मौलाना अलताफ़ हुसैन साहब 'हाली'
२. मित्रों, ३. गरम स्वभाव,

राक़िम[1]—अल्लाह मैं हूँ और है ग़म वस्ले-यारका
क्या जाने कोई दर्द दिले-बेक़रारका

ग़ालिब—..............और यह ग़म..................
तू जानता है दर्द........................ ....

पहले मिसरेमें बजाय 'है' के 'यह' बनानेसे मिसरेका ज़ोर और बढ़ गया। दूसरा मिसरा 'राक़िम' का भी ख़ूब था। मगर ग़ालिब-जैसे उस्तादने इसे और बुलन्द कर दिया। पहले मिसरेमें अल्लाहसे खिताब था, अतः दूसरा मिसरा भी उसीसे सम्बन्धित 'तू जानता है' बनाया।

---

१. राजा क़मरुद्दीन साहब 'राक़िम' देहल्वी।

वज़ीर लखनवी-द्वारा इस्लाहें

ख्वाजा मुहम्मद वज़ीर लखनवी 'नासिख' के प्रसिद्ध शिष्योंमें-से थे। आखिरी उम्रमें शेरो-सुखनसे अरुचि हो गयी थी। और एकान्त जीवन व्यतीत करने लगे थे। स्वाभिमानका यह हाल था कि नवाब वाजिद अलीशाहके दो बार बुलानेपर भी आप उनके यहाँ नहीं गये। ४००० अशआरका दीवान स्मृति स्वरूप छोड़ा है। १८५३ में आपकी मृत्यु हुई।

क़लक़[1]—इधर भी देख लो जाता रहे गिला दिलका
बस इक निगाह पै ठहरा है फ़ैसला दिलका
वज़ीर—अदासे देख लो..................................
....

क़लक़—इलाही ख़ैर हो, कुछ आज रंग लाया है
टपक रहा है कई दिनसे आबला दिलका
वज़ीर—..................................रंग बेढब है
....

क़लक़—मुस्कराना तिरा याद आता है जब ऐ खुश[2]तर!
ख़ून रुलवाता है गुञ्चोंका तबस्सुम[3] मुझको
वज़ीर—..................................ऐ गुले-तर!
....

क़लक़—निगहे-महरसे देखो जो ज़रा तुम मुझको
फिर जगह आँखोंमें देने लगें मर्दुम[4] मुझको
वज़ीर—..
आँखका तारा समझने लगें मर्दुम मुझको

---

१. ख्वाजा असदअली आफ़ताबुद्दौला साहब 'क़लक़' लखनवी। २. खुश-मिज़ाज, ३. कलियोंका मुस्कराना, ४. मनुष्य, जनता।

असीर-द्वारा इस्लाहें

[जन्म १८१४-मृत्यु १८८२ ई०]

सैय्यद मुज़फ़्फ़र अली ख़ाँ 'असीर' लखनवी 'मुसहफ़ी' के शिष्य थे। अवधके शासक नवाब वाजिदअलीके ८-९ वर्ष मुँहलगे मुसाहब रहे और दबीरुद्दौला ख़िताबसे सम्मानित हुए। अवधके जेलख़ानोंके आला अफ़सर थे। वाजिदअलीशाहके नज़रबन्द किये जानेपर आप उनके साथ कलकत्ते न जाकर रामपुर चले गये। उर्दूके ६ दीवान और फ़ार्सीके २ दीवान स्मृति स्वरूप छोड़े। मर्सिये और मसनवियाँ भी बहुत-सी लिखीं। अमीर-मीनाई, शौक़ किदवाई, नवाब सैय्यद यूसुफ़ हसन तबा-तबाई और पण्डित रतननाथ सरशार-जैसे ख्याति प्राप्त शाइर आपके शिष्य थे। ८१ वर्षकी आयुमें आपने लखनऊमें समाधि पायी।

अमीर[1]—ग़ज़ब दाग़ तूने दिये ऐ फ़लक !
कलेजा गुले-नीलोफ़र हो गया
असीर—ग़ज़ब चुटकियाँ हैं तेरी ऐ फ़लक !
....

कलेजा, गुले-नीलोफ़र (नीले दाग़वाला) कैसे हो गया ? इसका सबूत अमीरके ऊले मिसरेमें नहीं था। उस्तादने वही सबूत देकर शेरका नुक़्स निकाल दिया है। केवल 'दाग़' कहनेसे काले रंगके दाग़का बोध होता है। जिस्मके कोमल एवं नाज़ुक अंशपर चुटकी भरनेसे नीला दाग़ पड़ जाता है। इसीलिए उस्तादने दाग़के एवज़ चुटकियोंका प्रयोग किया है।

---

१. मुंशी अमीर अहमद साहब 'अमीर' मीनाई लखनवी।

अमीर—क़बाबे सीख़ हैं हम, करवटें हरसू बदलते हैं
जो जल जाता है यह पहलू तो वह पहलू बदलते हैं

अमीर—..

जल उठता है यह पहलू तो वोह पहलू बदलते हैं

अमीरके दूसरे मिसरेमें प्रारम्भमें ही तीन जकार लगातार आये हैं। लगातार एक ही अक्षर कई बार प्रयुक्त करना शाइराना दोष है। 'जो जल जा' कानोंको खटकता भी है।[1]

अमीरके शेरका आशय है कि—आशिक़का दिल बिरह-तापमें पिघलकर कबाब हो गया है। जैसे कबाव लोहेकी सीख़ोंपर लपेटकर आगमें सेंका जाता है, उसी तरह आशिक़का कबाबे-दिल बिस्तरेमें पड़ी हुई सलवटोंपर सीखकी तरह रखा हुआ है। बिरहकी आँचसे क़बाबे-

---

१. इसी तरह की भूल मीर दोस्तअली ख़लीलसे भी हुई थी। वे आतिशके शिष्य थे।

मीर दोस्तअली 'ख़लील' ख्वाजा 'आतिश' के शिष्य थे। एक मुशाअरेमें उस्तादसे संशोधन लिये बिना ही ख़लीलने ग़ज़ल पढ़ दी। मुशाअरेके दूसरे दिन आप उस्तादकी सेवामें उपस्थित हुए। दरियाफ़्त करनेपर कि कल मुशाअरेमें कौन-सी ग़ज़ल पढ़ी। ख़लीलने अपनी ग़ज़लका यह मतला सगर्व पढ़ा—

मुद्दतके बाद आज वोह ऐ महर्बां मिले
दिलको कहूँ जो जानकी मुझको अमा मिले

मतला सुनते ही उस्तादने दरियाफ़्त किया—"जो जानकी" क्या आपकी ख़ाला (मासी) का नाम है ?"

ख़लील काफ़ी देर हतप्रभ-से रहनेके बाद झिझकते हुए बोले—"तब क्या होना चाहिए ?"

जवाब मिला—इससे तो यही कहना बेहतर था—

मुद्दतके बाद आज वोह ऐ महर्बां मिले
दिलकी कहूँगा जानकी मुझको अमाँ मिले

दिलको सेंकता हुआ कभी इस करवट सेंकता है, कभी दूसरी करवट सेंकता है। अमीरके मिसरेमें 'जल जाता है' के बजाय उस्तादका 'जल उठता है' संशोधन बहुत सार्थक है। जल जानेके बाद पहलू बदलनेसे क्या लाभ? उस्तादके "जल उठता है" शब्दसे ध्वनित होता है, कि जल उठनेकी स्थितिसे पहिले ही आशिक़ पहलू बदल लेता है।

हकीम[1]—गुलचींसे दो क़ुसूर हुए एक छोड़के
बुलबुलका दिल शिकिस्ता किया गुलको तोड़के

असीर—..
बुलबुलके बाल बाँधे-रगे-गुलको तोड़के

हकीमके सानी मिसरेमें गुलचींके दो क़ुसूर साबित नहीं होते थे। क्योंकि गुलचींने तो सिर्फ़ गुलको तोड़ा है। बुलबुलका दिल शिकिस्ता करनेका वह ज़िम्मेदार नहीं। उस्तादकी इस्लाहने गुलचींके सर दोनों क़ुसूर मढ़ दिये। उक्त इस्लाह शाइराना नाज़ुक ख़यालीके लिहाजसे भले ही दिलचस्प हो, वर्ना रगे-गुलसे बुलबुलके बाल बाँधना मुमकिन नहीं।

आबिद[2]—शिकवा हो शमअ़से क्या महफ़िलकी बरहमीका
दिल ही जला हुआ था, वक़्ते-सहर हमारा

असीर—.................. ....
दिल ही बुझा हुआ था,.............................

वक़्ते-सहर (प्रातःकाल) शमअ़के बुझनेसे महफ़िल भी छिन्न-भिन्न हो गयी। आशिक़ शमअ़से उसके बुझ जानेका क्या गिला करता, क्योंकि उसका दिल जला हुआ था।

उस्तादने 'जला' के बजाय 'बुझा' बना दिया। वक़्ते-सहर जलनेके

---

१. आग़ाजनफ़र हुसैन साहब 'हकीम' लखनवी। २. मीर आबिद हुसैन साहब 'आबिद'।

बजाय बुझना ही उपयुक्त है। साथ ही शमअके बुझ जानेकी जो शिकायत थी, वह भी स्पष्ट हो गयी।

आबिद—ग़ुस्सा आया था तुमको मूसापर
तूरको क्यों जलाके ख़ाक किया?
असीर—तुमको आया जलाल मूसापर
....

हज़रत मूसा पैग़म्बरके ज़िदकी वजहसे ख़ुदाने उन्हें अपना जल्वा तूर पर्वतपर दिखलाया तो मूसाकी आँखें चुँधिया गयीं, वे उस रूपको देखनेकी सामर्थ्य न ला सके और उस जल्वेकी तपिशसे तूर पर्वत जलकर स्याह हो गया।

इसी इस्लामी धारणाके अनुसार 'आबिद' ने उक्त शेर कहा है। लेकिन इस शेरका माशूक़ इन्सान नहीं, ख़ुदा है। अतः ख़ुदाके लिए ग़ुस्सा शब्दका प्रयोग बे-अदबी है। जलाल शब्द बहुत उपयुक्त और भक्तिपूर्ण है। जलालका अर्थ है—प्रताप, तेज, अज़मत। किसी प्रतिष्ठित मनुष्यके लिए "आज वे बहुधा ग़ुस्सेमें थे" कहनेके बजाय "आज वे पूरे जलालमें थे" कहा जाता है।

आबिद—मेरे अरमान यूँ पूरे किये सोज़े-मुहब्बतने
जला जब दिल तो दिलसे हसरतें निकलीं धुआँ बनकर
असीर—..
फुँका..

आशिक़ बेचारेकी हसरतें (इच्छाएँ) दिलमें ही दबी रहती हैं। उन्हें निकलने (पूर्ण होने)का सुयोग ही नहीं मिल पाता। आख़िर सोज़े-मुहब्बत (प्रेमाग्नि)की वजहसे दिल जला तो हसरतें धुआँ बनकर ही सही, दिलसे निकलीं तो। आबिदके दिलको 'जला' के बजाय उस्तादने 'फुँका' बना दिया है। एक शब्दके हेर-फेरसे शेर बहुत लतीफ़ बन गया है।

शरीफ़[1]—आईना पेशे रू है, तो शाना है हाथ में
आँखोंमें है हुज़ूरके सुर्मा लगा हुआ
....

असीर—उश्शाक़पर गिरेगी ज़रूर आज बर्क़े-तूर
....

शरीफ़का शेर बेजान था। आईना, शाना (कंधा) सुर्मा केवल भर्तीके शब्द थे। उस्तादने सुर्माके मुक़ाबिलेमें 'बर्क़े-तूर' जड़कर शेरको चमका दिया। सुर्मेका रंग स्याह होता है और तूरका रंग भी काला है।

अंजुम[2]—तेरे दर्दका दिले-मुब्तला! यह बता इलाज मैं क्या करूँ?
जो तबीब[3] हूँ तो दवा करूँ, जो फ़क़ीर हूँ तो दुआ करूँ

असीर—..
न तबीब हूँ कि दवा करूँ, न फ़क़ीर हूँ कि दुआ करूँ

उस्तादने दूसरे मिसरेमें 'न' और 'कि' का इज़ाफ़ा करके बहुत सार्थक और बुलन्द बना दिया। वाह क्या इस्लाह दी है।

वाक़िफ़[4]—आ गयी मौत बे अजल उसकी
जिसको देखा ज़रा नज़र भरके

असीर—..
तूने देखा जिसे ....

किसके नज़र भरके देखनेसे मौत आ गयी, इसका सबूत वाक़िफ़के शेरमें न था। 'नज़र भरके' देखा तब 'ज़रा' शब्द व्यर्थ था। इस्लाहसे यह दोष भी दूर हो गया और सबूत भी पेश कर दिया।

---

१. शाह महमूद अहमद साहब 'शरीफ़' रदौलवी। २. नवाब बहादुर हुसैन ख़ाँ 'अंजुम' लखनवी। ३. हकीम। ४. दारोग़ा वाजिद हुसेन साहब वाक़िफ़ लखनवी।

वाक़िफ़—फिर रहे हैं रात-दिन, लेते नहीं मंज़िल पै दम
क़ाफ़िला गुम हो गया शायद कि महरो-माहका
असीर—जुस्तजूमें रात-दिन फिरते हैं, दम लेते नहीं
....

वाक़िफ़—यह कम मश्क़ी तो देखो छिद गया दिल
जिगर जब उस कमान अब्रूने ताका
असीर—नज़रका तीर दिलने बढ़के रोका
....

वाक़िफ़—जान दी हमने जो ऐ जान! तुम्हारे ग़ममें
तुमने भूलेसे भी हमको न कभी याद किया
असीर—इसी हसरतमें यहाँ मर गये, [1]मरते-मरते
....

---

१. मर-मरके मरना, बार-बार मृत्यु-मुखमें जाकर बच जाना, फिर बमुश्किल जान निकलना।

नसीम-द्वारा इस्लाहें

[जन्म १७६१; मृत्यु १८६६ ई०]

नवाब मिर्ज़ा असग़र अलीख़ाँ 'नसीम' देहलवी मोमिन ख़ाँ-जैसे श्रेष्ठ ग़ज़लगो उस्तादके शिष्य थे। पारिवारिक झगड़ोंके कारण आप देहली छोड़कर लखनऊ जा बसे थे। कुछ दिनों वाजिदअलीशाहके दरबारमें रहे। उनकी नज़रबन्दीके बाद नवलकिशोर प्रेसमें मुलाज़िम हो गये। आपने अपना कलाम कभी सँजोकर रखनेका प्रयास नहीं किया। आपके शिष्य हसरत मोहानीने यत्र-तत्रसे एकत्र करके ४०० अशआरका संकलन मुद्रित कराया। आप लखनऊमें बस जानेके बाद भी देहलवी रंगमें ही शेर कहते रहे। आपके कलामको मिर्ज़ा ग़ालिब भी पसन्द करते थे।

आशिक़[१]—उठ जायगा वोह ग़ैरते-गुल जब कि चमनसे
मुर्झाये हुए फूल गुलिस्ताँ में रहेंगे

नसीम— जायेगी बहार आपके हमराह चमनसे
....

आशिक़के पहले मिसरेमें 'उठ जायगा' शब्द कानोंमें खटकता है। उसका प्रयोग माशूक़के लिए उपयुक्त नहीं। 'उठ गया' शब्द 'मर गया' के मायनोंमें भी प्रयुक्त होता है।

गुलिस्ताँमें फूल मुर्झाये हुए क्यों रहेंगे? इसका भी पहले मिसरेमें कोई सबूत नहीं था। उस्तादने इस्लाह देकर सबूत पेश कर दिया है कि

१. मिर्ज़ा मच्छूबेग 'आशिक़' लखनवी।

माशूक़के हमराह (साथ-साथ)—चमनसे बहार चली जायगी तो बहारके अभावमें फूल लाज़िमी मुर्झा जायेंगे।

महर[1]—बाग़में ग़ुञ्चः दहन आया है
फूली फिरती है सबा क्या बाइस ?
नसीम—बाग़में होगा वही ग़ुञ्चः दहन
....

'महर' दूसरे मिसरेमें सवाल करते हैं कि सबाके फूली-फिरती घूमनेका बाइस (कारण) क्या है ? और स्वयं ही सवाल करनेसे पूर्व पहले मिसरेमें कह भी देते हैं कि बाग़में गुञ्चः दहन (कली-जैसे सुन्दर मुखवाला) आया है। पहले मिसरेमें जब निश्चयात्मक बात कह दी गयी, तब दूसरे मिसरेमें सवाल करना व्यर्थ था। उस्तादने 'आया' के बजाय 'होगा' बनाकर शेरको बामायनी बना दिया है।

तस्लीम—हाय अब तक न रुख़े-साग़रो-मीना देखा
अज क्या जानए मुँह उठते ही किसका देखा
नसीम[2]—..
.......................मुँह सुबह को.......................

'उठते ही' से मिसरेमें अश्लीलता झलकती थी। उस्तादके 'सुबहको' बना देनेसे वह दोष भी दूर हो गया और मिसरा बा-मुहाविरा बन गया।

तस्लीम—लाती है फ़र्क़ रस्मे-मुहब्बतमें दिललगी
छेड़ा सबाने आके तो ग़ुञ्चा चटक गया
नसीम—..
छेड़ा सबा ने प्यार से ग़ुञ्चा चटक गया

---

१. अब्दुल्ला ख़ाँ 'महर' लखनवी। २. मुंशी अमीर अल्लाह 'तस्लीम' लखनवी।

तस्लीमके दूसरे मिसरेमें 'आके तो' शब्द व्यर्थ था। सबा तो सर्वत्र व्याप्त है, उसका आना क्या मानी? उस्तादने—'आके तो' के बजाय 'प्यारसे' बनाकर पहले मिसरेमें आये हुए 'मुहब्बत' की अनुकूलता भी पूर्ण कर दी।

तस्लीम—पहलू में अब कहाँ दिले-गुम गश्तः[1] का पता
मुद्दत हुई कि दीदः-ए-तर[2] से टपक गया
नसीम—......................दिले-ख़ूँ गश्तः[3] का पता
....

गुमगश्तः दिल किसीके पाससे या कहीं इधर-उधर खोजनेसे मिलना सम्भव, किन्तु उसका आँखोंसे टपकना नामुमकिन। आँखोंसे तो तरल वस्तु ही टपक सकती है। अतः उस्तादने 'गुम' के बजाय 'ख़ूँ' बनाया।

तस्लीम—फूल खुश्क, अफ़सुर्दः सब्जः शमअ चुप बालीं उदास
रो दिये हम आलमे-गोरे-ग़रीबाँ देखकर
नसीम—..
जी भर आया आलिमे....................................

तस्लीमने अपने उक्त शेरमें व्यथा–पीड़ाका जो दृश्य उपस्थित किया है, उसकी दाद देनेको हमारे पास शब्द नहीं। उस्तादने भी 'रो दिये' के बजाय 'जी भर आया' का नगीना जड़कर उस्तादाना कमाल दिखाया है।

तस्लीम—सच्चा है अगर दावाए-दिलमें वही काफ़िर
रख देते हैं मस्जिद में क़सम खाके उठाले
नसीम—......................दिल में बुते काफ़िर
....

---

१. खोये हुए दिल। २. अश्रुपूर्ण नेत्रोंसे। ३. वह दिल जो पिघलकर ख़ून बन गया।

उस्तादने केवल 'वही' के बजाय 'बुत' बनाया है। वही शब्द भर्त्तीका था। काफ़िरको बुते-काफ़िर बनाकर मस्जिदके लिए मुनास्बत भी पैदा कर दी।

'तस्लीम' लखनवी-द्वारा इस्लाहें

[जन्म १८२०; मृत्यु १९११ ई०]

अह्मद हुसेन उर्फ़ अमीर अल्लाह 'तस्लीम' फ़ैजाबादमें पैदा हुए। शिक्षा-दीक्षा लखनऊमें हुई। आप 'नसीम' देहलवीके शिष्य थे। वाजिद-अलीशाहकी सरकारमें मुलाज़िम रहे। विप्लवके बाद आप रामपुर चले गये। ग़ज़लोंके ५ दीवान और ७ मसनवियाँ, रामपुरकी तारीख, सफ़रनामा नवाब रामपुर, (२५००० अशआरमें) स्मृतिस्वरूप छोड़े हैं। लखनवी होते हुए भी देहलवी रंगमें शेर कहते थे।

[सैय्यद जमीरुद्दीन 'अर्श'के कलामपर स्वयं उस्ताद तस्लीमने इस्लाहकी वजह बयान की है। अतः हम यहाँ अपनी तरफ़से कुछ न लिखकर इस्लाहके साथ उस्तादके उपयोगी नोट्स दे रहे हैं]

अर्श—मेरे नालोंसे होता है यक़ीं आज
उड़ेगी मिस्ल ज़र्रेके ज़मीं आज

तस्लीम—नालेसे ज़मीनको क्यों ज़रर होगा? यूँ कहो—
फ़लक भी होगा पा बोसे-ज़मीं आज

....

अर्श—जहाँ कल देखते थे एक मज्मा
नज़र आता वहाँ कोई नहीं आज

तस्लीम—मिसरासानीमें ताक़ीद[1] है यूँ बना दो—
....
वहाँ कोई नज़र आता नहीं आज

---

१. लफ़्ज़ोंको कलाममें ऐसे आगे-पीछे रखना, जिससे मतलब देरमें समझमें

अर्श—हूँ सुर्ख़रू जहाँ में, वह दिन ख़ुदा करे
मेरा अजल से दाँत है अँगियाके पान पर

तस्लीम—क्या छातियाँ काट खाओगे? [सुर्ख़रू का अर्थ है 'सम्मानित'] यह शब्द देश या क़ौमके लिए शहीदहोनेपर या बहुत बड़ा कारनामा करनेपर या सफलता पानेपर इस्तेमाल होता है। जैसे—

सुर्ख़रू होता है इंसा ठोकरें खानेके बाद
रंग लाती है हिना पत्थर पै पिस जाने के बाद

चूँकि सुर्ख़रूके मायने लाल रंगके भी है। अतः अर्श माशूक़की अँगियाँपर बने पानके बूटेको चबाकर सुर्ख़रू (लाल ओठवाले) होना चाहते थे, किन्तु उस्तादने इसे व्यर्थ समझकर निकाल दिया।

अर्श—इस सादा दिलने मुझको जो दीवाना कर दिया
ज़ंजीर नापसन्द हुई, नागवार तौक़

तस्लीम—सादा दिल अहमक़को कहते हैं। पहले मिसरेको यूँ बना दो—

इस सादा रौने मुझको जो दीवाना कर दिया।

....

अर्श—नजर आते नहीं हँसने में दन्दान
गिरे हैं उसके मुँह से फूल झड़कर

तस्लीम—फूल झड़ना और चीज़ है, नज़र आना और शै है। इससे तो यह पाया जाता है कि उसके दन्दान फूल बनके झड़ गये। इसे ग़ज़लसे निकाल दो।

अर्श—जिब्रील[1] तो क्या, उनका तसव्वुर[2] भी न पहुँचे
है अर्श[3] से ऊँचा कहीं ईवाने-बनारस[4]

तस्लीम—भाई इतना कुफ़्र अच्छा नहीं।

आये। वाक्योंमें शब्दोंको यथास्थान न रखकर उलट-पलट रखना जैसा कि अर्शके दूसरे मिसरेमें है।

१. एक फ़रिश्ता, जो पैग़म्बरोंके पास ख़ुदाका आदेश पहुँचाया करता था। २. ख़याल, ध्यान। ३. आकाशसे ऊँचा। ४. बनारसके मन्दिर।

हसरत[1]—सितम[2] हो जाये, तमहीदे-करम[3] ऐसा भी होता है
बता शीरीं-वफ़ा[4] ऐ ज़ब्ते-ग़म ! ऐसा भी होता है

तस्लीम—..

मुहब्बतमें बता..

हसरत—जफ़ाए-यारके शिकवे न कर ऐ रंजे-नाकामी !
सकूनो-नाउमीदी[5] हों, बहम[6] ऐसा भी होता है ?

तस्लीम—..

उम्मीदो[7]-यास[8] दोनों हों..

हसरत—विक़ारे-सब्र खोया, गिरय: हाये बेक़रारीने
कहीं ऐ एतबारे-चश्मे-नम ! ऐसा भी होता है

इस शेरपर हज़रत तस्लीमने यह नोट लिखकर यह शेर निकाल दिया कि अब "चश्मे-नम" मतरूक (उर्दूमें जाइज़ नहीं) है। चश्मे-पुरनम सही है।

शौक़[9]—इतने अरमान हैं ऐ शौक़ ! हमारे दिल में
आर्ज़ू ढूँढ़ती है राह निकलने के लिए

तस्लीम—हसरतें भर गयीं ऐ शौक़ ! यहाँ तक दिल में
....

अर्मान और हसरत यूँ तो समानार्थक हैं। अर्मानके मायने हैं—इच्छा, ख़्वाहिश, उत्कण्ठा, लालसा, लालच, इश्तियाक़ और हसरतके मायने भी लगभग यही हैं—अभिलाषा, लालसा, इच्छा। किन्तु हसरतके यह भी मायने हैं जो अर्मानके नहीं—निराशा-दुःख, कष्ट, पश्चात्ताप,

---

१. सैयद फ़ज़ल हुसैन साहब हसरत मोहानी। २-३. जिसके लिए भलाईका प्रयास किया जाये, उसके हक़में वह भलाईके बजाय बुराई या ज़ुल्म हो जाये। ४. मधुर नेकी। ५ सुख और निराशा। ६. परस्पर मिलें। ७. आशा। ८. निराशा। ९. मुहम्मद ज़हीर हसन 'शौक़' नीमवी।

अफ़सोस। 'हस्रत'में निराश प्रेमीकी कष्टजन्य अभिलाषाएँ निहित हैं और अर्मान केवल अभिलाषा-लालसाका द्योतक है। उसमें वोह निराशा एवं कष्टसे ओत-प्रोत हस्रतें (अभिलाषाएँ) नहीं जो आशिक़ोंके दिलमें होती हैं। इसलिए उस्तादने अर्मानके बजाय हस्रत शब्द जड़ा है। "हस्रतें भर गयीं ऐ शौक़! यहाँ तक दिलमें", हस्रतोंका दिलमें यहाँ तक भर जाना कि उन्हें बाहर निकलनेके लिए राह ढूँढ़नी पड़े। बनाकर उस्तादने मिसरेमें नगीना जड़ दिया है।

क़ैस[1]—ऐ सबा! रहने न दी कूचेमें उसके ख़ाक तक
और हवा ख़्वाही जताती है तू मुझ बर्बाद से

तस्लीम—...
और हवा ख़्वाही का दम भरती है मुझ बर्बाद से

दोस्ती या वफ़ादारीका दम भरना मुहावरा है। 'दम भरने'के मुक़ाबिलेमें 'जताना' बहुत हल्का है। यूँ भी जब पहले मिसरेमें सबा (हवा) शब्द दिया गया है तो उसके लिए भरना शब्द लाज़िमी था। क्योंकि हवा भरी जाती है न कि जतायी जाती है। पहले मिसरेमें जब सबाको सम्बोधन किया गया है, तब दूसरे मिसरेमें 'तू' शब्द व्यर्थ था।

क़ैस—शबे-फ़ुर्क़त में हुई है, यह मिरी शक्ल महीब[2]
मलकुल मौत[3] मुझे देखके डर जाते हैं

तस्लीम—शबे-फ़ुर्क़त में वोह सूरत है कि मरना मुश्किल
....

उस्तादने दूसरे मिसरेमें "वह सूरत है कि मरना मुश्किल" बनाकर शेरको बहुत लालित्यपूर्ण बना दिया है।

---

१. मुंशी गुरुप्रसाद साहब 'क़ैस' लखनवी। २. भयानक, डरावनी। ३. यमराज।

कैस—बासी होकर लुत्फ़ देती है फ़ज़ूं[1] वक़्ते-सहर[2]
हलकी-हलकी भीनी-भीनी ख़ुशबू उनके हारकी
तस्लीम—बासी होकर और भी मलती है दिल वक़्ते-सहर
....

आज़ाद[3]—जिस दमसे तू चला है ग़ज़ालोंके सामने
भूले वो चौकड़ी तेरी चालोंके सामने
तस्लीम—चलता है जिस घड़ी तू ....
खाते हैं ठीकरें ....
आज़ाद—ज़मीं पै खींचके नक्शः मिरा मिटाते हैं
यह उनका खेल हुआ ख़ाकमें मिलाके मुझे
तस्लीम—..
यह खेल खेलते हैं ....
आज़ाद—किसीका हाय वोह कहना "मिरा पिये वो लहू
जो छेड़-छाड़ करे अब अकेला वाके मुझे"
तस्लीम—..............................पियो लहू मेरा
..................करो तुम...........................
आज़ाद—वो कह रहे हैं—"ख़ुदा उस पै तू गिरा बिजली
बुरी निगाहसे जो सिम्त मेरे ताके मुझे
तस्लीम—..........................उसका हो भला न कहीं
बुरी निगाहसे बैठा हुआ जो ताके मुझे

---

१. बहुत, ज़्यादा। २. प्रातःकाल। ३. काज़ी मुहम्मद नईमुलहक़ 'आज़ाद' शैख़पुरी।

अमीर मीनाई-द्वारा इस्लाहें

[जन्म १८२८; मृत्यु १९०० ई०]

मुन्शी अमीर अहमद 'अमीर' लखनवी 'असीर' लखनवीके शिष्य थे, परन्तु हक़ तो यह है कि असीर नाम मुन्शीजीकी बदौलत चमका। कुछ दिनकी लगन और मेहनतके बाद आपकी ख्याति फैलने लगी। नवाब वाजिदअलीशाहने भी आपको सम्मानित किया। १८५७ के विप्लवके बाद आपको नवाब यूसुफ़अली ख़ाँने रामपुर बुला लिया और बहुत आदर-सत्कारपूर्वक रखा। नवाब यूसुफ़अली ख़ाँकी मृत्युके बाद नवाब कल्ब अली ख़ाँने उन्हें अपना उस्ताद बनाकर सम्मानित किया। आप वहाँ अदालते-दीवानीके हाकिम भी थे। २४ बरस रामपुरमें प्रतिष्ठापूर्वक रहनेके बाद मिर्ज़ा दाग़के आग्रहपर हैदराबाद चले गये। किन्तु वहाँकी आबोहवा आपको रास न आयी और वहीं १९०० ई० में समाधि पायी। जलील मानिकपुरी, रियाज़ ख़ैराबादी, दिल शाहजहाँपुरी-जैसे ख्यातिप्राप्त आपके शिष्य हुए हैं। आप शाइर होनेके अतिरिक्त अरबी-फ़ारसी और उर्दूके पूर्ण पण्डित, भाषाशास्त्र और शब्दकोशके प्रामाणिक अधिकारी और छन्दशास्त्रके योग्य विद्वान् थे। कई ग्रन्थ नष्ट हो जानेपर भी आपके २२ ग्रन्थ मिलते हैं।

रियाज़[1]—हंगामे-नज़ए-गिरयः यहाँ बेकसीका था
आपो बताएँ कौन यह मौक़ा हँसीका था?

अमीर—...
तुम हँस पड़े यह कौन-सा मौक़ा हँसीका था?

---

१. रियाज़ ख़ैराबादी।

रियाज़ने सानी मिसरेमें आपहीके बजाय 'आपी' शब्द मजबूरन डाला होगा, क्योंकि—'आप ही' से मिसरेका वज़न बढ़ता था। अतः उस्तादने 'तुम हँस पड़े' बनाकर उक्त दोषको दूर कर दिया और रियाज़के दूसरे मिसरेमें माशूकके हँस पड़नेका कोई उल्लेख नहीं था। "कौन यह मौक़ा हँसीका था" कह कर केवल प्रश्न किया गया है। उस्तादने 'हँस पड़े' बनाकर प्रश्नका सही कारण उपस्थित कर दिया है।

रियाज़—ज़रा रोको तमन्नाको तुम अपनी
यह मेरी जानके पीछे पड़ी है
अमीर—तमन्नाको तुम अपनी मन्ह: कर दो
....

इस्लाहका भाव स्पष्ट है।

रियाज़—ले उड़े गैसू परेशानी मिरी
आइने ले बैठे हैरानी मेरी
अमीर—..................................
..............ले भागे ....

पहले मिसरेमें 'ले उड़े' था, अतः दूसरे मिसरेमें 'ले भागे' कहना लखनवी शाइराना मज़ाक़के लिए ज़रूरी था। रियाज़के सानी मिसरेमें 'ले बैठे' में ज़मका पहलू था (अश्लीलताका आभास होता था) अतः इस्लाहसे वह दोष भी दूर हो गया।

रियाज़—ख़ुदा तिरा बुते-नादाँ! दराज़ सिन तो करे
सितमके तू भी हो क़ाबिल ख़ुदा वो दिन तो करे
अमीर—..................बुते-कमसिन..................
....

रियाज़का उक्त शेर बहुत मशहूर है और बहुत उम्दा है। मगर उस्तादने भी उस्तादाना इस्लाह देकर शेरको चार-चाँद लगा दिये हैं। पहले मिसरेमें 'दराज़ सिन' (युवावस्था)से पूर्व कमसिन होना आवश्यक था। क्योंकि कमसिनीके बाद ही जवानी आती है।

रियाज़—तौबः बरलब न सही, हाथमें बोतल ही सही
महफ़िले-वाज़ में कुछ बादःगुसार आये तो

अमीर—तौबः लबपर ....
....

उर्दूमें फ़ार्सी तरकीबका लाना उचित नहीं समझा जाता है। अतः उस्तादने 'बरलब' के स्थानपर 'लबपर' बनाकर शेरमें सादगी पैदा कर दी।

ज़ौ[1]—किस तरहसे बोसा[2] लूँ ज़ुल्फ़ें तो दुश्मन हो गयीं
ज़ुल्फ़ें उड़ पड़कर रुख़े-रौशन[3] पै चिलमन[4] हो गयीं

अमीर—पर्दे-पर्दे में वो ज़ुल्फ़ें मेरी दुश्मन हो गयीं
उड़के उनके आरिज़े-रौशन पै चिलमन हो गयीं

ज़ौ के दोनों मिसरोंमें 'ज़ुल्फ़ें' के होनेसे पुनरावृत्ति दोष था। 'बोसा' शब्द भी सुरुचिपूर्ण न था। 'उड़-पड़' कर भी कानोंको खटकता था। उस्तादकी इस्लाहसे वे सब दोष भी जाते रहे और शेरका आशय भी वही रहा, बल्कि यह भाव और प्रकट हो गया कि माशूक़के मुखपर ज़ुल्फ़ोंके आ जानेसे उसको अच्छी तरह नहीं निहारा जा सकता।

---

१. मुन्शी नईमुलहक़ साहब 'ज़ौ' शैख़पुरी। २. चुम्बन। ३. आभावान मुखपर। ४. पर्दा, नक़ाब।

ज़ौ—यादमें उस बुतके रोये इस क़दर हम फूट-फूट
पुतलियाँ आँखोंकी धो-धाकर बरहमन हो गयीं

अमीर—.........................रोयीं इस क़दर आँखें मिरी
पुतलियाँ दोनों नहा-धोकर बरहमन[1] हो गयीं

'फूट-फूटकर रोना' मुहावरा है न कि 'रोये फूट-फूट' इसी तरह 'नहा धोकर' स्वच्छ (बरहमन) हुआ जाता है। धो-धाकर तो वस्त्र स्वच्छ किया जाता है। उक्त दोषोंके दूर होनेके साथ ही इस्लाहसे शेरमें भाषालालित्य आ गया।

ज़ौ—रोते-रोते कोई दममें देखना डूबेंगे हम
अश्ककी मौजें उमड़कर ताबः गर्दन हो गयीं

अमीर—रोते-रोते इश्क़में आख़िरको जी डूबा मिरा
....

आँसुओंमें डूब जाना बहुत उपहासजनक उपमा है। ऐसे ही बेतुके असम्भव भावोंके कारण लखनवी शाइरी काफ़ी बदनाम हुई। अमीर भी लखनवी हैं, परन्तु आपने बहुत ख़ूबीसे 'इश्क़में 'जी डूबा मिरा' बनाकर वास्तविकता ला दी है। आँसुओंसे ही नहीं, किसी भी दुःखपूर्ण घटनासे जी डूबने लगता है। ज़ौ के शेरमें रोनेका कारण नहीं था, उस्तादने इश्क़का शब्द डालकर रोनेकी वजह भी ज़ाहिर कर दी।

ज़ौ—सोज़िशे-दिल[2]का बुरा होवे कि मरने पर भी 'ज़ौ'
हड्डियाँ जल-जलके सुर्मा ज़ेरे-मदफ़न[3] हो गयी

अमीर—किस ग़ज़बकी दिलमें सोज़िश थी कि मरने पर भी 'ज़ौ'
....

---

१. ब्राह्मण चूँकि नहा-धोकर स्वच्छ साफ़ रहता है, इसीसे यह उपमा दी गयी है। २. दिलकी आगका। ३. क़ब्रके अन्दर।

पहले मिसरेमें 'बुरा होवे' शब्द गँवारू था। उस्तादने उसे निकालकर सोज़िशे-दिलके लिए 'किस ग़ज़बका' विशेषण चुनकर शेरको बहुत व्यथा-पूर्ण बना दिया। मुहावरा भी यही है कि "किस ग़ज़बकी आग लगी है" हड्डियाँ क़ब्रमें जलती नहीं सड़ती हैं, परन्तु सोज़िशे-दिलकी गरमीके कारण वे जल-जलकर सुर्मा बन गयीं।

ज़ौ—हल्की-हल्की बूए-गुल[1] लाना निसीम[2]!
बारे-ख़ातिर[3] हों न कमसिन[4] के लिए

अमीर—..
मेरे नाज़ुक तबअ[5] कमसिनके लिए

ज़ौ—दुख़्ते-रिज़का[6] कुछ; नहीं खुलता है हाल
है उछलती जाममें[7] किनके लिए?

अमीर—..
जाममें बेचैन है..........................

ज़ौ—फूटी नज़रों भी नहीं वे देखते
मुब्तिलाए-ग़म[8] है दिल जिनके लिए

अमीर—आँख उठाकर भी नहीं वे देखते
....

ज़ौ साहबने 'फूटी नज़रें' इस्तेमाल करते हुए न तो मुहावरेका ख़्याल किया और न हक़ीक़तका। नज़र तो कभी फूटती नहीं, आँखें फूटती है और आँखें फूटनेपर नज़रसे दीखना बन्द हो जाता है। माशूक़की जब नज़र या आँख फूट गयी तब न देखनेका उलाहना व्यर्थ है! "फूटी आँखों भी वह मुझे नहीं देखना चाहता" मुहावरा विरोधीके लिए इस्तेमाल

१. फूलोंकी सुगन्ध। २. वायु। ३. मनके विपरीत, चित्तपर बोझ। ४. कोमलांगी किशोरीके। ५. कोमलांगी। ६. मदिराकी पुत्री। ७. सुरापात्रमें। ८. दुःखोंमें फँसा हुआ।

होता है न कि प्रियजनोंके लिए। अतः उस्तादने पहले मिसरेमें 'फूटो नज़रों'के बजाय 'आँख उठाकर' बनाके उक्त दोष दूर कर दिये।

ज़ौ—चितवनने लिया है कि अदा ले गयी दिलको
यह वहम ग़लत, शर्मो-हया ले गयी दिलको

अमीर— ....
यह सब है ग़लत..

वहमका तो अर्थ ही भ्रान्ति या ग़लत यक़ीन (भ्रामक धारणा) है। अतः वहमके साथ 'ग़लत' शब्द व्यर्थ था। ज़ौके पहले मिसरेमें चितवन और अदा दो शब्द आये हैं। अतः दूसरे मिसरेमें एकवचन निकालकर 'सब' बहुवचन बना दिया।

हफ़ीज़[1]—बैठ जाता हूँ जहाँ छाँव घनी होती है
कुछ अजब चीज़ ग़रीबुलवतनी होती है

अमीर—..
हाय क्या चीज़..

हफ़ीज़—दिनको इक नूर बरसता है मिरी तुरबतपर
शबको इक चादरे-महताब तनी होती है

अमीर—..
रातको चादरे...

हफ़ीज़—दावरे-हश्रसे[2] इंसाफ़तलब[3] है कोई
यह नदामत[4] है कि अंगुश्त ब-लब[5] है कोई

अमीर..
सर झुकाये हुए...

---

१. हाफ़िज़ मुहम्मद अली 'हफ़ीज़' जौनपुरी। २. हश्रके न्यायाधीशसे, ख़ुदासे। ३. न्यायका इच्छुक। ४. पछतावा, अपराधके कारण होनेवाला संकोच। ५. दाँतोंमें उँगली दिये हुए।

हफ़ीज़—आस्माँ मैं भी तो नालोंसे हिला सकता हूँ
यह जो ख़ामोश हूँ इसका भी सबब है कोई
अमीर—आस्माँ आज भी नालों से.....................
मैं जो..

फ़िदा[1]—बुतो! पछताओगे वीरान करके ख़ानए-दिलको
यह वोह काबा नहीं जो गिरके हो तामीरके क़ाबिल
अमीर—बुतो! पछताओगे ढा कर हमारे काबए-दिलको
....

इमारतें तामीर (निर्माण) की जाती हैं या ढायी जाती हैं। वीरान तो उद्यान किये जाते हैं। 'फ़िदा' के दूसरे मिसरेका 'गिरके' शब्द भी ढानेका संकेत करता है न कि वीरान करनेका। "वह कौन-सा काबा है जो गिरनेपर तामीर नहीं हो सकता"। सानी मिसरेके इस सवालका सबूत भी ऊले मिसरेमें नहीं था। उस्तादने पहले मिसरेमें ख़ानए-दिलके बजाय काबए-दिल बनाकर सबूत भी पेश कर दिया है।

*

ज़ाहिद[2]—इस तरह महफ़िलमें क्यों आये कि रुसवाई हुई
बाल बिखरे, मिस्सी छूटी, आँख शर्मायी हुई
अमीर—क्यों भरी महफ़िलमें यूँ आये कि रुसवाई हुई
....

१. शाहजादा मिर्ज़ा वलीउद्दीन 'फ़िदा' ख़लफ़ साहिबे-आलम शाहजादा मिर्ज़ा रहीमुद्दीन 'हया' देहलवी। २. सैयद ज़ाहिद हुसेन 'ज़ाहिद' सहारनपुरी।

[सूचना—हम यहाँ अपनी तरफ़से इस्लाहोंपर कुछ भी न कहेंगे। क्योंकि 'ज़ाहिद' के कलामपर स्वयं अमीर मीनाई साहब इस्लाह देनेकी वजह लिखते रहे हैं। अतः इस्लाहके नीचे खुद उस्तादके लिखे हुए जुमले दिये जायेंगे।]

सलासते-बयान (भाषा-माधुर्य्य) की ग़रज़से बदला गया। और कोई सुक़म (दोष) नहीं था।

ज़ाहिद—उफ़! वोह जोबन उभरा-उभरा, चाल इठलायी हुई
उबली पड़ती है जवानी जोश पर आयी हुई

अमीर—उफ़! तेरा जोबन यह उभरा……………
……………………………………

सलासते-बयानकी ग़रज़से बदला गया और कोई सुक़म नहीं था।

ज़ाहिद—गुलमें जो तुम-सा नाज नहीं है, नहीं सही
अच्छा बिगड़ते क्यों हो, तुम्हीं नाज़नी सही

अमीर—नाज़ुक जो तुमसे फूल नहीं है, नहीं सही
……………………………………

गुलकी सिनफ़ (क़िस्म, लिंग भेदके कारण) नाज़ुक चाहिए। (न कि नाज़) और 'तुम-सा नाज़नी'की जगह 'तुम्हारा-सा नाज़नी' चाहिए।

ज़ाहिद—तुम कहते हो कि ज़ाहिदों का काम यहाँ कहाँ?
यूँ है तो मैं भी रिन्द हूँ, ज़ाहिद नहीं सही

अमीर—तुम कहते हो कि काम यहाँ ज़ाहिदों का क्या
……………………………………

ज़ाहिदोंका नून (अनुस्वार) दबता था। इसलिए बदला गया।

ज़ाहिद—दमे-बोसः हुई ख़्वाहिश यहाँ तक
कि हमने लब तो लब, चूसी ज़बाँ तक

अमीर—………………बढ़ी ख़्वाहिश……………
……………………………………

मज़मून मावादकी तरक़्क़ी (प्रथम अभिलाषाके बाद दूसरी इच्छा) 'बढ़ी'से ख़ूब ज़ाहिर होता है।

ज़ाहिद—जब यह पूछा-"ध्यान क्या बिलकुल मिरा जाता रहा?
बोले झुँझलाकर कि—"हाँ जाता रहा, जाता रहा"
अमीर—जब कहा—"क्या ध्यान बिलकुल ही मिरा जाता रहा?

....

रवानी (प्रवाह) के लिए बदल दिया है।

ज़ाहिद—आह हमसे दोस्तों ने दुश्मनी की इस क़दर
दोस्तोंकी दुश्मनीका सब गिलः जाता रहा
अमीर—दोस्तों ने दोस्त बनकर दुश्मनी की इस क़दर

....

बयानमें सलासत (मधुरता) और बन्दिशमें ज़रा चुस्ती आ गयी और अल्फ़ाज़ (शब्दों) का तनासुब (परस्पर मुनासबत) भी ठीक हो गया।

ज़ाहिद—तकाज़ा है कि "इक दिल और दो" और उसपै यह तुर्रः
कहीं से लाके दो, चोरी करो, चाहे कहीं ढूँढ़ो
अमीर—तक़ाज़ा है कि "इक दिल और दो हम लेके छोड़ेंगे"

....

'उस पै यह तुर्रः' का मुक़ाम नहीं है। ऊले मिसरेकी तरमीमसे (हम लेके छोड़ेंगे) माशूक़ाना ज़िद और मचलनेका इज़हार हो गया।

ज़ाहिद—गया जो वक़्त उसे समझो गया, फिर कर नहीं आता
न पाओगे, न पाओगे कहीं, देखो कहीं ढूँडो
अमीर—गया जो वक़्त वोह फिरकर नहीं आता, नहीं आता

....

दूसरे मिसरेके 'न पाओगे, न पाओगे' के मुक़ाबलेमें पहले मिसरेमें 'नहीं आता, नहीं आता' की तकरार ज़्यादा मुनासिब और मौज़ूँ है।

ज़ाहिद—जिन्हें शौक़े-नामो-निशान था,
यही फ़िक्र थी, यही ध्यान था
उन्हें यूँ फलकने मिटा दिया,
न निशान है न मज़ार है
अमीर—जिन्हें शौक़ था कि निशाँ रहे, कोई यादगारे-मकाँ रहे
....

इज़ाफ़तकी हालत (शौक़े-नामो-निशान) में एलाने नून (नकार) जाइज़ नहीं।

ज़ाहिद—शब हो चुकी पीरीकी, नुमायाँ है सहर भी
उट्ठो कहीं 'ज़ाहिद' कि है दरपेश सफ़र भी
अमीर—..
बेदार हो...

'बेदार हो' कहना ज़्यादा सही मक़ाम (उपयुक्त) है और दूसरे मिसरेमें उट्ठोके साथ 'कहीं' बेज़रूरत (व्यर्थ) था।

ज़ाहिद—गो ख़ुश हूँ यह सुनकर कि है "तुमसे भी मुहब्बत"
नश्तरसे सिवा कर गयी है काम 'मगर' भी
अमीर—गो ख़ुश हूँ यह सुन कर—"हमें तुमसे भी है उल्फ़त"
....

बन्दिश जरा साफ़ हो गयी। इसलिए बदल दिया, वर्ना और कोई ऐब नहीं था। शेरकी रदीफ़ (भी) ने क्या लुत्फ़ दिया है? बारिक अल्लाह (ख़ुदा बरकत दे, शाबास)।

ज़ाहिद—वो कहके 'मगर' चुप दमे-इक़रार हुए हैं
कुछ कम नहीं इन्कारसे उनकी यह 'मगर' भी
अमीर—वे चुप दमे-इक़रार 'मगर' कहके हुए हैं
....

क़ाफ़ियेने क्या लुत्फ़ दिया है सुब्हान अल्लाह।

ज़ाहिद—यूँ अयाँ तरदामनीसे पाक दामानी हुई
मैं भी पी तो जामए-अहराममें छानी हुई

अमीर—यूँ बहम तर दामनी से पाक दामानी हुई[1]
....

ज़ाहिद—है अगर ग़ैरत, न आयेगी हया फिर वस्लमें
रात उस ना ख़्वान्द: मेहमाँ की वोह महमानी हुई

अमीर—बा-हया है तो..............................
....

तरकीब ज़रा साफ़ हो गयी और लफ़्ज़ी तनासुब भी हो गया।

ज़ाहिदके अशआरपर की गयीं उक्त इस्लाहोंके चन्द नमूने देनेके बाद अमीर मीनाईके अन्य शिष्योंके कलामपर इस्लाहें दे रहे हैं। 'ज़ाहिद'को दी गयीं इस्लाहोंपर ख़ुद अमीर मीनाई साहबने इस्लाह देनेकी वजह बयान कर दी है। अन्य शिष्योंकी इस्लाहोंपर आवश्यकतानुसार हम प्रकाश डालेंगे।

बरहम[2]—निकलती ही नहीं दिलसे यह ज़ालिम
नज़र अन्दाज़से ऐसी गड़ी है।

अमीर—..
निगाहे-यार कुछ ऐसी लड़ी है

---

१. तरदामानी (सुरापान से भीगे वस्त्र) और पाकदामनी (सच्चरित्रता) परस्पर मिल गये। २. हकीम बरहम साहब एडीटर और मालिक अख़बार 'मशरिक़' गोरखपुर।

बरहमके शेरमें यह स्पष्ट नहीं था कि किसकी नज़र अन्दाज़से गड़ी है ? उस्तादने दूसरे मिसरेमें निगाहे-यार डालकर भाव स्पष्ट कर दिया और दोनों मिसरोंमें परस्पर रब्त भी क़ायम हो गया ।

बरहम—बहुत क़रीब मगर है बहारका मौसम
कली-कली मेरे दामनकी मुस्कराई है
अमीर—बहुत क़रीब है शायद बहारका मौसम
....

'मगर' के बदलेमें 'शायद' ने शेरको चमका दिया है ।

आबिद[1]—दिल क्या दिया है पहलूसे नक़्दे-वफ़ा दिया
हम खुद बिगड़ गये, मगर उनको बना दिया
अमीर—दिल क्या दिया ख़ज़ानए-नक़्दे-वफ़ा दिया
....

पहलूमें दिल तो होता है, वह दिया भी जाता है । मगर जब 'नक़्द' शब्द प्रयुक्त हुआ तो उसके लिए ख़ज़ाना लाज़िमी था ।

आबिद—सबब न पूछो कलेजे पै दाग़ खानेका
नतीजा है यह हसीनोंसे दिल लगानेका
अमीर—...
यह फल मिला है हसीनों से दिल लगानेका
आबिद—निकला है अभी मेरा जनाज़ा
यह भी कोई वक़्त है खुशीका ?
अमीर—है आँखोंके सामने मेरी लाश
.................................हँसीका

१. आबिद हुसेन 'आबिद' सहसवानी ।

इस्लाहमें आँखके सामने लाश दिखायी गयी है और दूसरे मिसरेमें बजाय खुशीके 'हँसा' शब्द बनाया है। 'आबिद' के शेरमें खुशीका प्रमाण नहीं था। अब 'हँसा'से शेरमें यह मायने पैदा हो गये कि मेरी लाश आँखोंके सामने है, फिर भी तुम हँस रहे हो। यह वक़्त हँसीका नहीं है! हँसी आना स्वाभाविक है। ख़ासकर कमसिन या शोख़ माशूक़की यह एक अदा है कि उसे बात-बेबातपर हँसी आये। उसी हँसीसे आशिक़ दिलमें मगन होता है। प्रकटमें उलाहना देता है। हँसी तो बग़ैर किसी साधनके आ जाती है, परन्तु ख़ुशी मनानेके लिए कुछ साधन जुटाने पड़ते हैं। उपक्रम करने पड़ते हैं। जैसे चिराग़ जलाना, मिठाई बाँटना, महफ़िल सजाना आदि। और ख़ुशीके उल्लेखके साथ आबिदके मिसरेमें उक्त साधनोंका कोई ज़िक्र नहीं था।

आबिद—थाम कर हम जिगरको बैठ गये
तुमने जब आँख उठाके देख लिया

अमीर—हम कलेजा पकड़के बैठ गये
....

आबिद—ख़बर कुछ ऐसी सुनाई है जाके हैरत नाक
कि नामाबर उन्हें, वे नामाबरको देखते हैं

अमीर—बहम[1] हुई है ख़ुदा जाने गुफ़्तगू[2] कैसी?
....

क़ासिद-द्वारा हैरतनाक ख़बर सुनानेपर उनका तो हैरतमें आकर नामाबरको देखते रह जाना स्वाभाविक हो सकता था। लेकिन ख़बर सुनानेवाला नामाबर स्वयं क्यों उन्हें आश्चर्यचकित देखता रह गया। आबिदका भाव स्पष्ट नहीं होता था। लेकिन उस्तादने इस्लाह देकर

१. परस्पर। २. बातचीत।

शेर बामायनी और बुलन्द बना दिया। नामाबर और माशूक़में न जाने परस्पर क्या बातचीत हुई कि दोनों आश्चर्यचकित होकर एक दूसरेको देखे जा रहे हैं।

आबिद—नज़अके[1] वक़्त कोई ग़ैर न पहचानेगा
मौतके पर्दे में कर जाओ अयादत[2] मेरी

अमीर—..
..........भेसमें...................................

पर्देके एवज़में 'भेस' ने शेरमें क्या लुत्फ़ पैदा कर दिया बतानेकी ज़रूरत नहीं।

आबिद—जिसने पहलूसे दिल चुराया था
अब वोह आँखें चुराये जाता है

अमीर—इसने..................................
यह जो......................................

उस्तादने इस्लाह क्या दी तस्वीर खींच दी है।

आबिद—नामः हमारा देखके उसने अताबमें
क़ासिदका सर उतारके भेजा जवाबमें

अमीर—..
क़ासिद के हाथ काट के भेजे जवाब में

सर उतारना भी यद्यदि ठीक था, किन्तु पत्र हाथों-द्वारा दिया गया है। अतः सरके एवज हाथ काटना, ज्यादा मुनासिब और मौज़ूं है।

---

१. मृत्यु समय। २. हाल पूछना, बीमारकी मिज़ाजपुर्सी करना।

कौसर[1]—बन्द महरमके[2] न कसकर बाँधो
देखो यह फ़ित्ने उभर आयेंगे

अमीर—..
और यह..

'देखो' के बजाय 'और' (अधिक) ने फ़ित्ने उभरनेवाले भावको बहुत उभार दिया है।

कौसर—कहा जो उनसे—"इनायत कभी-कभी होगी ?"
बिगड़के बोले—"अगर जान पर बनी होगी"

अमीर—..;
तो हँसके बोले कि "जब जानपर बनी होगी"

'बिगड़ने'के बजाय 'हँसके बोले'ने लुत्फ़ पैदा कर दिया। आशिक़-की जानपर बनी हो, वह विरह-यन्त्रणासे मृत्यु-मुखमें पहुँच रहा हो, ऐसे सुअवसरकी कल्पनासे ज़ालिम माशूक़ बिगड़नेकी बजाय हँसेगा। 'अगर'के बजाय 'जब'से इनायत होनेकी एक अवधि निश्चित हो गयी।

कौसर—क़सर न रोनेमें ऐ चश्मे-तर ! उठा रखना
ज़रा जो थम गये आँसू तो किरकिरी होगी

अमीर—झपक न जाये मिरी आँख अब्रे-तरसे कहीं
........................आँसू बड़ी हँसी होगी

'अब्रेतर'से रोती आँखकी तुलना बहुत ख़ूब है। किरकिरीके बजाय रोनेके मुक़ाबिलेमें हँसी रखना क्या लुत्फ़ दे रहा है। रोने-हँसनेका चोली-दामनका साथ है।

---

१. हकीम आबिद अली 'कौसर' ख़ैराबादी। २. अँगियाके।

कौसर—कभी तो बैठेंगे ज़ानू दबाके ख़िलवतमें
वोह दिन भी आयगा, उनसे खुली दिली होगी

अमीर—कभी तो बीचसे उट्ठेगा शर्मका पर्दा
कभी तो उनकी मेरी बेतकल्लुफ़ी होगी

उस्तादने पूरा शेर बदलकर शौक़के आशयको स्पष्ट कर दिया।

कौसर—मिरी तरह मिरी शमए-लहद[1] भी रोती है
तमाम उम्रमें शायद कभी हँसी होगी

अमीर—...
मुझे तो याद नहीं है कभी हँसी होगी

कौसर—हमारे हाथोंने लूटी है वस्लकी दौलत
ज़रूर शर्मो-हया उनकी कोसती होगी

अमीर—शरारतोंसे जलाया है वस्लमें उनको
ज़रूर उनकी हया हमको कोसती होगी

कौसर—इक़रारे-वस्लपर वे ढिठाई से कहते हैं—
"सोहाने-रूह[2] हो गया, इक़रार क्या हुआ"?

अमीर—जब अहदे-वस्ल याद दिलाता हूँ मैं उन्हें
कहते हैं "मेरी चिढ़ हुई इक़रार क्या हुआ"?

माशूक़ तो माशूक़ सर्वसाधारण भी बार-बारके तक़ाज़ोंसे चिढ़ने लगता है।

---

१. क़ब्रपर जलनेवाली मोमबत्ती। २. प्राणोंको रेतनेवाला यंत्र।

कौसर—नज़्ज़ारए-जमालसे[1] ग़श खाके गिर पड़े
तुमको ख़बर नहीं सरे-दरबार क्या हुआ

अमीर—मूसा नक़ाब उठते ही ग़श खाके गिर पड़े
पूछा तो होता "तालिबे-दीदार[2] क्या हुआ ?

कौसरके मिसरेसे यह स्पष्ट नहीं होता है कि नज़्ज़ारए-जमालसे कौन ग़श खाकर गिर पड़ा। उस्तादने 'मूसा' के इज़ाफेसे वह दृश्य उपस्थित कर दिया जो कि अल्लाहके नज़्ज़ारए-जमालसे मूसाके साथ घटा था। दूसरे मिसरेकी इस्लाहने तो शेरको बहुत चमका दिया। उन्हें देखकर आशिक़ ग़श खाकर गिर पड़ा और वे यूँ ही बग़ैर कुछ पूछे निकल जायें, उपेक्षाकी हद है। लोग-बाग़ उन्हें यह तो उलाहना देंगे ही—"पूछा तो होता तालिबे-दीदार क्या हुआ ?"

कौसर—आँखोंसे मिस्ले-बाग़े-इरम[3] छुप गया न हो
खुलता नहीं है आज दरे-यार क्या हुआ ?

अमीर—खिलवत[4] है किससे ? ला तो ख़बर ऐ निगाहे शौक़ !
खुलता नहीं जो आज.................................

यारका दरवाज़ा बन्द है, वह आज खुल नहीं रहा है। यह तो कौसर भी कहते हैं। फिर बाग़े-इरमकी तरह वह छिप (लुप्त) न गया हो यह आशंका करना बेमायनी है। उस्ताद दरवाज़ा न खुलनेका कारण समझते हैं। इसलिए वे निगाहे-शौक़को ख़बर लानेके लिए आदेश देते

---

१. सौन्दर्य देखनेसे। २. मुख देखनेका अभिलाषी। ३. बाग़े-इरम, स्वर्गका उद्यान, जो सद्दाद नामक अत्याचारी बादशाहने बिहिश्तके मुक़ाबिलेमें बनवाया था। वह स्वयंको ख़ुदा कहलवाता था। ४. एकान्त मिलन।

हैं। ताकि मालूम हो सके कि माशूक़ आज दरवाज़ा बंद किये किसके साथ एकान्तमें है।

कौसर—चस्का पड़े शराबका वाइज़को तो कहूँ
"बन्दा नवाज़! बरसोंका इन्कार क्या हुआ?"

अमीर—तौबाकी तरह टूट पड़े मै पै शैख़जी
वोह इत्तिक़ा[1] का पास वोह इन्कार क्या हुआ?

दिल[2]—क़ैस[3]! पहुँचा है दूर नाक़ः[4] सवार
गर्द भी अब नज़र नहीं आती

अमीर—क़ैस! क्या देखता है नाक़ःको?
..

"क्या देखता है" इस्लाहसे वही मुहावरा-भरी निराशा झलकती है—"अब पछताये का होत है जब चिड़िया चुग गयीं खेत।"

दिल—मुझ-से बीमारपर यह ज़ुल्मो-सितम!
शर्म ऐ चारागर! नहीं आती

अमीर—मुझ-से बीमारपर यह ज़ुल्म अफ़सोस
..

पहले मिसरेमें उस्तादने सिर्फ़ सितम निकालकर अफ़सोस बना दिया है। क्योंकि सितम शब्द फालतू था। ज़ुल्म और सितम समानार्थक हैं उसके बजाय अफ़सोस रख देनेसे मरीज़े-इश्क़की मनोव्यथा और भी साकार हो उठी है।

---

१. संयमका। २. क़मोर हसनख़ाँ साहब 'दिल' शाहजहाँपुरी। ३. मजनूँ। ४. ऊँटनी सवाँर (लैली)।

दिल—निकल जायेंगे इस तरह मेरे अरमाँ
कोई आह बनकर कोई जान बनकर

अमीर—निकल जायेंगे रफ़्तः-रफ़्तः सब अरमाँ
....

'इस तरह' के बजाय 'रफ़्तः-रफ़्तः' बहुत उपयुक्त और बा-मुहावरा है।

जलाल लखनवी-द्वारा इस्लाहें

[जन्म १८३३ ई०; मृत्यु १९०९ ई०]

सैय्यद ज़ामिन अली 'जलाल' ने उर्दू-फ़ार्सीकी शिक्षा समाप्त करके खान्दानी पेशा हकीमी शुरू किया। शाइरीका शौक़ बचपनसे था। धीरे-धीरे इस तरफ़ इतनी रुचि बढ़ी कि शाइरीको ही आजीविका बना लिया, और उस्तादीका मर्त्तबा हासिल किया। बक़ौले नियाज़ फ़तहपुरी—

"जलाल न सिर्फ़ फ़नका बादशाह था, बल्कि जज़्बात निगारी (अन्तरंग भाव-प्रदर्शन)का मालिक था। आपकी ग़ज़लोंके चार दीवान और ७-८ ग्रंथ विविध विषयोंके मिलते हैं।

आर्ज़ू[1]—पाया न शाइबा[2] भी उस गुलके रंगो-बू का
सब्ज़ेने ज़हर खाया, लालेने ख़ून थूका

जलाल—..
..........................उगला..........................

उस्तादने सिर्फ़ खायाके बजाय उगला रख दिया है। ख़ून थूकनेकी मुनास्बतके लिए 'उगला' शब्द ही उचित था। इस तनिकसे परिवर्तनसे शेर बहुत बुलन्द हो गया।

---

१. अनवर हुसेन साहब 'आर्ज़ू' लखनवी। २. लवलेश, तनिक।

एहसान[1]—नज़अ़का वक़्त है जुदा क्यों हो
हम तो मरते हैं तुम ख़फ़ा क्यों हो
जलाल—नज़अ़के वक़्त भी जुदा क्यों हो
....

एहसान—आह खींचूँगा मैं, वे ज़ुल्म करें
मेरी जानिबसे इब्तदा क्यों हो
जलाल—आह खींचूँगा तुम सितम तो करो
....

एहसान—मुझसे यह कह रही है, मिरी आर्ज़ूए-वस्ल
"वो बुत है लाजवाब करोगे सवाल क्या ?"
जलाल—मुझसे यह पूछती है..................
....

एहसान—टूटे पड़े हैं शीशः-ओ-साग़र इधर-उधर
मैख़ानेमें चले हैं वो मस्तानः चाल क्या
जलाल—..................................
मैख़ानेमें वे चल गये..................

●

१. मुहम्मद एहसान अलीख़ाँ साहब 'एहसान' शाहजहाँपुरी।

मिर्ज़ा दाग़-द्वारा इस्लाहें

[जन्म १८३१; मृत्यु १९०५]

मुकर्रबुल सुल्तान, बुलबुले-हिन्दोस्ताँ, जहाँउस्ताद, नाज़िमयार जंग, दबीरुद्दौला, उस्ताद फसीहुलमुल्क, मिर्ज़ादाग़ देहल्वी, ग़ज़लगो शाइरोंके ईमाम कहे जाते थे। भारतवर्षके कोने-कोनेमें लगभग दो हज़ार आपके शिष्य थे। जिनमें नवाब हैदराबाद, सर इक़बाल, सीमाब अकबराबादी, जोश मलसियानी, नसीम भरतपुरी, नव्वाब साइल, आग़ाशाइर क़िज़लबाश, बेख़ुद देहल्वी, बेख़ुद बदायूनी, नूहनारवी-जैसे ख्यातिप्राप्त शिष्य हुए हैं। कुछ शिष्य आपकी सेवामें उपस्थित रहकर, शेष पत्र-व्यवहार-द्वारा इस्लाह लिया करते थे। आपके इस्लाह करने-का तरीक़ा क्या था इस सम्बन्धमें सज्जादा साहब लिखते हैं—

"उस्ताद 'दाग़'के पास तलामज़ः (शिष्यों) का एक बाक़ायदा रजिस्टर रहता था जिसमें नाम, पता, तारीख़ [illegible] और इस्लाह भी दर्ज किये जाते थे। दाग़के हज़ारों शागिर्द थे। मैं पहले दाग़का ग़ायबाना (परोक्ष रूपसे) शागिर्द हुआ। उस वक़्त मेरी उम्र १८ सालकी होगी। कुछ अर्सेके बाद मैं हैदराबाद गया। एक तक़रीब (उत्सव) में नवाब शम्सुलमुल्क ज़फ़र जंगने मेरा 'दाग़'से तआर्रुफ़ कराया तो 'दाग़' ने फ़ौरन पहचान लिया कि आप वही हैं जिनकी ग़ज़लें इस्लाहके लिए बेदरसे आती हैं। बहुत ख़ुलूस और मुहब्बतसे मिले। उसके बाद जब भी मैं वहाँ जाता, उस्तादसे ज़रूर मिलता। इस्लाह भी लेता। इस्लाहका तरीक़ा यह था कि शागिर्द ख़ुद अपनी ग़ज़ल पढ़कर सुनाता या कोई और मुमताज़ (योग श्रेष्ठ) शागिर्द पढ़ता। अकसर एहसन मारहरवी पढ़ा करते थे। तलामज़ः (शिष्य लोग) वक़्ते-मुक़र्ररपर अमूमन

सुबहके वक़्त जमा हो जाते। यके बाद दीगरे (एकके बाद दूसरे) शागिर्द-की ग़ज़लें पढ़ी जातीं। एक शेर पढ़नेके बाद तलामज:से सवाल किया जाता कि बतलाओ, इस शेरमें क्या नुक़्स है? हर एकके इज़हारे-ख़याल के बाद उस्तादकी राय और इस्लाह मुसल्लिम (पूर्ण प्रामाणिक) समझी जाती थी। उस वक़्त मुहावराबन्दी, सलासते-ज़बान (भाषाका प्रवाह माधुर्य) और रोज़ मर्रहके इस्तेमालमें आनेवाली ज़बानका ज़्यादा ख़याल रखा जाता और तलामज:को न सिर्फ़ इसकी सख़्त ताकीद थी, बल्कि उसी वक़्त बिल मुशाफ़ह (अपने सम्मुख) सही इस्तेमाल करना सिखाया करते थे।

"इसका असर यह हुआ कि हज़ारों हैदराबादी तलामज़ए-दाग़ ज़बानकी सफ़ाई, मुहावराबन्दी और सलासतमें अहले ज़बानसे पीछे न रहे। गोया हैदराबाद उस वक़्त जनूबी हिन्द (दक्षिण भारत) का ज़बरदस्त मरकज़े-उर्दू (उर्दूका महान् केन्द्र) बना हुआ था, जहाँ न सिर्फ़ हैदराबाद बल्कि सूबा मदरास और बंगलौर वग़ैरहके अशख़ास (व्यक्तियों) ने दाग़की शागिर्दीसे फ़ायदा उठाया"।[1]

अफ़सर उलशुअ़रा हज़रत आग़ाशाइर क़िज़लबाश देहल्वी लिखते हैं—

उसी ज़मानेमें हैदराबादमें होनेवाले एक मुशाअ़रेकी तरह थी—

झलक मेरे लिए, कसक मेरे लिए

मैंने भी हस्ब मामूल कुछ शेर उसी ज़मीनमें लिख लिये। मगर एक मिसरा ऊला (पहला मिसरा) ऐसा पैदा हो गया कि मैं मर-मर गया, मगर किसी तरह दूसरा मिसरा बहम न पहुँचना था, न पहुँचा।

---

१. निगार जनवरी–फ़रवरी १९५३ ई०, पृ० ११५।

आखिर उसी तरह ब-ग़रज़ इस्लाह उस्तादके पास हाज़िर हो गया। मगर आज उस्ताद बिल्कुल ज़र्रोमें आफ़ताब (धूलकणोंमें सूर्य) की तरह नुमायाँ थे। ऐनसदरमें एक खूबसूरत पलंगड़ी बिछी थी। गर्द-ओ-पेश सफ़ेद चाँदनीका बुर्राक़ (धवल) फ़र्श था। उसपर तलामजः (शिष्य वर्ग) आपको कालबुद फीउल नजूम हल्कः किये (चारों ओर घेरे हुए) थे। मैंने सलाम किया और पायँतेकी तरफ़ आपके क़दमोंमें जगह लेकर बैठ गया और भाइयोंकी इस्लाहें होती रहीं। उस्तादका क़ायदा यह था कि एक साहब अपनी ग़ज़ल पढ़ते, सारा मजमा सुनता। फिर जो मिसरा मुतनाज़ाफ़ी (विवादास्पद) होता, उसीपर सब मिलकर मिसरा लगाते। जिसका मिसरा उस्ताद पसन्द फ़र्माते, बस वही मिसरा लिख दिया जाता। मगर मैं इस क़िस्मकी इस्लाहका हरगिज़ रवादार नहीं था, कि मैं मजमोंमें ब-हर इस्लाह ग़ज़ल पढ़ूँ और उस्तादके सिवा कोई और साहब भी उसमें ख्वाहम-ख्वाह लुक़्मः (दख़्ल) दें। इसलिए मैं कभी ऐसे वक़्त इस्लाहके लिए जाता ही नहीं था। मगर आज मुझपर बुरी बनी थी। उसपर भी मैं देर तक खामोश बैठा रहा। जब मैं चलनेके मक़्सदसे उठा तो उस्तादने खुद ही फ़र्माया—"क्यों क्या तुमने इस तरह में अभीतक कुछ नहीं लिखा ?"

मैं—लिखे तो कई शेर हैं, मगर उस्ताद ! एक मिसरा ऊला ऐसा टेढ़ा आ पड़ा है कि उसे छोड़नेको जी भी नहीं चाहता और दूसरा मिसरा भी नहीं होता। फ़र्माया—"अच्छा मिसरा तो पढ़ो"

मैंने उस वक़्त अर्ज़ किया—

मुज़्दहे-वहशत है ग़ुञ्चोंकी चटक मेरे लिए

यह ज़मीन है इसपर मेरा एक मिसरा ऊला यह हो गया है—

आँख लगती है ख़यालें-नोके-मिज़गाँमें कहाँ ?

अब मिसरा सानी (दूसरा) मुझसे तो ऐसा नहीं होता। उस्ताद दुहराकर—

आँख लगती है ख़याले-नोक..............

"फिर अब क्या चाहते हो? क्या खटक मेरे लिए," मैं ख़ामोश बैठा रह गया। हज़रत लेटे-लेटे फ़िक्र फ़र्माने लगे। इतनेमें एक साहब बोल उठे—

आँख लगती है ख़याले-नोके-मिज़गाँमें कहाँ?
रात-दिन क़िस्मतमें लिक्खी है खटक मेरे लिए

फ़ौरन शोर बर्पा हो गया! 'आ-हा-हा ख़ूब मिसरा लगाया। भई वाह मिसरा छीन लिया' फिर भी मैं उसी तरह गर्दन झुकाये बैठा रहा। शायद हाज़रीनको नागवार हुआ हो। मगर उस्ताद बराबर फ़िक्र करते रहे और उन्होंने लेटे-ही-लेटे थोड़ी देरमें फ़र्माया देखो भई—

आँख लगती है ख़याले-नोके-मिज़गाँमें कहाँ
तीर-बारानी है पलकोंकी झपक मेरे लिए

इसपर तो छतें उड़ गयीं। वाह-वाह, सुब्हान अल्लाहके नारे बुलन्द हुए। मगर मैं फिर उसी तरह पत्थरका बना बैठा था। उस्तादने निहायत ग़ैज़ (क्रोध) से मेरी तरफ़ देखा और बेचैन होकर उठ बैठे। मैंने डरकर गावतकिया कमरसे लगा दिया और उस्ताद फिर ग़ौर करने लगे। चन्द मिनटके बाद फ़र्माया—

आँख लगती है ख़याले नोके-मिज़गाँमें कहाँ
तीरके पैकाँ हैं, पलकोंकी खटक मेरे लिए

फिर शोरिश हुई, 'बस साफ़ हो गया, बिल्कुल साफ़' मगर मैं बदबख़्त फिर उसी तरह बैठा था। यह देखकर उस्तादने बा-आवाज़

बुलन्द हाज़रीनको सरजिनश फ़र्मायी (फटकार लगायी)।

"ख़ामोश रहिए साहब, आप लोग ख़ामोश रहिए। यह मेरा उनका मुआ़मला है, वह अगला तो मुँहसे फूटता ही नहीं।" इतना कहकर फिर उन्होंने पहलू बदला और मैंने दूसरी तरफ़ तकिया लगा दिया। अब वह फिर मुझसे मुख़ातिब हुए। मियाँ तुम भी तो कुछ ज़ोर लगाओ।

मैंने क़ुसूरवारोंकी तरह निहायत आजिज़ाना उनकी तरफ़ देखा। और फिर सर झुकाकर कहा—"उस्ताद! आँख लगती है खयाल······ इसका दूसरा मिसरा मैं ऐसा ही चाहता हूँ।" अब तो हाज़रीनकी सिट्टी गुम हो गयी। मगर आफ़रीन है उस मरहूम सुख़न-गोको वह फिर फ़िक्रमें मुस्तग़र्क़ (लीन) हो गये। अबके बड़ी देर तक ग़ौर करते रहे। यकायक मेरी तरफ़ मुस्कराकर देखा और फ़र्माया—

आँख लगती है खयाले-नोके-मिज़गाँमें कहाँ
बर्छियाँ खानी हैं झपकानी पलक मेरे लिए

बस यह सुनना था कि मैं पाँयती तो बैठा ही था, दौड़कर उनके क़दम चूम लिये। ऐ क़ुर्बाँन! इस्लाह यह कि एक मिसरा मुबहम (अस्पष्ट)-सा मैंने बका और दूसरा मिसरा लगाकर नवाब फ़सीहुलमुल्क मरहूमने सारा शेर बा-माअ़नी कर दिया। अल्लह-अल्लह क्या उस्ताद बे बदल था। यह चीज़ है इस्लाह और यह अब इस दुनियासे मफ़क़ूद (नापैद) हो चुकी है—

उठ गये हैं इस जहाँसे कैसे-कैसे बा-क़माल
जिन दमाग़ोंकी तरावश इक नया इलहाम था[1]

अब चन्द शिष्योंके कलामपर दाग़की इस्लाहें दी जा रही हैं—

---

१ पहले ज़मानेकी दिल्ली, पृ० २०७–११।

आसफ़[1]—चेहरेसे उनके रंग जो टपका अताबका
क्या हो चला है रंग गुलाबी नक़ाबका
दाग़—छुपता नहीं छुपायेसे चेहरा अताबका
होता चला है..............................

चेहरेसे अताब (नाराज़ी, क्रोध) का रंग टपकता नहीं, झलकता है। छिपानेका प्रयास करनेपर भी चेहरेपर झलक जाता है। इसी वास्तविकताको उस्तादने—'छुपता नहीं छुपायेसे' बहुत सलीक़ेसे प्रकट किया है। दूसरे मिसरेमें 'क्या हो चला'के बजाय 'होता चला' इस्लाह देकर मतलेको बहुत बुलन्द बना दिया है।

अहसन[2]—देखनेके लिए आया है ज़माना उसको
इक तमाशा है मुसाफ़िर भी सफ़रसे पहले
दाग़—..............................आता है..............
....

केवल 'आया' है के बजाय उस्तादने 'आता' है बनाया है, किन्तु इस तनिक-से परिवर्तनसे ही शेर चमक उठता है। मुसाफ़िरको सफ़रके वक़्त (मनुष्यको मरते समय) देखनेवाले तमाशाई हमेशा आये हैं और हमेशा आते रहेंगे। 'आया है' शब्दसे केवल वर्त्तमानके लिए तमाशाइयोंका आना-जाना सीमित हो गया था। 'आता है' शब्दसे स्पष्ट हो जाता है कि तमाशाई सदैव आये हैं और सदैव आते-जाते रहेंगे।

अहसन—नहीं उठतीं, नहीं मिलतीं, नहीं खुलती आँखें
शर्म है, नशः है, या नींद तुम्हें आयी है?
दाग़—नहीं खुलतीं, नहीं उठतीं, नहीं मिलतीं आँखें
....

---

१. हिज हाईनेस मीर मुहम्मद अलीख़ाँ 'आसफ़' सुल्तान हैदराबाद।
२. सैयद अली अहसन साहब 'अहसन' माहरहरवी।

उस्तादने एक भी शब्दका इज़ाफ़ा नहीं किया है। केवल अहसनके ऊले मिसरेका क्रम बदल दिया है। अहसनने अपने ऊले मिसरेमें बात उल्टे-पल्टे ढंगसे कही थी। उस्तादने क्रम बदलकर वही मनोभाव ठीक ढंगसे प्रकट कर दिया। यानी शुरूमें आँखोंका खुलना ज़रूरी है, खुलनेके बाद ही किसीको देखनेके लिए उठ सकती है और फिर उठनेके बाद ही आँखोंका मिलना हो सकता है।

अहसन—किसी दिन बेख़ुदीमें जा पड़े थे उनके सीनेपर
बस इतनी-सी ख़तापर हाथ कुचले उसने पत्थरसे

दाग़—..................................जा पड़ा था..................................
..................................हाथ कुचला..................................

उस्तादने दोनों मिसरोंमें बहुवचनको एकवचन बना दिया है। ज़ाहिरामें अहसनके शेरमें कोई नुक़्स मालूम नहीं होता। लेकिन ग़ौर करनेपर ज़ाहिर होता है कि दोनों हाथ सीनेपर जा पड़े, तभी तो दोनों हाथ कुचल दिये गये। और बेख़ुदी (असावधानी)में एक ही हाथ सीनेपर लग सकता था। दोनों हाथ तो बेख़ुदीमें नहीं, जान-बूझकर ही सीनेपर डाले जा सकते हैं। असावधानीमें हुए अपराध और जान-बूझकर किये गये अपराधके दण्डमें बहुत अन्तर होता है।

अहसन—दिलकी न कहो बज़्ममें 'अहसन' उनसे
वे लड़ाईको हैं तैयार कहा और हुई

दाग़—शामत आ जायेगी 'अहसन' जो कहा कुछ तुमने
..

बज़्ममें जहाँ दोस्त-दुश्मन सभी तरहके लोग उपस्थित हों, वहाँ माशूक़से मनोभिलाषा प्रकट करना मूर्खता ही नहीं, सरे-बज़्म उसे अपमानित और बदनाम करना है और फिर ऐसे माशूक़से जो लड़ाईपर तैयार हो। इसीलिए उस्तादने बज़्ममें तो दिलकी बात कहनेसे रोका

ही साथ ही 'शामत आ जायेगी' कहकर अकेलेमें भी दिलकी बात कहनेसे सावधान कर दिया।

अहसन—'ड्योढ़ीकी ख़ैर' कहके लगायी जो इक सदा
घरसे निकल ही आये समझके गदा[1] मुझे

दाग़—इस दरकी ख़ैर ....
....

ड्योढ़ीके बजाय 'इस दर'के परिवर्तनसे शेर बा-मुहावरा बन गया।

अहसन—रक्खा ही क्या है हज़रते-दिल ! बाग़े-इश्क़में
आकर बटौल लीजिए रंजो-मिहनके फूल

दाग़—..
[2]हसरतके इसमें फल हैं तो रंजो-मिहनके[3] फूल

अहसनके दूसरे मिसरेमें 'बटोल' शब्द कानोंको खटकता था ! सम्भव है 'बटोर'के बजाय कातिबकी असावधानीसे बटौल बन गया हो। दूसरा दोष यह था कि बाग़े-इश्क़से सिर्फ़ रंजो-मिहनके फूल बटोरनेके वास्ते इशारा है। बाग़में फल और फूल दोनों ही होते हैं। उस्तादने इसी ऐबको दूर किया हैं।

अहसन—गुलदस्ता है जो आपकी आँखोंके सामने
शामिल इसीमें है दिले-नाशाद बनके फूल

दाग़—..
..............................दिले-मजरूह[4]..............

---

१. भिक्षुक, मँगता, २. अभिलाषाके, ३. कष्ट और मुसीबतोंके ४. घायल दिल।

दिले-नाशाद-बन (कुम्हलाये हुए दिलरूपी बन) के फूल लगाये जाने-पर गुलदस्तेके अन्य फूल भी बे-रौनक़ मालूम देंगे और ऐसे मुर्झाये हुए गुलदस्तेको माशूक़ अपने सामने क्यों रहने देगा ? इसीलिए उस्तादने 'नाशाद'के बजाय दिले-मजरूह रखा। ताकि घायल दिलकी लालीसे गुलदस्तेकी रौनक अधिक बढ़े।

हिज्र[1]—ऐ हुस्ने-यार ! तेरी ज़रा भी ख़ता नहीं
मैं हुस्ने-इत्तिफ़ाक़से[2] दीवाना हो गया
दाग़—हाँ-हाँ तुम्हारे हुस्नकी कोई ख़ता नहीं
....

उस्तादने तनिकसे परिवर्त्तनसे शेरको ज़मींसे आस्मानपर बिठा दिया। भाषा लालित्यके अतिरिक्त शेरमें बाँकपन और तेवर आ गये। हिज्रके पहले मिसरेसे ज़ाहिर होता था कि वह माशूक़से अपने दीवाना होनेका गिला कर रहे हैं। लेकिन उस्तादके 'हाँ-हाँ'से ज़ाहिर होता है कि माशूक़ और आशिक़ दोनों हमकलाम हैं और माशूक़की यह सफ़ाई देनेपर कि आपके दीवाना होनेकी वजह मेरा हुस्न क्यों होता ? आशिक़ जवाब देता है—

हाँ-हाँ तुम्हारे हुस्नकी कोई ख़ता नहीं

अफ़सोस है कि हैदराबाद-जैसे मुक़ाममें जहाँ दाग़के सैकड़ों शागिर्द हों, दाग़की इस्लाहातका जख़ीरा नहीं मिलता। हमको ख़ुशक़िस्मतीसे बक़याम बेदर ग़ैर मतबूआ (अमुद्रित) इस्लाहाते-दाग़ सज्जादः साहबसे

---

१. नवाब नाज़िम अलीख़ाँ साहब 'हिज्र' शाहजहाँपुरी। २. संयोगसे।

मिलीं। हम यहाँ सज्जादः साहबकी ग़ज़लपर दाग़की इस्लाहके चन्द नमूने पेश कर रहे हैं :

सज्जादः[1]—एजाज़े-हुस्नसे तेरी जूँ सुबह शामे-ग़म
होते हैं रोज़ चाक गरीबाँ नये-नये

दाग़—ज़ेबे-बदन वो देखके उसकी क़बाए-चुस्त
....

सज्जादः—पहले जो राज़दाँ थे, गये उनको आप भूल
अब राज़दाँ हैं आपके जानाँ! नये-नये

दाग़—...
अब राज़दाँ बने हैं मेरी जाँ! नये-नये

सज्जादः—अगर देखेंगे उसके बाँकपन को
तो मुर्दे चीरकर निकलें कफ़नको

दाग़—अगर उस बुतके देखें बाँकपन को
....

सज्जादः—हुजूमे-ग़मसे दिल कुम्हला रहा है
चलूँ क्या ख़ाक फिर सैरे-चमन को?

दाग़—...
.... मैं ....

सज्जादः—देख आते हुए मक़्तल की तरफ़ क़ातिल को
फिर गयी आँखमें तलवार ख़ुदा याद आया

दाग़—देखकर क़त्ले-गहे आम में उस क़ातिल को
मेरी आँखोंमें फिरी मौत, ख़ुदा याद आया

---

१. सज्जादा साहब हज़रत गंज नशीन बदरी।

सज्जादः—है आज क्या कि जो नामः-ए-अ़ताब आया
यह बेवजह भला मुझपै क्यों अज़ाब आया

दाग़—...

यह नामः आया कि मुझपर कोई अज़ाब आया

सज्जादः—तअ़ज्जुब आता है क्यों यक-ब-यक फिरे मुझसे
ज़रा कहो तो यह क्या दिल में ऐ जनाब ! आया

दाग़—...

यह क्या ख़याल तुझे शोख़ ! बे-हिजाब ! आया

सज्जादः—हमारे आगे ही, 'सज्जादः' हैं यह सब बातें
मगर न सामने उनके कोई जवाब आया

दाग़—बड़े ज़बान के तर्रार थे वे 'सज्जादः' !
मेरे सवालका उनको न कुछ जवाब आया

सज्जादः—देखें तो आगे इश्क़ यह क्या रंग लायेगा
कम्बख़्त ही गलेका मेरे हार हो गया

दाग़—..गुल खिलायेगा
.... अब ....

सज्जादः—प्यारी सूरत ज़रा दिखाना था
दिलको मेरे अजी लुभाना था

दाग़—मुँहसे घूँघट ज़रा उठाना था
मेरे दिलको ज़रा जलाना था

सज्जादः—सर पै क़ुरआन रहे, पहलूमें ज़ुन्नार रहे
जाहिदा ! देख ले मैं तो हूँ मुसलमाँ ऐसा

दाग़—...
...............................मुझे मैं हूँ.......................

सज्जाद:—मिसाले-वहशिए-नादाँ परीशाँ हाल फिरते हैं
कभी अन्दर को आते हैं, कभी बाहर को जाते हैं

दाग़—……………………………मजनूँ………………
कभी हम घर में आते हैं………………

सज्जाद:—बातों-बातों में वे दीवाना बना देते हैं
कुछ नयी तर्ज़ से वे जल्वा दिखा देते हैं

दाग़—आँखों-आँखोंमें……………………………………
……………………………………………………

सज्जाद:—क़ासिदा ! कहना है जो कुछ वह ज़बानी कहना
ख़त न देना कि वे औरोंको बता देते हैं

दाग़—……………………………………………………
……………………………………ग़ैरों को सुना……

सज्जाद:—ख़ैर इतना तो है ऐ दिल ! कि तसल्लीके लिए
आते-जाते रुख़े-रौशन तो दिखा देते हैं

दाग़—……………………………………………………
……………………………………वे………………

सज्जाद:—शिकिस्तः दिल दिखायेंगे उन्हें यूँ
यह टूटा किस तरह बर्त्तन तो देखो

दाग़—मेरा दिल तोड़कर कहते हैं उल्टा
……………………………………[1]

१. सख़ावत मिर्ज़ा बी. ए. एल-एल. बी-द्वारा संकलित निगार, जनवरी, फरवरी १९५३, पृ० ११५–११८।

अब चन्द अन्य शिष्योंके अशआरपर मिर्ज़ा दाग़की इस्लाह मुलाहिज़ा फ़र्माइए—

अज़ीज़[1]—क्या जाने आप तेग़की लज़्ज़त जनाबे-ख़िज़्र !
नाज़ाँ हैं वे तो अपने ही आबे-हयात पर

दाग़—...
मरते हैं वे तो चश्मए-आबे-हयात पर

वासफ़ी[2]---किया न ग़ैरसे ऐ बेवफ़ा ! हीलः
हमारे पास ही आने तुझे बहाना हुआ

दाग़—...
.... आते ....

अमीर[3]—कभी कुछ है, कभी कुछ और है हालत तेरी
हम तो आसान समझते थे मुहब्बत तेरी

दाग़—.. तबीयत तेरी
....

अमीर—ग़ैरको जामे-शराब और हमें कुछ भी नहीं
याद रह जायगी साक़ी ! यह इनायत तेरी

दाग़---.. साफ़ जवाब
....

अमीर—बन-ठनके जो कल आप गये राहे-गुज़रसे
देखा किया ता देर मैं हसरतकी नज़रसे

दाग़—बन-ठनके वे निकले हैं अभी राहे-गुज़रसे
अल्लाह बचाये उन्हें दुश्मनकी नज़रसे

---

१. अज़ीज़ यार जंगबहादुर हैदराबादी। २. अब्दुल समद वासफ़ी हैदराबादी। ३. नवाब मीर हसन अलीख़ाँ अमीर हैदराबादी।

अमीर—उसने हाले-दिल सुना कब ग़ौरसे
　　कान आख़िर मुद्दई भर ही गया
दाग़—……………………तग़ाफ़ुलसे सुना
　　…………………………………………

अमीर—शगुफ़्तः होगी न गुलशनमें ख़ातिरे-बुलबुल
　　फिरेगा बाग़में लेकर कहाँ-कहाँ सैयाद !
दाग़—हुई शगुफ़्तः कहीं भी न……………………
　　क़फ़सको लेके फिरा है,……………………

अफ़सूँ[1]—मैं ख़ामोश बैठा हूँ उस बुतके आगे
　　अजब तरह मतलब अदा हो रहा है
दाग़—………………………………………………
　　निगाहोंमें……………………………………

हैरत[2]—इक़रारे-वस्ल साफ़ न, इनकारे-वस्ल साफ़
　　तुम तो कुछ ऐसे चुप हो कि मुँहमें ज़बाँ नहीं
दाग़—………………………………………………
　　……………………………………गोया ज़बाँ नहीं[3]

●

१. मुहम्मद अकबर अलीख़ाँ 'अफ़सूँ'। २. सैय्यद मक़सूद हसन हैरत।
३. यासमीन अलीख़ाँ-द्वारा संकलित-निगार जनवरी १९५३, पृ० ११८-१९।

शाद अजीमाबादी-द्वारा इस्लाहें

[जन्म १८४६; मृत्यु १९२७ ई०]

खानबहादुर नवाब सैयद अलीमुहम्मद 'शाद' अज़ीमाबादी ख्वाज़ा मीर दर्दकी शिष्यपरम्परामें हुए हैं। आपने अपना समस्त जीवन उर्दू-साहित्यकी सेवामें व्यतीत किया। आप ग़ज़लके उच्चकोटिके शाइर थे। आपकी ग़ज़लों, मर्सियोंके संकलनोंके अतिरिक्त और भी कई रचनाएँ मुद्रित हो चुकी हैं।

दिल[1]—दूर जब आईनए-दिलसे हुआ ज़ंगे-दुई
हुस्ने रूए-यार साफ़ इसमें नुमायाँ हो गया

शाद— ....
रूए-जानाँ साफ़-साफ़ इसमें नुमायाँ हो गया

दिलके शेरका आशय है कि जब हृदय-दर्पण (आईनए-दिल)से तू-मैं परका भेद-भावरूपी मैल (ज़ंगे-दुई) दूर हो गया तो उस दर्पणमें अपने प्यारेका प्रतिबिम्ब (रूए-यार) स्वच्छ झलकने लगा (साफ़-नुमायाँ हो गया) उस्तादने यारके बजाय जानाँ और 'साफ़'को साफ़-साफ़ बनाकर शेरके भावको बहुत स्पष्ट कर दिया है।

दिल—अब रहे आखिर कहाँ उम्मीदे-वस्ल उस शोख़की
ख़ानए-दिलमें तो दख़्ले-यासो-हिरमाँ हो गया

शाद—अब रहे आखिर कहाँ जाकर उम्मीदे-वस्ले-यार
....

---

१. वली उलरहमान 'दिल' अज़ीमाबादी।

इस्लाहसे शेरमें प्रवाह और सौन्दर्य्य आ गया।

दिल—चल बसीं अपनी उम्मीदें जो शबे-फ़ुर्क़तमें[1] हाय
कोई मेरा न बजुज़[2] यासके[3] पुरसाँ[4] निकला

शाद— वक़्ते-आख़िर न उम्मीदें, न तमन्नाएँ थीं
....

ऊले मिसरेमें तनिक-सा परिवर्त्तन करके उसे सँवार भी दिया और 'वक़्ते-आखिर' बनाकर शेरको एक नवीन रूपमें ढाल दिया।

दिल—उस बज़्ममें मजाल नहीं गुफ़्तगू करूँ
मुद्दतसे दिलमें हौसला है एक आहका

शाद—उस बज़्ममें ज़बान हिलाऊँ मैं किस तरह ?
आना जहाँ मुहाल[5] है होंटों तक आहका

दिल—बिस्मिलको अपने क्यों न नज़र भरके देखिए
आलूदः-ख़ूँ से होगा न दामन गुनाहका

शाद—लिल्लाह बिस्मिलोंको नज़र भरके देख लो
....

दिल—हासिल इक रोज़ वही तेरी लक़ा[6] करता है
राहमें तेरी जो अपनेको फ़ना करता है

शाद—हासिल आख़िरको वही..............................
जो तेरी राहमें हस्तीको फ़ना[7] करता है

दिल—यह भी है नाज़ नया, ज़ुल्म नया, छेड़ नयी
मेरे होते वे रक़ीबों[8] पै जफ़ा[9] करते है

शाद—..
मुझको दिखलाके..............................

१. विरहरात्रिके समय, २. सिवाय, ३. निराशाके, ४. पूछनेवाला, हमदर्द, ५. कठिन, ६. सहवास, वस्ल, ७. मिटाता है ८. प्रतिद्वन्द्वियोंपर ९. ज़ुल्म।

दिल—हाय क्यों कर कहूँ बेताबिए-दिलका अहवाल
कब इधर गोशे-तवज्जेः[1] वोह भला करते हैं

शाद—किसको दिखलाऊँ मैं बेताबिए-दिलकी हालत
कब इधर चश्मे-तवज्जः........................

दिल—पहुँच ऐ ख़ाक अपनी उनके दामन तक किसी सूरत
समन्दे-नाज़ेपर[2] वे मेरी तुर्बतसे[3] गुज़रते हैं

शाद—.......... ....उनके दामने-ज़ीं तक किसी सूरत
....

दिल—क़मर[4] उनके मुक़ाबिल हो कभी है यह भला मुमकिन
हुई रूपोश फ़ौरन चाँदनी जब वे निखरते हैं

शाद—क़मर उनके मुक़ाबिल हो सके कब है भला मुमकिन
छुपा लेती है मुँहको....................................

---

१. कानोंसे सुनना। २. नज़ाकतरूपी घोड़ेपर। ३. क़ब्रसे। ४. चन्द्रमा।

जलील मानिकपुरी-द्वारा इस्लाहें

[जन्म १८६४; मृत्यु १९४६ ई०]

जलील हसन 'जलील' मानिकपुरी अमीर मीनाईके पट्ट शिष्य थे। १९०५ ई० में मिर्ज़ा दाग़की मृत्युके बाद हैदराबाद दकनके तत्कालीन नवाब महमूद अलीख़ाँने आपको मसनदे-उस्तादीपर प्रतिष्ठित किया और जलीलुलक़द्र ख़िताबसे विभूषित किया। फिर वर्त्तमान नवाबने जब शासनकी बागडोर सँभाली तो उन्होंने भी उस्तादीका गौरव आपको ही प्रदान किया। आपके जीवन कालमें आपसे ही मशवरए-सुख़न लेते रहे। नवाब साहबके अतिरिक्त युवराज और शहज़ादे भी आपही से इस्लाह लेते थे। पहले आपको नवाब फ़साहत जंगबहादुर ख़िताब अता किया गया। दुबारा इमामुलमुल्ककी पदवीसे विभूषित किया गया। आपने ग़ज़लोंके तीन दीवान स्मृति-स्वरूप छोड़े हैं। बीसों महत्त्वपूर्ण पुस्तकोंके आप रचयिता थे। अमीर मीनाईकी मृत्युके बाद उनके बहुत-से शिष्य आप ही से मशवरए-सुख़न लेते थे।

सफ़दर[1]—जिधर उन शोख़ आँखोंसे
निगाहे-फ़ित्न: जा निकले
क़यामत तक न उस रस्तेसे
ऐ क़ातिल! क़ज़ा निकले

जलील—..
क़यामत तक उधरसे फिर न
ऐ क़ातिल! क़ज़ा निकले

---

१. सफ़दर मिर्ज़ापुरी।

'सफ़दर' साहबने अपने कलामपर दी गयीं इस्लाहोंकी खूबियाँ खुद इस तरह बयान की हैं—

चूँकि पहले मिसरेमें 'जिधर' का लफ़्ज़ था, इसलिए उसके मुक़ाबिलमें 'उधर' का लफ़्ज़ निहायत ही बर महल रखा गया। सनअ़ते तक़ाबुलके अलावा (तुलनात्मक दृष्टिकोणके अतिरिक्त) अब दोनों मिसरे बराबरके हो गये और मतला बुलन्द कर दिया गया।

सफ़दर—बहुत चाहा छुपायें चोट उल्फ़तकी, मगर हमदम!
जिगरके चन्द टुकड़े आँसुओंमें मिलके आ निकले

जलील—छुपाई चोट उल्फ़तकी बहुत, पर क्या करें इसको
....

सफ़दर—ऐ सुब्हान अल्लाह क्या इस्लाह दी है "क्या करें इसको" यह टुकड़ा किस क़द्र मुअस्सिर (प्रभावक) है। जिसने शेरको दर्द अंगेज़ (व्यथापूर्ण) बा-असर बना दिया।

चुटकियाँ लेनेकी अब करते हैं मश्क़
शोख़ियोंमें जान डाली जायगी

जलील—..................................वोह..................................
....

सफ़दर—पहले मिसरेमें 'अब' का लफ़्ज़ बिला ज़रूरत था। और यह भी पता न चलता था कि कौन चुटकियाँ लेनेकी मश्क करता है? एक लफ़्ज़ 'वोह' से शेरमें रवानी और फ़साहत (प्रभाव एवं लालित्य) ही नहीं पैदा हुई, बल्कि दोनों नुक़्स रफ़ा (दोष दूर) हो गये।

यह नाज़ुकी है कि तलवार तक नहीं उठती
हलाल तुमने किया और मैं हलाल हुआ?

जलील—..खिंचती
....

सफ़दर—उस्तादने बजाए 'उठती' के खिचती बनाया। तलवारके लिए खिचना ही ज़्यादा मुनासिब है। इस इस्लाहसे जो लुत्फ़ आया है, वह बयानमें नहीं आ सकता।

जो मैंने चूम लिया मुँह बहुत ही शर्माये[1]
ख़ता मिरी थी तुम्हें मुफ़्त इन्फ़िआल हुआ

जलील—..
..................उन्हें..................

सफ़दर—दूसरे मिसरेमें बजाये 'तुम्हें' के 'उन्हें' बनाया। चूंकि ऊले मिसरेमें माशूक़से ख़िताब (सम्बोधन) नहीं, बल्कि एक वाक़ये (घटना) का बयान था। जैसा कि आमतौरपर किया जाता है। इसलिए उस्तादने 'उन्हें' बनाकर शेरमें एक हुस्न पैदा कर दिया।

अदा पर्देकी यह भी कोई ओ सफ़्फ़ाक[2]! थी शायद
भला क्यों नाविके-मिज़गाँ[3] जिगरके पार हो जाता!

जलील—मिरे सफ़्फ़ाक! यह भी इक अदाए-पर्दादारी है
....

सफ़दर—पहले मिसरेकी तरमीम (परिवर्त्तन)से अन्दाज़े-बयान, बन्दिश (गठन), सफ़ाई, मिसरेकी चुस्ती मुलाहिज़ा फ़र्माइए। मज़मून वही है, मगर लफ़्ज़ोंके उलट-फेरने एक खास लुत्फ़ पैदा कर दिया। इस्लाह इसीको कहते हैं।

अदा समझके वे दामनसे मुँह छुपाते हैं
हिजाब[4] है जो यही तो हिजाब क्या होगा?

जलील—..................वे आँचलसे
....

---

१. लज्जित होना, संकोच। २. ज़ालिम। ३. पलकोंके बालरूपी तीर। ४. शर्म, लाज, हयासे मुँह छिपाना।

सफ़दर—पहले मिसरेमें बजाय 'दामन' के आँचल बनाया। अब हक़ीक़तमें अदा हो गयी। इस इस्लाहमें उस्ताद कामिलने आँचल और दामनमें जो नाज़ुक फ़र्क़ दिखाया वह देखनेकी चीज़ है। दामनसे मुँह छुपानेमें गो मफ़हूम अदा (तात्पर्य, भाव स्पष्ट) हो जाता है; मगर आँचलसे मुँह छुपानेमें एक खास अदा पैदा हो गयी। (इस अदाका लुत्फ़) उन्हीं दिल गिरफ़्तियोंसे पूछिए, जिनपर कभी ऐसा वक़्त गुज़र चुका है।

सफ़दर—इधर हमसे ज़रा आँखें मिलाओ
निगाहे-नाज़[1] क्या क़ातिल नहीं है?

जलील—इधर देखो, सुए-खंज़र[2] न देखो
....

सफ़दर—इस इस्लाहका क्या कहना? ऊले मिसरेकी तरमीम (परिवर्त्तन)से शेरमें मआनवी ख़ूबी (अर्थ-सौन्दर्य्य)के अलावा एक बाँकपन पैदा हो गया। 'सुए-खंज़र न देखो' यह टुकड़ा उस्तादाना रख दिया। हाय! माशूक़से खिताब और किस लुत्फ़से? इस मिसरेकी क्या तारीफ़ हो सके? अरे तौबः। 'इधर देखो सुए खंज़र न देखो' हज़रतकी मआनी फ़हमी और वसीह उल नज़री। (भाषाविज्ञता और व्यापक दृष्टि) के सुबूतमें बस यही एक इस्लाह काफ़ी है। अहले नज़र ज़रा ग़ौरसे देखें और दाद दें।

सफ़दर—आँखोंसे देखकर कोई महफ़िलमें रह गया
काँटा-सा इक खटकके मिरे दिलमें रह गया

१. हाव-भावकी दृष्टि २. खंजरकी तरफ़।

जलील—वे देखकर कनखियोंसे.......................

....

सफ़दर—कनखियोंसे देखना एक ख़ास अदा है, खसूसन-भरी महफ़िल-में। गो आँखोंसे देखना भी ग़लत न था, मगर कनखियोंसे देखना अच्छा ख़ासा काँटा बन गया जो दिले-आशिक़में खटक-कर रह गया।

सफ़दर—समझनेवाले इसको माजराए-दर्दे-दिल समझे
नज़र आये जो क़तरे ख़ूनके कुछ नोके-मिज़्गाँपर[1]

जलील—समझनेवाले रूदादे दिले-बिस्मिल[2] इसे समझे
....

सफ़दर—इस इस्लाहसे शेरमें चौगुना हुस्न बढ़ गया। सानी मिसरे 'नज़र आये जो क़तरे ख़ूनके कुछ नोके-मिज़गाँपर' की मुना-सबतसे 'रूदादे-दिले-बिस्मिल' ही मुनासिब था। ऐ सुब्हान-अल्लाह क्या इस्लाह दी है।

सफ़दर—कौन कहता है उसे नाज़ो-अदा आती नहीं
मैं क़ज़ापर जान देता हूँ, क़ज़ा आती नहीं

जलील—.......................उसे तेरी अदा...........
....

सफ़दर—पहले मिसरेमें बजाये 'नाज़'के 'तेरी' बनाया। अस्लमें नाज़-का लफ़्ज़ बिला ज़रूरत था। (क्योंकि उसी अर्थका द्योतक 'अदा' शब्द मौजूद था ही) सिर्फ़ एक लफ़्ज़की तरमीमसे, मिसरा किस क़दर बुलन्द हो गया? इस्लाह इसीका नाम है।

---

१. पलकोंपर, २. घायल प्रेमीके दिलकी कहानी।

सफ़दर—नाल:-ओ-आह पै ज़ालिमको हँसी आती है
बिजलियाँ टूट रही हैं मेरे ग़म-ख्वारोंपर

जलील—..............................उनको तो हँसी आती है
....

सफ़दर—पहले मिसरेमें 'जालिम' की बजाय 'उनको तो' बनाया। जिससे लुत्फ़े-ज़बान बढ़ गया और मिसरेमें रवानी पैदा हो गयी (प्रवाह आ गया) इस 'तो' की क्या तारीफ़ हो सके ? इस मौक़ेपर बग़ैर 'तो' के मिसरा-सानीका सही मफ़हूम (आशय) अदा नहीं हो सकता था। अस्ल शेरके बाद इस्लाह पढ़कर लुत्फ़-अन्दोज़ (आनन्दित) होइए।

सफ़दर—बारहा[1] लौट गयी आके अजल[2] बालीं[3] से
रहम आया न उसे भी तेरे बीमारोंपर

जलील—बारहा फिर गयो आ-आके..............................
....

सफ़दर—अस्ल मिसरेमें 'लौट गयी' ग़ैर फ़सीह (लालित्यपूर्ण नहीं) था। इसलिए उस्तादने 'फिर गयी' बनाया। बारहा अजलके आनेका सबूत 'आ-आ' लफ़्ज़से पैदा हो गया। इस इस्लाहसे शेरमें तरक़्क़ी और रवानी ही नहीं पैदा हुई, बल्कि बीमारकी नाज़ुक हालतका पता भी चल गया। बलाग़त (अलंकारी शैली) इसीको कहते हैं। अल्लाह-अल्लाह क्या इस्लाह दी है।

---

१. बार-बार, कई दफ़ा, २. मृत्यु, ३. सिराहनेसे।

शरर[1]—ओ दिले-बेताब ! तुझको कुछ ख़बर भी इसकी है ?
आके वे फिर भी गये और तू सँभलता ही रहा

जलील—...

आके वे जा भी चुके.......................................

दूसरे मिसरेमें 'फिर भी गये' के बजाय 'जा भी चुके' अधिक लालित्यपूर्ण है और 'आके' की मुनासबतसे 'जा भी चुके' ही उपयुक्त था।

शरर—ग़ममें रहने दो मुब्तला[2] करके
दर्द बढ़ जायगा दवा करके

जलील—..

क्या बना लोगे तुम दवा करके ?

दूसरे मिसरेमें 'दर्द बढ़ जायगा' के स्थानपर 'क्या बना लोगे' बनाकर उस्तादने शेरमें तेवर रख दिये।

शरर—किसको मालूम था मुहब्बतमें
होंगे आज़ुर्दः हम वफ़ा करके

जलील—..

होंगे शर्मिन्दः..............................

वफ़ा करके आज़ुर्दः (खिन्न, दुःखित) हुए तो फिर वफ़ा करनेकी भूल ही क्यों की ? 'नेकी कर और कुएमें डाल' सूक्तिके अनुसार तो की हुई नेकियोंको (वफ़ाओंको) विस्मरण ही कर देना उचित होता है या फिर शरीफ़ोंकी तरह अपनी वफ़ाओंपर नाज़ करनेके बजाय शर्मसार होना ज़्यादा मुनासिब है।

---

१. मौलवी अब्दुल ग़फ़ूर साहब 'शरर'। २. फँसाकर, ग्रस्त करके।

शरर—उठ गये जब वे मेरे पहलूसे
　　दर्द उठकर शरीके-हाल हुआ
जलील—मेरे पहलूमें जब न वोह बैठे
　　..

शररके दोनों मिसरोंमें 'उठने' 'शब्दके प्रयोगसे पुनरुक्ति दोष आ गया था और जब दूसरे मिसरेमें 'उठना' शब्द प्रयुक्त किया तो लखनवी शाइरीके अनुसार पहले मिसरेमें 'बैठना' शब्द लाज़िमी था। अतः उस्तादने पहले मिसरेमें उक्त दोनों दोष भी दूर कर दिये। साथ ही माशूक़ाना बर्तावको भी सही-सही बयान कर दिया। आशिक़के पहलूमें माशूक़ बैठता ही कब है जो उठकर चले जानेकी नौबत आये और यदि बैठनेके बाद वह उठकर चला भी जाये तो उस आशिक़के लिए माशूक़का क्षणभर पहलूमें रहना भी बहुत बड़ा सौभाग्य है। बजाय इसके कि माशूक़ पहलूमें कभी बैठे ही नहीं।

शरर—हुस्ने-यूसुफ़[1]से कुछ नहीं तशबीह[2]
　　तू ज़मानेमें बे-मिसाल हुआ
जलील—हुस्ने-यूसुफ़से तुझको क्या निस्बत[3] ?
　　..

इस्लाहका आशय स्पष्ट है।

---

१. यूसुफ़ पैग़म्बर अपने युगके सर्वश्रेष्ठ रूपवान थे। २. उपमा। ३. तुलना।

आफ़ाक़[1]—किसका-किसका नाम बताऊँ?
सबको तो है सौदा तेरा

जलील—किस-किसका मैं..............
....

आफ़ाक़के पहले मिसरेमें 'किसका-किसका' शब्द गँवारू था। इसलिए उस्तादने 'किस-किसका' बामुहावरा शब्द जड़ दिया और 'मैं' शब्दसे शेरमें' ज़ोर पैदा कर दिया।

आफ़ाक़—तौब:-तौब: यह मुमकिन है?
लब तक आये शिकवा तेरा

जलील—..............क्या.....................
....

पहले मिसरेके 'यह' के स्थानपर उस्तादने सिर्फ़ 'क्या' बनाकर मिसरेको सचमुच प्रश्नवाचक बना दिया। 'यह'में वोह तेवर कहाँ थे जो 'क्या'से पैदा हुए हैं।

आफ़ाक़—किसीको क़यामतका तड़पा रहा है
वो सुबह शबे-वस्ल जाना किसीका

जलील—क़यामत मेरी जानपर ढा रहा है
....

आफ़ाक़के पहले मिसरेमें 'क़यामतका' शब्द कानोंको खटकता था और तात्पर्य भी स्पष्ट नहीं होता था। उस्तादने पहला मिसरा 'क़यामत मेरी जानपर ढा रहा है' बनाकर सचमुच क़यामत बरपा कर दी।

---

१. मुंशी गुलाम हुसैन 'आफ़ाक़' बनारसी।

आफ़ाक़—हाय वह प्यारकी बात, उनकी वो भोली सूरत
भूलती ही नहीं 'आफ़ाक़' भुलायें क्योंकर

जलील—.........................आँख........
..........यह नहीं..............

भोली सूरत प्यारकी बातें करना क्या जानें? उसकी तो आँखोंसे प्यार छलकना ही भुलाये नहीं भूलता। दूसरे मिसरेमें 'ही' शब्द व्यर्थ-सा था। उसके बजाय 'यह' बनाकर उस्तादने यह भाव भर दिया कि उनकी प्यारकी आँख और भोली सूरत 'यह' दोनों अदाएँ भुलाये नहीं भूलतीं।

नफ़ीस[1]—उसे ताक़े-हरममें किसने ऐ पीरे-मुग़ाँ! रख दी?
अरे जल्दी उठाले मैकी बोतल यह कहाँ रख दी?

जलील—यह शै..
....

उस्तादने ऊले मिसरेमें केवल 'यह शै' बनाया है। किन्तु इन तीन अक्षरोंके परिवर्तनसे शेर बहुत दिलचस्प बन गया। अब शेरका आशय यह हो गया—हाय अल्लाह! ताक़े-हरम और शराबकी बोतल! ऐसा पवित्र एवं पूज्य स्थान और यह शै! अजी पीरे-मुग़ाँ साहब जल्दी उठाइए। कहीं शैख़ और ज़ाहिदकी नज़र पड़ गयी तो ख़ैर नहीं।

नफ़ीस—दिले-आशिक़को जब हद्से ज़ियादा[2] नातवाँ पाया
छुरी ग़मज़ेने[3] रख दी और अबरूने[4] कमाँ रख दी

जलील—...
..................फैंकी.........................

---

१. मुहम्मद यूसुफ़ 'नफ़ीस' बँगलौरी। २. कमज़ोर। ३. हाव-भावने, नाज़ोअदाने। ४. भँवोंने।

सानी मिसरेमें दो जगह 'रख दी' शब्द प्रयुक्त हुआ है। अतः उस्तादने एक 'रख दी' निकालकर उसकी जगह 'फेंकी' बनाया है। छुरी सीने पै रखी जाती है, परन्तु क़त्लसे घृणा होनेपर फेंकी जाती है।

नफ़ीस—तेरा एहसान क्यों लूँ नामाबर! मैं ख़ुद पहुँचता हूँ
नतीजा क्या लिफ़ाफ़ेमें अगर अपनी ज़बाँ रख दी

जलील—जो कहनेकी थीं बातें, उनको मैं नामेमें क्या लिखता?
लिफ़ाफ़ेमें बजाये ख़त्ते-शौक़ अपनी ज़बाँ रख दी

उस्तादने इस्लाह-द्वारा नफ़ीसके आशयको स्पष्ट कर दिया।

नफ़ीस—ख़सो-ख़ाशाक[1]की हस्ती ही क्या ऐ बर्क़े-चश्मके-ज़न[2]!
उठाये चार तिनके और बिनाए-आशियाँ रख दी

जलील—चमनमें घर बनाते देर क्या ऐ बाग़बाँ! हमको
....

नफ़ीस अपने पहले मिसरेमें बुलबुलको बर्क़से मुख़ातिब करते हैं। जब कि बुलबुलका दिन-रातका वास्ता सैय्याद और बाग़बाँसे पड़ता है। बिजली तो वार्तालापका अवसर शायद ही कभी देती हो, वह तो कभी कड़कती है और कभी गिरती है।

नफ़ीस—क़हर है ज़ालिमकी आँख़ोंमें लगावट ही नहीं
दम-ब-ख़ुद ख़ामोश रह जाता हूँ सूरत देखकर

जलील—..
दम-ब-ख़ुद रह जाते हैं सब उसकी सूरत देखकर

इस्लाहका आशय स्पष्ट है

●

१, घास-तिनकोंकी। २, आँखोंसे संकेत करनेवाली बिजली।

रियाज़ ख़ैराबादी-द्वारा इस्लाहें

[जन्म १८५३ मृत्यु; १९३४ ई०]

सैय्यद रियाज़ अहमद 'रियाज़' ख़ैराबादी मुन्शी अमीर मीनाईके प्रमुख शिष्य थे। शाइरीमें आपने काफ़ी नाम पाया। अख़बारोंका संपादन भी करते रहे। आपने कभी मदिराको छुआ तक नहीं, किन्तु मदिरासम्बन्धी कलाम कहनेमें बहुत नाम पाया। रियाज़े-रिज़वाँ शीर्षकसे आपका दीवान मुद्रित हो चुका है।

वाक़िफ़[1]—मज़ा हो आयें वे कुछ दिन चढ़ाके महशरमें
कुछ अहले-हश्रको भी लुत्फ़े-इन्तज़ार आये
रियाज़—..................आयें ज़रा दिन..................
....

वाक़िफ़—ख़िरामे-नाज़से पूछो किधर वे जायेंगे?
चमनमें आये कि दिलमें कहाँ बहार आये?[2]
रियाज़—ख़िरामे-नाज़! बतादे..................
....

अनवर[3]—मानिन्दे-बर्क़ आप नज़रसे गुज़र गये
यह भी नज़र न आया किधरसे गुज़र गये
रियाज़—मिस्ले-शरारे बर्क़ नज़रसे गुज़र गये
यह भी न कोई देख सका वे किधर गये

१. मुन्शी सुल्तान अहमद साहब 'वाक़िफ़' बिसवानी। २. हाजी मुहम्मद अनवर ख़ाँ साहब 'अनवर' लखनवी।

अनवर—नरगिस भी रो रही है खड़ी इन्तज़ारमें
दिखलाके आँख उसको भी बीमार कर गये

रियाज़—नरगिसको भी तो रोग लगा इन्तज़ारका
....

•

मीर 'वहीद' इलाहाबादी-द्वारा इस्लाहें

आपके सम्बन्धमें विशेष परिचय प्राप्त न हो सका। आपके शाइराना मर्त्तबेका इसीसे अन्दाजा किया जा सकता है कि आप अकबर इलाहाबादी जैसे ख्यातिप्राप्त शाइरके उस्ताद थे

अकबर[1]—आज आराइशे-गेसूए-दुता[2] होती है
लो मिरी जान गिरफ़्तारे-बला होती है

वहीद—..
फिर..

उस्तादने 'लो'के बजाय फिर बनाकर यह प्रकट किया कि पहले भी आशिक़ गिरफ़्तारे-बला होता रहा है। आज फिर गिरफ़्तार होनेकी सम्भावना है। 'लो' शब्द व्यर्थ था।

अकबर—हाँ किसी कामका बाक़ी नहीं रहता इंसान
सच तो ये है कि मुहब्बत भी बला होती है

वहीद—फिर..
....

उस्तादने ज़रा-सी तरमीमसे शेरको निखार दिया है।

अकबर—हूँ फ़रेबे-निगहे-नाज़का क़ाइल 'अकबर'
मरते दम तक न खुला यह कि जफ़ा होती है

वहीद—..
मरते-मरते न खुला..

---

१. ख़ान बहादुर अकबर इलाहाबादी। २. कमरपर बल खाते हुए बाल संवारे जा रहे हैं।

अकबर खुद फ़र्माते थे कि "मैंने अपने खयालमें 'मरते दम तक' यह टुकड़ा बहुत समझके रखा था। मगर उस्तादने बजाय उसके 'मरते-मरते' जो बनाया तो बेसाख्ता जी चाहा कि दस्ते-मुबारकको बोसा दूँ। वाक़ई अजीब नादर (अनोखी बहुमूल्य) इस्लाह दी, जिसकी जितनी तारीफ़ की जाय कम है।"

●

नूह नारवी-द्वारा इस्लाहें

[जन्म १८८१; मृत्यु १९६२ ई०]

मुहम्मद नूह साहब मिर्ज़ा दाग़के ख्यातिप्राप्त शिष्योंमें-से थे। उन्हींके रंगमें जीवन पर्यन्त शेर फ़र्माते रहे। वही टकसाली चुस्त और मुहावरेदार भाषा, वही रंगीनी और शोखी, वही बातमें बात पैदा करनेका हुनर, वही परम्परागत भाव जो दाग़-स्कूलकी विशेषता है, आपके कलाममें पायी जाती है। आपके ४०० के लगभग शिष्य हैं। तीन दीवान स्मृतिस्वरूप छोड़े हैं। आप नारा ज़िला इलाहाबादके निवासी थे।

बिस्मिल[1]—अज़ीज़-ओ-अक़रिबा[2] क्या कर रहे हैं देखो मरनेपर
कि अपने हाथसे करते हैं पेवन्दे-ज़मीं[3] हमको

नूह—अज़ीज़-ओ-अक़रिबाको बाद मर जानेके क्या सूझी ?
....

ऊले मिसरेमें तनिक-सा परिवर्त्तन कर देनेसे शेरमें जान पड़ गयी।

बिस्मिल—नज़अमें[4] यह कौन आहे-सर्द भरकर रह गया ?
दिल, जिगर थामे हुए जो वो सितमगर रह गया

नूह—..
थामकर अपना कलेजा वो सितमगर रह गया

---

१. श्री सुखदेवप्रसाद 'बिस्मिल' इलाहाबादी। २. अपने इष्ट-मित्रों एवं कुटुम्बियोंको। ३. ज़मीनमें गाड़ते हैं। ४. मृत्यु-समयमें।

सानी मिसरेमें 'दिल' और 'जिगर' दोनोंका थामना कुछ उपयुक्त-सा मालूम नहीं होता था और 'जो' शब्द भी व्यर्थ था। अतः इस्लाह-से दोनों दोष जाते रहे।

बिस्मिल—मुझे मशहूर करती है, तुझे बदनाम करती है
जफ़ा किसकी ? जफ़ा तेरी, वफ़ा किसकी ? वफ़ा मेरी

नूह—मुझे नाकाम रखती है..............................
....

ऊले मिसरेमें बदनामके मुक़ाबिलेमें ख़ारिजी शाइरीके अनुसार 'मशहूर' शब्द लाज़िमी था, किन्तु नूहनारवी दाख़िली (देहल्वी) शाइरी-स्कूलके शाइर हैं। अतः मुनासबतकी परवाह न करके 'नाकाम रखती है' बना दिया। इससे शेर और निखर गया।

बिस्मिल—इधर मैं डूबने जाता हूँ दरियाए-मुहब्बतमें
उधर दुनिया बुलाती है मुझे घबराके साहिलसे

नूह—..............................आया..............................
....

जाता है के बजाय 'आया' बना देनेसे ग़ौरसे देखिए, क्या ख़ूबी आ गयी।

बिस्मिल—अल्लाह-अल्लाह दूर कब दिलसे हुआ उनके ग़ुबार
ख़ाकमें जब मिल गये ख़ाके मिरी तस्वीरके

नूह—होते-होते दूर कब दिलसे हुआ तेरे ग़ुबार
....

उस्तादके तनिक-से परिवर्त्तनसे शेर लालित्यपूर्ण बन गया। ऊले मिसरेमें अल्लाह-अल्लाहकी विशेष उपयोगिता न थी। उसके बजाय 'होते-होते दूर'के परिवर्त्तनसे शेरका भाव स्पष्ट हो गया।

बिस्मिल—तीरे-निगाहे-यार ! ख़ुदाकी तुझे क़सम
दिलमें लहू रहे न, जिगरमें लहू रहे
नूह—.................................. अदाकी ....
....

जब तीरे-निगाहे-यारका मामला था, तब यार (माशूक़ः)को ख़ुदाकी क़सम दिलवानेसे क्या फ़ायदा ? जो यार निगाहोंके तीर फेंक रहा हो, उसपर ख़ुदाकी क़समका असर क्या पड़ेगा। उसे तो अपनी उस अदाकी क़सम दिलाना ही लाज़िमी है, जिस अदापर उसको नाज़ है। ताकि वोह और भी नाज़ो-अन्दाज़से तीरे-निगाह फेंक सके।

बिस्मिल—जब बगोला दश्तमें उठकर कहीं ऊँचा हुआ
क़ैस यह समझा कि बस लैली इसी महफ़िलमें है
नूह—.................................. ज़रा ....
....

'कहीं' बेज़रूरत था, उसके बजाय 'ज़रा' बनाकर शेरको लतीफ़ बना दिया।

बिस्मिल—वोह शमअ़ न थी, वोह बज़्म न थी,
वोह रौनक़ अह्ले बज़्म न थी
इक याद दिलानेकी ख़ातिर
अम्बार पै परवानः था
नूह—.......................... वह सुबहको अह्ले-बज़्म न थे
बस ....

बिस्मिलके ऊले मिसरेमें आये हुए शब्दों—शमअ़, बज़्म, अह्ले-बज़्म-से रातकी रौनक़का पता तो चलता है, परन्तु यह सब रौनक़ कब न रही, इसका सुबूत नहीं मिलता। उस्तादने ऊले मिसरेमें केवल

'सुबह' शब्दका इज़ाफ़ा करके समयका सुबूत पेश कर दिया, और सानी मिसरेमें 'इक'के बजाय 'बस' बना दिया। जिससे शेरका भाव बहुत स्पष्ट हो गया।

बिस्मिल—समझका फेर है, इसको क़ज़ा[1] कहने लगी दुनिया
गिरह[2] जब खुल गयी, तरकीबे-अजज़ाए-परीशाँकी[3]

नूह—……………… था……………………………………
……………………………………………………

बिस्मिल—कौन रोया लाशपर, किसने जलायी आके शमअ्
हमको इसकी क्या ख़बर, हम मर गये तो क्या हुआ

नूह—……………………………………………………
………………………………………………… जब

ग़नी[4]—दिलमें अगर मकीं हो, आँखोंसे क्यों निहाँ हो?
अल्लाहरे बदगुमानी, इस दर्जा बद् गुमाँ हो

नूह—……………………………………………………
…………………………… तुम इतने ……………

ग़नी—मिस्ले-कलीम तूर पै हरगिज़ न जायेंगे
देखेंगे हुस्न, यारका जल्वा यहींसे हम

नूह—……………………… जानेसे फ़ायदा?
……………………………………………………

---

१. मृत्यु। २. समस्या, उलझन। ३. पाँच इन्द्रियोंके गठन-प्रणालीका (भेद जब समझ लिया)। ४. मिर्ज़ा उस्मान ग़नी साहब 'ग़नी' इलाहाबादी।

ग़नी—फ़स्ले-गुल आने तो दो, फ़स्ले-बहार आने तो दो
खुद-ब-खुद खुल जायेंगी कड़ियाँ मेरी ज़ंजीरकी

नूह—.. खिज़ाँ जाने तो दो
....

ग़नी—रही है उनकी उल्फ़तमें यह सूरत कूचः गर्दीकी
इधर जाना उधर होकर उधर जाना इधर होकर

नूह—रही है जोशे-वहशतमें..
....

ग़नी—हमेशा बेसबब क्यों, तुम इसे पामाल[1] करते हो?
तुम्हें इतनी कुदूरत[2] किस लिए है मेरे मदफ़न[3]से?

नूह—हमेशा आते-जाते तुम..
....

ग़नी—बादे-सर-सरने[4] कहींका भी न रक्खा मुझको
देखता हूँ तो नशेमन[5] भी गुलिस्ताँमें[6] नहीं

नूह—....................किया और मुझे खानाबदोश
....

ग़नी—मेरे पहलूमें रहो, मेरी निगाहोंमें रहो
मैं इसी बातकी रखता हूँ तमन्ना दिलमें

नूह—..फ़िरो
....

१. नष्ट, बर्बाद। २. शत्रुता, मनोमालिन्य। ३. क़ब्रसे। ४. वायुने। ५. नीड़। ६. बाग़में।

मुश्ताक़[1]—वोह हयामें क्या हया, अपने रहें मरहूमे-दीद
वोह भी क्या पर्देमें पर्दा जो सरे-महशर उठे
नूह—वोह भी क्या हसरतमें हसरत निकले जो मरनेके बाद

....

'मुश्ताक़'के दोनों मिसरोंमें परस्पर कोई सम्बन्ध नहीं था। उस्तादने इस्लाहसे सम्बन्ध क़ायम कर दिया। जब सानी मिसरेमें 'महशर'का उल्लेख था, तब पहले मिसरेमें 'मरने'का ज़िक्र लाज़िमी था। क्योंकि महशर (महाप्रलय)में तो कोई जीवित बचेगा नहीं।

मुश्ताक़—तूले-महशरकी सुनाता है किसे ऐ वाइज़ !
एक टुकड़ा है वोह मेरी शबे-तन्हाईका
नूह—दिन है महशरका बड़ा यह न सुना ऐ वाइज़ !

....

'तूले-महशरके' के बजाय 'दिन है महशरका वड़ा' बनानेसे शेरमें सफ़ाई आ गयी।

मुश्ताक़—नक़ाब उलटके न आया करो रक़ीबोंमें[2]
यह अंजुमन[3] नहीं शमए-जमालके[4] क़ाबिल
नूह—नक़ाब उलटके रक़ीबोंमें आयें वोह क्योंकर ?

....

मुश्ताक़—उन्हें तो बारे-ख़ातिर[5] हो रहा है सामने रहना
निगाहे-शौक़ करती हैं तक़ाज़ा देखते जाओ
नूह—वे कहते हैं—"हमें हर वक़्त क्यों देखा करे कोई"

....

१. अबुल नसीर अहमद साहब 'मुश्ताक़' कुरैशी बँगलौरी। २. शत्रुओंमें। ३. महफ़िल। ४. सौन्दर्यरूपी प्रकाशके। ५. तबीयतपर बोझ।

मुस्ताक़—ठहर जाओ ज़रा जी भरके मुझको देख लेने दो
अगर बालींसे[1] जाओ, मेरा मुर्दा देखते जाओ

नूह—ज़रा ठहरो कोई लहज़ेमें अब मैं मरनेवाला हूँ

....

मुश्ताक़—ज़र्रे-ज़र्रे[2] में तेरी शक्लको हम देखते हैं
लोग क्यों जाके तुझे दैरो-हरममें[3] देखते हैं ?

नूह—..

लोग जा-जाके अबस[4] दैरो—हरममें देखते हैं

मुश्ताक़—हुए कुछ बेख़बर ऐसे, ख़बर इसकी नहीं हमको
मताए-होश[5] मस्तीमें किधर रख दी कहाँ रख दी

नूह—जवानीका ज़माना है, नहीं इसकी ख़बर हमको

....

मुश्ताक़—जफ़ापर की जफ़ा सैयाद ज़ालिमने असीरोंपर
क़फ़सके सामने ला-लाके साखे-आशियाँ रख दी

नूह—निराला ज़ुल्म यह सैय्याद ने ढाया असीरों पर
क़फ़सके सामने ही लाके शाख़े-आशियाँ रख दी

●

१. सिरहानेसे। २. कण-कणमें। ३. मन्दिर-मस्जिदमें। ४. व्यर्थ। ५ होशरूपी दौलत, अक़्लकी दौलत।

नातिक़ गुलावठी

[जन्म १८८६ ई०]

अबुलहसन 'नातिक़' के पूर्वज अहमदशाह अब्दालीके साथ भारत आये थे। आप गुलावठी ज़िला मेरठके रहनेवाले थे। ११ नवम्बर १८८६ को आपका जन्म हुआ। आप मिर्ज़ा 'दाग़' के शिष्य थे। आपके शिष्योंमें अब्दुलबारी आसी-जैसे ख्यातिप्राप्त शाइर भी हुए हैं।

आसी[1]—जाए-इबरत[2] है, रहे-इश्क़[3] की यह मंज़िल सख़्त
और मिरा अव्वले-मंज़िलमें फ़ना[4] हो जाना

नातिक़—अगर्चे अव्वले-मंज़िल भी दुरुस्त है, मगर मंज़िले-अव्वलकी तरकीब अच्छी मालूम होती है—

....

और मिरा-अव्वले-मंज़िल[5] में फ़ना हो जाना

आसी—हाँ मौसिमे-शबाब है खुल खेलिए ज़रूर
उभरा है जोबन अच्छी तरह नाम उछालिए

नातिक़—जोबन ब-माइनी पिस्तान (कुचोंके) उस्ताद 'दाग़'के नज़दीक नाजाइज़ है।

आसी—ख़ुद्‌सर[6] हैं यह कभी न निगह इन पै डालिए
हैं ये सितम शआर[7]-ज़मानेके चालिए[8]

नातिक़—लफ़्ज़ 'चालिए' बोलते तो हैं, मगर किसीके कलाममें देखा नहीं।

---

१. मौलवी अब्दुलबारी, आसी। २. नसीहत योग्य। ३. प्रेममार्गकी। ४. मिट जाना, मर जाना। ५. मार्गके शुरुआतमें। ६. उद्दण्ड, बे-अदब। ७. ज़ालिम। ८. चालबाज़।

आसी—आते हैं जब मिरे घर, मेरी तसल्लीके लिए
साथ कोई नहीं होता तो हया होती है

नातिक़—मामूली शेर है, ग़ज़लमें मिलता नहीं निकाल दीजिए।

आसी—न हूँ नाज़ाँ मैं क्यों, मस्ते-क़सीमे-जामे-क़ौसर[1] हूँ
कहीं दुनियामें और ऐसा न दीवाना, न मैख़ाना

नातिक़—दीवानेको मैख़ानेसे कोई वास्ता नहीं, शेर निकाल दीजिए।

आसी—परदेस है वोह और यह पुराना लिबास है
जाऊँ आदमको[2] जामए-हस्ती[3] उतार के

नातिक़—मेरे महर्बान क़ाजी अब्दुल अजीज़ साहब 'अजीज़' फ़र्माते हैं—
परदेसमें तो कट गयी कुह्न[4] : लिबाससे

हज़रत 'सफ़दर' मिर्ज़ापुरी उक्त शेरमें यूँ इस्लाह देते हैं—

उस देशवाले लोगोंके क़ाबिल नहीं यह भेस
जाऊँ अदमको जामए-हस्ती उतारके

आसी—कम्बख़्त दिन बहारके आकर गुज़र गये
इक सालके लिए मुझे दीवानः कर गये

नातिक़—...
दीवानः था ही और भी दीवानः कर गये

●

---

१. जन्नतमें बहनेवाली शराबकी नहरसे मदिराका जाम पीनेका अधिकारी।
२. परलोकको। ३. जीवन-परिधान। ४. पुराने।

हसरत मोहानी-द्वारा इस्लाहें

[जन्म १८७५; मृत्यु १९५१ ई०]

सैयद फ़ज़लुलहसन 'हसरत' मोहानी वर्त्तमान युगके ग़ज़ल-गो शाइरोंमें निहायत बुलन्द मर्त्तबा रखते थे, और ग़ज़लके ईमाम समझे जाते थे। १९०३ ई० में आपने अलीगढ़ यूनिवर्सिटीसे बी० ए० पास किया। आप कट्टर और धार्मिक मुसलमान थे। समस्त जीवन राजनैतिक और मज़हवी आन्दोलनोंमें व्यतीत कर दिया। कई बार कारागारकी यन्त्रणाएँ भी झेलीं। आप 'तस्लीम' लखनवीके पट्टशिष्य थे और मोमिन स्कूलके तन्हा यादगार।

शफ़ीक़[1]—सुने जाते थे ऐ साक़ी! जो पहले बादःख्वारोंमें[2]
तरीक़े अब वे राइज[3] हो गये परहेज़गारोंमें

हसरत—.................ऐ ज़ाहिद ....
....

मुरासेवियोंके तौर-तरीक़े (चाल-चलन) संयमी लोगोंने अपना लिये, यह बात साक़ीसे कहनेकी नहीं, यह व्यंग्य तो ज़ाहिदसे ही किया जाना चाहिए, क्योंकि ज़ाहिद और परहेज़गार एक ही व्यक्तिके नाम हैं। दोनों शब्द समानार्थक हैं।

---

१. शफ़ीक़ सिद्दीक़ी साहब शफ़ीक़ जौनपुरी। २. मुरासेवियोंमें। ३. प्रचलित।

शफ़ीक़—बहारे-गुल ज़रा उस वक़्त देखें देखनेवाले
घटा जब आबपाशी कर चुकी हो सब्ज़:ज़ारोंमें

हसरत—..

घटा जब आबयारी..

आबपाशी और आबयारी दोनोंका अर्थ सिंचाई करना है। आबपाशी करना किसान-माली आदिके लिए प्रयुक्त होता है। चूँकि यहाँ घटाके लिए सिंचाईका उल्लेख हुआ है अतः उस्तादने 'आबयारी' बनाकर मिसरेको नाज़ुक और रंगीन बना दिया।

ख़्वाजा इशरत लखनवी-द्वारा इस्लाहें

ख़्वाजा अब्दुल रउफ़ इशरत लखनवीका परिचय विशेष प्राप्त नहीं हो सका

कलन्दर[1]—न नाज़ चाहिए क़ारूँकी[2] तरहसे ज़रपर
कि बाद बोझ उठाना पड़े वही सरपर
इशरत—लगा न जानको क़ारूँकी तरह तू ज़रपर
यह बोझ तुझको उठाना है एक दिन सरपर

इस्लाहसे शेर लालित्यपूर्ण एवं जानदार बन गया है।

कलन्दर—लिखा जो नामेमें[3] अहवाल दर्द-फ़ुर्क़तका[4]
तो रास्ते ही में बिजली गिरी कबूतर[5] पर
इशरत— .... बेक़रारिए-दिल
....

दूसरे मिसरेमें बिजली शब्द था। अतः उसकी मुनासबतके लिए 'बेक़रारिए-दिल' रखा गया। क्योंकि बिजली भी बेक़रार रहती है।

कलन्दर—हमनशीं[6] रफ़्तः-रफ़्तः दूर हुए
हो गयी सारी अंजुमन[7] ख़ाली
इशरत— .... उठ गये सब
रह गयी आह ....

---

१. नवाब महमूदावरख़ान 'क़लन्दर' नवाब करनोल। २. एक बहुत बड़ा धनवान् जो अत्यन्त कृपण था और अन्तमें अपने धनसहित पृथ्वीमें समा गया। ३. पत्रमें। ४. विरह कष्टका हाल। ५. पुराने जमानेमें नामावरका काम कबूतरोंसे भी लिया जाता था। ६. साथी। ७. महफ़िल।

दूसरे मिसरेमें 'अंजुमन' शब्द आया है। अंजुमनमें शरीक़ होनेवाले उठते हैं, दूर नहीं होते। दूसरे मिसरेमें 'अंजुमन खाली' के लिए 'आह' शब्दका इज़ाफ़ा भी बहुत ख़ूब है। भरी महफ़िलें खाली हो जायें तो बेसाख़्ता 'आह' निकल ही पड़ती है।

आजिज़[1]—मेरे आज़ारको[2] नहीं समझा
करता तश्ख़ीस[3] है तबीब[4] ग़लत
इशरत—मेरे आज़ारको न समझा तू
तेरी..............................

पहले मिसरेमें 'समझा' शब्द भूतकाल है, और भूतकालमें 'नहीं' के बजाय 'न' का प्रयोग होता है। दूसरे मिसरेमें ताक़ीदे-लफ़्ज़ी था। यानी शब्द यथास्थान नहीं थे। 'तबीब तश्ख़ीस ग़लत करता है' के बजाय 'करता तश्ख़ीस है तबीब' ग़लत था। यानी 'करता' शब्द कहींका कहीं रख दिया था। उस्तादने 'तेरी' शब्दसे इस दोषको भी दूर कर दिया।

आजिज़—दुनिया जिसे कहते हैं वो है ख़्वाबका आलम
दो रोज़में हो जाता है गुमनाम मकीं का
इशरत—..
अठवारेमें..................................

यद्यपि मुहावरा 'दो रोज़' का है 'दो रोज़ा ज़िन्दगीपर ग़रूर न कर' दो रोज़ा शानो-शौक़त है आदि। लेकिन उस्तादने 'दो रोज़' के बजाय 'अठवारे' का प्रयोग करके शेरमें वास्तविकता समो दी। क्योंकि जो भी होता है वह सात वारोंके अन्दर ही होता है। सप्ताहको लोग अठवारा भी बोलते हैं।

---

१. पीर शेर मुहम्मद साहब 'आजिज़' फ़िरोज़ाबादी। २. रोगको। ३. निदान। ४. हकीम।

आजिज़—ग़ैर हालत रातसे है आशिक़े-दिलगीरकी
इन्तहा अब हो चुकी है, गर्दिशे-तक़्दीरकी

इशरत—..
मुँह छुपाया तुमने यह भी बात है तक़्दीरकी

तक़्दीरकी गर्दिशकी वजहसे आशिक़े-दिलगीरकी ग़ैर हालत हो गयी। यह तो कोई आश्चर्यकी बात नहीं। ऐसा तो सदैव होता आया है। खेद और मलाल तो इस बातका है कि ऐसे दुर्दिनोंमें उसके माशूक़ने भी समवेदना प्रकट करने या ऐसे आड़े वक़्तमें काम आनेके बजाय मुँह छिपाया (दूर-दूर रहा) शेरमें जब आशिक़ शब्द था, तब माशूक़ शब्द भी लाज़िमी था। इसीलिए उस्तादने 'तुम' शब्दसे वह कमी पूरी कर दी है। इस्लाहने शेरमें जान डाल दी है।

नादिर[1]—फ़ना[2] होने पै भी इसपर फ़ना[3] हैं हज़रते-इन्साँ
जो यह आलम[4] कहीं दारुल-बक़ा[5] होता तो क्या होता?

इशरत—सबात[6] इसको नहीं उसपर फ़िदा[7] हैं हज़रते इन्साँ
जो यह दारे-फ़ना[8]..

नादिरके पहले मिसरेमें दो जगह 'फ़ना' शब्द था और वह भी कुछ उपयुक्त नहीं। नादिरके शेरका तात्पर्य था—नाशवान होनेपर भी मनुष्य इसपर मरता है, जान देता है। अगर यह संसार स्थायी होता तो न जाने क्या होता? इस्लाह देनेके बाद अर्थ हुआ—इसको चिर-स्थायित्व नहीं। फिर भी मनुष्य इसपर आसक्त हैं, मोहित हैं, और कहीं यह नाशवान संसार अविनाशी, चिरस्थायी हुआ होता न जाने फिर क्या होता? उस्तादने बेजान शेरमें जान डाल दी है।

---

१. मास्टर जे० आर० पाल साहब 'नादिर' हेडमास्टर झाँसी। २. नाशवान। ३. जान देता है। ४. दुनिया, संसार। ५. स्थायी, अविनाशवान। ६ स्थायित्व, अविनाशीपन। ७. क़ुर्बान। ८. नाशवान संसार।

नादिर— ऐ बशर तू शेर है फ़रदौसका
आपको नाहक़ सगे-दुनिया किया

इशरत—...

गो हविसने है सगे-दुनिया किया

बशर सगे–दुनिया क्यों है, इसका दोनों मिसरोंमें कोई जवाब न था। उसी कमीको उस्तादने 'गो हविसने है' बनाकर पूर्त्ति की है। नादिरने 'सगे-दुनिया' की मुनासबतसे पहले मिसरेमें 'शेर' शब्दका प्रयोग किया है, किन्तु उन्हें यह ध्यान नहीं रहा कि फ़रदौस कोई जंगल नहीं जहाँ शेर रहते हों। वहाँ तो मौलवी, ज़ाहिद, नासेह, शैख़ और दीनदार लोग होंगे। शेरोंसे फ़रदौसको क्या वास्ता ? उस्तादका भी सम्भवतः इस तरफ़ ध्यान नहीं गया। इसी भावका द्योतक मानूस सहसरामीका एक शेर मुलाहिज़ा फ़र्मायें—

वो ज़िन्दगी कि जिसपै फ़रिश्तोंको नाज़ था
आलूदए—गुनाह किये जा रहा हूँ मैं

नादिर—बैठे हो मिरी बालीं पै तो बैठे रहो हर दम !
उठ गये तुम जो पहलूसे क़यामत उठ खड़ी होगी

इशरत—................................'तो दिल भी है क़ाबूमें
....

नादिरके पहले मिसरेमें एक दोष तो यह था कि 'बैठे' शब्दका दो बार प्रयोग हुआ था। दूसरा यह कि बैठनेके लिए माशूक़से प्रार्थना नहीं 'बैठे रहो हर दम' हुक्म है। जो कि माशूक़के मर्त्तबेके लिए सरासर बे-अदबी है। उस्तादने उक्त दोनों दोषोंको दूर भी कर दिया और बैठनेके लिए याचना करनेसे भी बेहतर 'तो दिल भी है क़ाबूमें' बनाकर आशिक़की वास्तविक स्थिति भी बयान कर दी और माशूक़को बैठे रहनेके वास्ते एक युक्तिपूर्ण तरकीब भी निकाल ली।

नादिर—अगर कुछ होश है 'नादिर' तो मर जा इश्क़े-इन्साँ में
यही वह मौत है जो तेरे हक़में जिन्दगी होगी
इशरत—अगर कुछ अक़्ल है 'नादिर' तो ख़ाके-राहे-उल्फ़त हो
....

पहले मिसरेमें "इश्क़े–इन्साँ" में मरनेका उल्लेख हुआ है जो कि ग़ज़लकी सीमासे परेकी चीज़ है। अलबत्ता यह मिसरा नज़्मके लिए उपयुक्त था। लेकिन यहाँ ग़ज़लके शेर कहे जा रहे हैं, अतः उस्तादने ग़ज़लके रूपक[1]—"राहे–उल्फ़त" को मिसरेमें सँजोया है।

●

१. ग़ज़ल और नज़्ममें क्या अन्तर है—ग़ज़लके रूपक क्या हैं, इसका विस्तारपूर्वक वर्णन 'शेरो-सुख़न' पाँचवें भागमें किया गया है।

वसीम ख़ैराबादी-द्वारा इस्लाहें

आक़ाए-सुख़न हज़रत वसीम ख़ैराबादीका परिचय अधिक नहीं मालूम हो सका।

नफ़ीस[1]—क़दम फ़लक ही पै पड़ता है अहले-उल्फ़तका
दयारे-इश्क़में कोसों ज़मीं नहीं मिलती

वसीम—जलीलुलक़द्र (जलील मानिकपुरी) ने 'पै'को तर्क नहीं फ़र्माया ('पर'के अर्थमें 'पै'को भी जाइज़ समझा) मैंने तर्क कर दिया है। आप अपने उस्तादके पैरो (अनुयायी) रहिए और मिसरा न बदलिए। मैं बतौर ख़ुद यह मिसरा लिखता हूँ। मिसरा रखियेगा तो हमारी तरफ़से दो स्वाद।[2]
क़दम फ़लक ही पर अहले-तलबके पड़ते हैं
....

नफ़ीसके पहले मिसरेमें "पै पड़ता" तनिक कानोंमें खटकता था। एक जगह दो 'प'का प्रयोग उचित नहीं। अतः वसीम साहबकी इस्लाहसे उक्त दोष दूर हो गया।

नफ़ीस—तिरो गलीमें लगे हैं ये ढेर कुश्तोंके[3]
मिरी लहद्को[4] भी दो गज़ ज़मीं नहीं मिलती

वसीम—...
कि मेरी क़ब्रको दो गज़ ज़मीं नहीं मिलती

नफ़ीसके दूसरे मिसरेमें 'भी' शब्द भर्तीका था। उस्तादने उसे निकालनेकी वजहसे यह इस्लाह फ़र्मायी।

---

१. मुहम्मद यूसुफ़ साहब नफ़ीस बँगलौरी। २. 'नफ़ीस' पहले जलील साहबसे इस्लाहें लिया करते थे। ३. मृतकोंकी लाशोंके। ४. क़ब्रके वास्ते।

नफ़ीस—यह मैंने ख़ाक उड़ायी है जोशे-वहशतमें[1]
अब आस्मानके नीचे ज़मीं नहीं मिलती
वसीम—यह वहशियोंने[2] उड़ायी है ख़ाक मिल-जुलकर
....

मिसरेमें 'मिल जुलकर'का इज़ाफ़ा सोनेमें सुगन्धका काम दे रहा है।

नफ़ीस—जहाँ आँसू गिरा इक चश्मए-ज़मज़में[3] वहाँ उबला
पड़ी बुनियाद काबेकी जहाँ मैंने [4]जबीं रख दी
वसीम—.................. गिरे ....
....

यहाँ बहुवचनकी ही आवश्यकता थी।

नफ़ीस—चलेगा मुझ पै क्या जादू ज़मानेकी दुरंगीका
नज़रमें मैंने रक्खा है तुम्हारी चश्मे-पुरफ़नको[5]
वसीम—..
कि बरसों मैंने देखा है किसीकी चश्मे-पुरफ़नको

चश्मे-पुरफ़नको नज़रमें रखनेके बजाय 'देखना' अधिक स्वाभाविक है।

नफ़ीस—मस्तानःवार आते हैं वे झूमते हुए
मस्ती शराबकी है कि मस्ती शबाबकी
वसीम—मस्तों की तरह ....
....

इस्लाहसे शेरमें तनिक प्रवाह बढ़ गया।

---

१. प्रेमोन्माद में। २. दीवानोंने, प्रेमोन्मत्तोंने। ३ उस कूएँका स्रोत जो मक्केमें है, जिसका पानी बहुत ही पवित्र समझा जाता है। ४ मस्तक। ५ मक्कार आँखोंको।

अंजुम नेशापुरी-द्वारा इस्लाहें

[नवाब बहादुर हुसेन खाँ 'अंजुम'का विशेष परिचय प्राप्त नहीं हो सका।]

अफ़सर[1]—तारोंके टूटनेकी क्या सैर देखते हो?
सद्क़े[2] उतर रहे हैं तुमपर यह आस्माँसे
अंजुम—तारोंके टूटनेको तुम ग़ौरसे न देखो
....

तारोंके टूटनेको सद्क़ेसे उपमा देना अच्छी कल्पना है। अफ़सरका शेर भी अपनी जगह मौज़ूँ है, परन्तु उस्तादने "तुम ग़ौरसे न देखो'का परिवर्त्तन करके उस्तादाना सूझ-बूझका परिचय दिया है। जब कोई स्नेह-पात्र ऐसे रोगमें या चक्करमें मुब्तिला हो जाता है कि दवाएँ और दुआएँ उसके लिए कारगर नहीं होतीं, तब कुछ लोग टोने-टोटके करते हैं, और बतायी हुई कोई वस्तु सरपरसे न्योछावर करके किसी चौराहेपर रख देते हैं या किसीको दे देते हैं। सद्क़ा उतारी वस्तुको दुःखग्रसित व्यक्तिको देखने नहीं देते हैं।

अफ़सर—हद्दे-ज़ाहिरीसे बढ़ गया जब शौक़े-नज़्ज़ार:[3]
तो हर ज़र्रेमें मुझको इक नयी दुनिया नज़र आयी
अंजुम—..............से बढ गयीं जब वुसअ़तें[4] दिलकी
....

---

१. नवाब ल्याक़त हुसैन साहब 'अफ़सर'। २. कोई चीज़ ख़ैरात करनेके वास्ते सरसे वारकर देना, न्योछावर करना। ३. देखनेका शौक़। ४. हृदयकी सामर्थ्य, दिलकी इच्छाएँ।

अफ़सर—कहते-कहते रात गुज़री ख़त्म अफ़साना हुआ
सुबहको वे पूछते हैं इसके आगे क्या हुआ

अंजुम— ....
..............................और कहिए क्या हुआ ?

नफ़ीस—क्यों हिज्रमें ख़फ़ा है ऐ क़ल्बे-ज़ार जाँसे
क्या फ़ायदा उलझकर दमभरके मेहमाँसे

अंजुम— ....
बेकार उलझ रहा है........ ....

•

नातिक़ लखनवी-द्वारा इस्लाहें

सैय्यद अहमद 'नातिक़' लखनवी यूनानी हकीम थे और वर्तमान-युगीन लखनवी ग़ज़लगो शाइरोंमें उच्च मर्तबा रखते थे।

मुज़्तर[1]—सबसे छुपते हैं छुपें, मुझसे तो पर्दा न करें
सैरे-गुलशन वे करें शौक़से, तन्हा न करें

नातिक़—[2]महरूमे-राज़े-तजल्ली[3] हूँ अज़लसे मैं तो
सबसे छुपते हैं छुपें मुझसे तो पर्दा न करें

मुज़्तरका पहला मिसरा ख़ूब था, किन्तु उसका दूसरे मिसरेसे ताल-मेल नहीं बैठता था। उस्तादने अपनी तरफ़से जो मिसरा प्रदान किया उससे शेर महत्त्वपूर्ण बन गया।

मुज़्तर—ज़रा चिलमन हटाकर सामने आ जाएँ अच्छा है
खड़े हैं सुबहसे आज उनकी सूरत देखने वाले

नातिक़—ज़रा चिलमन हटादें या बुलालें सामने अपने
....

माशूक़ासे चिलमन हटाकर सामने आनेकी आशा ही करना व्यर्थ है। किसी बड़े आदमीको आनेके किए कहना ही धृष्टता है और फिर माशूक़ासे सामने आनेके लिए कहना सरासर बेअदबी है। वह आशिक़को अपने सामने आनेके लिए आदेश दें यही बहुत बड़ा सौभाग्य है। उस्तादने इसी बारीकीको अपनी इस्लाहमें निभाया है।

---

१. हाफ़िज़ क़ारी सईद अज़मत अली साहब 'मुज़्तर'। २-३ उसके सौंदर्यका भेद मैं सदैवसे जानता हूँ (तूर पर्वतपर ख़ुदाने जो जल्वा दिखाया था, उसी ओर संकेत है।)

मुज़्तर—हसीनो ! यह न पूछो क्या नतीजा इससे निकलेगा ?
तुम्हारे ज़ुल्मपर करते हैं हैरत देखने वाले
नातिक़—………………………क्या ज़माना तुमको कहता है
…………………………………………………

प्राय: सभी अत्याचारी अपने अपराधोंके परिणामोंसे विज्ञ होते हैं। अत: शायद ही कोई ज़ालिम अपने कुकृत्योंके नतीजोंके सम्बन्धमें जिज्ञासा रखता हो, किन्तु प्रत्येक कुकर्मी यह जाननेके लिए उत्सुक रहता है कि लोगबाग मेरे सम्बन्धमें क्या धारणा रखते हैं ? इसी वास्तविकताको उस्तादने स्पष्ट किया है।

मुज़्तर—आये हैं ताज़ियत[1]को मगर देखते हैं हम
छूते नहीं हैं कुश्तए-रंजो-मिहन[2]के फूल
नातिक़—……………………मगर है यह इज्तिनाब[3]
…………………………………………………

ऊले मिसरेके 'देखते हैं हम' के बजाय 'है यह इज्तनाब' बनाकर उस्तादने उन व्यक्तियोंका चित्र खींच दिया जो प्रकटमें संवेदना प्रकट करते हैं, किन्तु दिलमें नफरत रखते हैं। बहुत ख़ूब इस्लाह दी है।

मुज़्तर—न पूछो मुझसे तुम इस बेवफ़ाई पर कि क्या तुम हो
सितमगर, बेमुरव्वत, ख़ुदग़रज़, ना-आश्ना तुम हो
नातिक़—भला मैं क्या कहूँ इस……………………
…………………………………………………

इस्लाहका आशय स्पष्ट है।

१. मर जानेपर शोक प्रकट करनेके वास्ते जाना। २. कष्टों और दुःखोंके कारण मिटनेवालेपर चढ़ाये गये पुष्प। ३. घृणा, नफ़रत।

महवी सिद्दीक़ी लखनवी-द्वारा इस्लाहें

महवी सिद्दक़ी-द्वारा दी गयी ये इस्लाहें 'अलम' मुज़फ़्फ़रनगरीकी टिप्पणी सहित जून १९४४ के शाइरमें प्रकाशित हुई थीं। वही इस्लाहें हम अपने ढंगपर सरल भाषामें देनेका प्रयास कर रहे हैं—

अख़गर[1]—यह कौन आया ? **सरे-मरक़द अदूको साथमें लेकर**
कि फिर चिनगारियाँ उड़ने लगीं ख़ाकिस्तरे-दिलसे

महवी—**सरे-मरक़द अदूको साथ लेकर कौन आया है ?**
....

"साथमें लेकर" ग़लत उर्दू थी। अतः 'में' को इस्लाहमें निकाल दिया गया। "कौन आया है" अन्तमें ले आनेसे मिसरेमें प्रवाह और चुस्ती आ गयी।

अख़गर—**उसीके दिलसे पूछें लज़्ज़तें नाकामयाबी की**
सफ़ीना जिसका टकराकर रहे पानीमें साहिलसे

महवी—..............................**पूछो**..............................
..............................**पानीमें रहा टकराके**..............

पहले मिसरेमें 'पूछें' का उपयोग उचित नहीं था। इसलिए 'पूछो' बनाया गया। दूसरा मिसरा 'टकराकर रहे पानीमें' उलझा हुआ-सा था, उसे इस्लाह-द्वारा सुलझा दिया गया।

---

१. हकीम बशीर अहमद 'अख़गर' गुलशनाबादी।

अख़गर--इलाही ! फिर यह क्या शोरे-क़यामत है सरे-बालीं ?
अभी तो दिलमें तन्हाईने घर पाया था मुश्किलसे

महवी--सरे-बालीं इलाही ! फिर यह क्या शोरे-क़यामत है ?
....

"सरे-बालीं" को शुरूमें लानेसे मिसरेमें निखार आ गया।

अख़गर--तकल्लुफ़ बरतरफ़ हर-एक दीवाना है दीवाना
कि वाक़िफ़ ही नहीं कोई, यहाँ आदाबे-महफ़िलसे

इस शेरपर उस्तादने इस्लाह नहीं दी है। शायद छोटी-सी ग़लतीको नज़रन्दाज़ कर गये, अथवा शिष्यका प्रारम्भमें उत्साह बढ़ानेके लिए उसकी योग्यताको देखते हुए संशोधन उचित नहीं समझा। हालाँ कि जनाब 'अलम' मुज़फ़्फ़रनगरीके मतानुसार पहला मिसरा यूँ बदला जा सकता था---

तकल्लुफ़ बरतरफ़ हुशयार भी हैं आज दीवाने

अख़गर--बिदाए-गुल पै क्या-क्या अन्दलीबाने चमन रोये
लहू टपका किया हर शाख़ पै चश्मे-अनादिल से

महवी--न पूछो किस तरह रोये बिदाए-गुल पै गुलशनमें
.... पर

दोनों मिसरोंमें--"अन्दलीब" और "अनादिल" शब्द समानार्थक थे। एक ही शेरमें एक शब्द दो बार प्रयोग करना वर्जित है। क़ाफ़िया अनादिल है। इसलिए पहले मिसरेमें-से 'अन्दलीब' निकालनेके लिए यह संशोधन किया गया। संशोधनसे मिसरा चमक भी गया। दूसरे मिसरेमें 'पै' की जगह 'पर' बनाया गया है। 'पर' मिसरेमें जब फिट हो सकता है तो 'पै' क्यों रखा जाये ?

अख़गर—यह किसकी जल्वारेज़ आँखोंने फिर गरमा दिया दिलको
वफ़ूरे-कैफ़ तो देखो उड़ा जाता हूँ महफ़िलसे

महवी—यह किसकी जल्वाज़ा नज़रोंने............................
....

'जल्वारेज़[1]' या 'जल्वाज़ा[2]' के साथ नज़रोंका रखना-लालित्यपूर्ण है। नज़रें और आँखें समानार्थक होते हुए भी अपने भिन्न-भिन्न भाव भी रखती हैं।

अख़गर—बिदाए-बज़्मे-अंजुम, डूबता दिल, डूबते तारे
तुलूए-सुबह है, रौनक़ उठी जाती है महफ़िलसे

महवी—........................शब है..
....

'बिदाए-बज़्मे-शब' बहुत अच्छी इस्लाह दी गयी है। पहले मिसरेमें 'अंजुम' (नक्षत्र) और तारे समानार्थक दो शब्द थे। अतः 'बज़्मे-अंजुम' के स्थानपर बज़्मे-शब है रख देनेसे मिसरेका व्याकरणी दोष भी जाता रहा और मिसरेमें सौंदर्य्य भी बढ़ गया। पहले मिसरेमें 'बज़्मे-शब' और दूसरे मिसरेमें 'तुलूए-सुबह' ने शेरमें जान डाल दी।

---

१. रूप-सुधा बखेरना। २. सौन्दर्य-प्रदर्शन करना।

सीमाब अकबराबादी-द्वारा इस्लाहें

'अलम' मुजफ़्फ़रनगरीकी ग़ज़लपर 'सीमाब' अकबराबादी-द्वारा दी गयी इस्लाहें जुलाई-अगस्त १९४४ के शाइरमें प्रकाशित हुई थीं। उस्ताद-द्वारा दी गयी इस्लाहोंपर स्वयं अलम साहबने व्याख्या की है। हम उसी आधारपर सरल भाषामें स्वतन्त्र रूपसे स्पष्टीकरण कर रहे हैं—

अलम[1]—नज़र बनकर वह दिलपर छा रहा है
तजल्लीका मज़ा अब आ रहा है

उक्त शेर ठीक समझकर उस्तादने इस्लाह नहीं दी।

अलम—न बढ़ हदसे सिवा ऐ बढ़नेवाले!
ज़माना पीछे जा रहा है

सीमाब—...

ज़माना तुझसे खिंचता जा रहा है

दूसरे मिसरेमें ज़मानेके पीछे हटनेसे कोई उच्चभाव उत्पन्न नहीं होता था। इसलिए उसकी जगह 'तुझसे खिंचता' बना दिया गया। अब यह माइनी हो गये कि—ऐ बढ़नेवाले! हदसे न बढ़ अर्थात् अपनेको सन्तुलित रखते हुए सीमामें रह, क्योंकि ज़माना तुझसे नफ़रत कर रहा है। सीमा उल्लंघन करनेसे मनुष्य मार्गसे भी भटकता है और अवज्ञा भी करता है। औक़ातसे बाहर जानेमें मनुष्य उपहासका पात्र

---

१. जनाब 'अलम' मुजफ़्फ़रनगरी जो कि उस्तादके जीवन-कालमें 'उस्ताद' के मर्तबेको पहुँच गये थे और सीमाब साहबके आदेशपर अपने उस्ताद भाइयोंके कलामपर इस्लाह देने लगे थे।

बनता है। अस्लमें 'पीछे' शब्दमें सकता पड़ रहा था, वह दोष भी इस्लाहसे दूर हो गया।

अलम—रखी तुमसे उमीदे-महर्बानी
मुझे अपने पै ग़ुस्सा आ रहा है
सीमाब—उमीदे-महर्बानी और तुमसे ?
..

पहले मिसरेमें 'रखी' शब्द भूतकाल और दूसरे मिसरेमें 'आ रहा है' वर्त्तमानकाल था। ऐसी हालतमें दोनों मिसरोंका मेल ठीक नहीं बैठ पा रहा था। अतः पहला मिसरा बदला गया, परन्तु इस ख़ूबीसे कि शेरका आशय ज्यों-का-त्यों रहा और शेरमें प्रवाह और बाँकपन आ गया।

अलम—वहाँ पर्देको जुम्बिश तक नहीं, और
यहाँ दिल है कि बस थर्रा रहा है
सीमाब—.. नहीं है
यहाँ पहलूमें दिल..........................

पहले मिसरेके अन्तमें 'और' शब्द बेमायने और फ़िज़ूल था। इसलिए उसकी जगह 'है' बनाया गया जिससे मिसरेमें चुस्ती और एकरूपता आ गयी। दूसरे मिसरेमें 'बस' शब्द भरतीका था। उसके बग़ैर भी मिसरेका आशय समझमें आता है। इसलिए उसके स्थानपर 'पहलू' शब्द बनाकर मिसरेको दोष-मुक्त कर दिया।

अलम—न पूछो तल्ख़िए-नाकामी उससे
जो हँसता और रोता जा रहा है
सीमाब—न पूछो उससे नाकामीकी तल्ख़ी
..

'तल्खिए-नाकामी' फ़ार्सी इज़ाफ़त यहाँ मुनासिब मालूम नहीं हो रही थी, और 'नाकामी' की 'ई' भी सकता पैदा कर रही थी। अतः उस्तादने फ़ार्सी इज़ाफ़तकी जगह उर्दू "नाकामीकी तल्खी" बना दिया। अब पूरा मिसरा चुस्त हो गया। पढ़िए—

न पूछो उससे नाकामीकी तल्खी

निम्नलिखित तीन अशआरपर उस्तादने सहीका निशान बनाया है और इस्लाहकी ज़रूरत नहीं समझी—

अलम—ख़यालै-गर्दिशे-ऐय्याम तौबः
अभीतक सर मेरा चकरा रहा है
तआक़्क़ुबमें[1] हज़ारों कारवाँ हैं
कहाँ ऐ जानेवाले जा रहा है?
गिरा है हाथसे साक़ीके साग़र
नया अब दौर शायद आ रहा है
अलम—जवानी खोनेवालो क़हर है यह
क़यामतका ज़माना आ रहा है
सीमाब—.......................मुज़दाबादा
....

'क़हर है यह' इस टुकड़ेने पूरे शेरको बेकार कर रखा था। इसलिए उसकी जगह 'मुज़दाबादा'[2] बना दिया गया। अब शेरके मायने बुलन्द हो गये। यानी जवानी खोनेवाले तुमको मालूम हो कि ज़मानए-क़यामत अर्थात् जवानीका ज़माना ख़त्म हो गया।

अलम—न था अन्दाज़ा क्या इशरतमें इसका?
मुसीबतसे बहुत घबरा रहा है
सीमाब—...
.......................जो तू.......................

१. पीछा करनेवालोंमें। २. समाचार है।

बात किससे की जा रही है, अस्ल शेरमें कोई संकेत न था। उस्तादने 'बहुत' की जगह 'जो तू' बनाकर इस कमीकी पूर्ति कर दी।

इन दो शेरोंपर उस्तादने सहीका चिह्न बनाकर इस्लाहसे मुक्त रखा है।

अलम—वहाँ आग़ाज़ ही में ख़त्म क़िस्सा
यहाँ अंजाम सोचा जा रहा है
मुहब्बतकी इन्हींसे ज़िन्दगी है
मज़ा नाकामियोंका आ रहा है

अलम—मिटाये जा रहे हैं सैकड़ों दिल
कोई दिल भी बनाया जा रहा है?
सीमाब—.................................नक़्श लाखों
हमारा दिल बनाया ....

इस शेरकी इस्लाह उर्दू-ज़बानका एक ज़बरदस्त कारनामा है। अस्ल शेर बहुत मामूली था। यानी सैकड़ों दिल मिटाये जा रहे हैं, मगर बनाया एक भी नहीं जाता। बिलकुल मामूली और आम बात थी। अब इस्लाहका कमाल देखिए कि पहले मिसरेमें 'सैकड़ों दिल' के बजाय 'नक़्श लाखों' बनाया गया है और दूसरे मिसरेमें 'कोई' की जगह 'हमारा' रखा गया है। अब यह मायने हो गये कि हज़ारों नक़्श मिटाये जा रहे हैं और इस तरह हमारा दिल बनाया जा रहा है। सुब्हान अल्लाह कितनी ज़बरदस्त और कामयाब इस्लाह दी गयी है।

अलम—ख़ुशीपर और न इत्मीनान दिल पर
अभी दिल आज़माया जा रहा है
सीमाब—.................................ग़मपर
....

पहले मिसरेमें 'दिल' शब्द निरर्थक था। खुशीके मुक़ाबिलेमें 'ग़म' शब्द रखकर शेर सार्थक बना दिया है।

अलम—मुहब्बतमें वही है कामका दिल
जिसे नाकाम समझा जा रहा है

उस्तादने उक्त शेरपर इस्लाह नहीं दी है।

अलम—भला कैसे रहे क़ायम नशेमन?
चमन पर बिजलियाँ बरसा रहा है
सीमाब—कोई इस अब्रे-बे परवाको देखे
....

चमनमें कौन बिजलियाँ बरसा रहा है, शेरमें इसका कोई ज़िक्र न था। इस्लाहमें 'अब्र' (बादल)का टुकड़ा डालकर इस कमीकी पूर्ति भी कर दी और मिसरेको प्रवाह युक्त और सजीव बना दिया।

अलम—वहाँ तकलीमे-आराइश[1] ज़रूरी
यहाँ दम है कि निकला जा रहा है

उक्त शेरको इस्लाहसे मुक्त समझा गया।

अलम—नहीं है मुस्करानेका भी मौक़ा
मुझे हँसने पै रोना आ रहा है
सीमाब—मेरे रोने पै दुनिया हँस रही है
....

अस्ल शेरके दोनों मिसरे असम्बन्धित थे। दोनोंका परस्पर कोई मेल न था और शेरका आशय भी साधारण था। इसलिए पहला मिसरा निकालकर ऐसा मिसरा प्रदान किया कि पूरा शेर सार्थक बन गया।

---

१. श्रृंगार करना।

अफ़सर मेरठी

हामिद अल्लाह 'अफ़सर' १८९८ ई० में उत्पन्न हुए। मेरठ निवासी हैं और इण्टर मीडिएट कॉलेज लखनऊमें लेक्चरर हैं। शाइरीका शौक़ बचपनसे था मगर प्रकट नहीं करते थे। सहपाठियोंके आग्रहपर १९१६ ई० में एक मुशाअरेमें सर्वप्रथम ग़ज़ल पढ़ी, फिर अर्से तक मुशाअ़रोंमें नहीं गये। मुशाअ़रोंके लिए मिसरा तरहपर ग़ज़ल कहनेसे घबराते हैं। जो कुछ देखते और अनुभव करते हैं, उमंग आनेपर उसीको अपनी शाइरीका परिधान पहनानेका प्रयास करते हैं।

क़ौसर[1]—कोई गवाह हश्रमें[2] भी साथ चाहिए
क़ाबू चले तो साथ ही लूँ चारःगर[3] को मैं

अफ़सर—शाहिद[4] कोई तो हो ग़मे-दिलका ब-रोज़े-हश्र[5]
बस हो तो साथ लेके चलूँ ....

क़ौसर—दुनिया के मशग़लोंका[6] लहद्में[7] ख़याल क्या?
याँ आके अब तो भूल गया रहगुज़र[8] को मैं

अफ़सर—..
मंज़िल पै आके ....

●

---

१. एहसानअली साहब 'क़ौसर'। २. महाप्रलयके दिन। ३. चिकित्सकों। ४. साक्षी, गवाह। ५. प्रलयके दिन जब अपराधकी जाँच होगी। ६. काम काजका ७. क़ब्रमें। ८ मार्गको।

जोश मलीहाबादी-द्वारा इस्लाहें

शाइरे-इन्क़िलाब शब्बीर हसनख़ाँ 'जोश' १८९४ ई० में मलीहाबादमें उत्पन्न हुए। आप ९ वर्षकी उम्रमें ही शेर कहने लगे थे। प्रारम्भमें आप 'अज़ीज़' लखनवीसे मशविरए-सुखन लेते थे, किन्तु थोड़े अरसेके बाद स्वतन्त्र रूपसे नज़्म कहने लगे। आपकी क्रान्तिकारी नज़्मोंकी समस्त भारतमें धूम थी और आपका अनुकरण सैकड़ों शाइरोंने किया। नवम्बर १९५५में करांची (पाकिस्तान) चले गये। आपकी नज़्मोंके १५के क़रीब संकलन प्रकाशित हो चुके हैं। कभी-कभी मुशाअ़रोंके सिलसिलेमें पाकिस्तानसे आते रहते हैं। गद्य और पद्य दोनोंमें आप कमालकी महारत रखते हैं।

उर्दू के उदीयमान शाइर और अदीब श्री नरेशकुमार शाद लिखते हैं—

"अक्तूबर १९५३ ई० की बात है। मैं अपने कविता-संकलन 'आहटें'पर सम्मति लिखवानेके लिए हज़रत जोश साहबकी ख़िदमतमें पहुँचा। उन्होंने अपनी रिवायती वज़अ़दारी और मख़सूस मुरव्वतसे काम लेते हुए—"जी हाँ, जी हाँ" कहकर स्वीकृतिमें सर हिलाया और कविता-संकलन मुझसे लेकर अपनी मेज़की दराज़में रख लिया।

मैंने सोचा था कि इस सिलसिलेमें याद दिलानेके लिए कम-अज़-कम एक बार फिर जोश साहबके पास जाना पड़ेगा। लेकिन तीसरे दिन ही उन्होंने ख़द मुझे बुला भेजा और मेरे हैरतकी इन्तिहा न रही, जब मेज़की दराज़से संकलन निकालते हुए फ़र्माया—

"तुम्हारा मज्मूआ मैंने शुरूसे आख़िर तक पढ़ लिया है, बिला शुबह (निःसन्देह) तुम ख़ूब कहते हो!" इतना कहकर पेन्सिलसे लिखे हुए

पेश-लफ़्ज़ (प्राथमिक)को मेरी तरफ़ बढ़ा दिया और इससे पहले कि मैं शुक्रिय: अदा करनेके लिए कुछ कहूँ कहने लगे—

"तुम्हारी शाइरीके मुताल्लिक़ मैंने अपनी सही राय तो लिख दी है। लेकिन तुम्हारे चन्द शेरोंमें कहीं-कहीं तर्मीम (इस्लाह) भी कर दी है। यह तर्मीम अगर तुम्हें मुनासिब मालूम हो तो अपना लेना।"

जब मैंने जोश साहबकी इस्लाहोंपर ग़ौर किया तो महसूस किया कि उनकी हर तर्मीम (संशोधन) की तहमें ज़बान और फ़न (भाषा एवं कला) की कोई-न-कोई रम्ज़ पोशीदा (संकेत निहित) है। और क़ाबिले-क़द्र बात यह थी कि एक लफ़्ज़की तर्मीम करते हुए भी उन्होंने शेरके नफ़्से-मज़मून और मेरे बुनियादी मैलान (मज़मूनके आशय एवं मूल अभिरुचि) पर ज़रा-सा हर्फ़ नहीं आने दिया था। इस्लाहकी चन्द मिसालें पेश कर रहा हूँ—

शाद—जल्वोंकी कायनातमें थी सारी कायनात
आगे बढ़ा न तंग नज़र अपनी ज़ातसे

जोश—............................ जुम्ल:........
....

जोश साहबने दादका निशान लगानेके साथ-साथ पहले मिसरेमें 'सारी' के बजाय जुम्ल: (सम्पूर्ण) लिख दिया है। सारीकी 'ई' दब रही थी और इस ख़राबीको दूर करनेके लिए जोश साहबको यहाँ सारीका हम मायनी लफ़्ज़ जुम्ल: रखना पड़ा।

शाद—बारहा पर्दए-मसर्रतमें
तेरे ग़मने मुझे पुकारा है

जोश—.......................... से
....

जोश साहबने पहले मिसरेमें सिर्फ़ एक लफ़्ज़ 'में' को 'से' में तब्दील कर दिया है। जाहिर है कि इस मक़ामपर 'में' ख़िलाफ़े रोज़मर्रा (आम बोल-चालके विपरीत) और इसके बजाय 'से' फ़सीह (लालित्यपूर्ण) और बा-मुहावरा है।

शाद—तेरे ख़िरामे-नाज़की आयी है जब भी याद
चलने लगीं हवाएँ छलकने लगी शराब
जोश—.. .... जब याद आ गयी
.... नसीम ....

मेरे पहले मिसरेमें 'आयी है' और दूसरे मिसरेमें 'चलने लगीं और छलकने लगीं' यानी अफ़आल (क्रिया) का फ़र्क़ था। पहले मिसरेमें 'आयी है' माज़ी क़रीब[1] और दूसरे मिसरेमें चलने लगीं, छलकने लगीं, माजी मुत्लक़[2]। जोश साहबने इस सिक़्म (ऐब) को दूर करनेके साथ-साथ दूसरे मिसरेमें 'हवाएँ' की जगह 'नसीम' कहकर शेरकी जमालयाती (सौन्दर्यकी) अहमियतको भी चार-चाँद लगा दिये। वैसे भी 'ख़िरामे-नाज़'की रिआयतसे 'हवाएँ'के मुक़ाबिलेमें 'नसीम' का लफ़्ज़ ज़्यादा मुनासिब और मौज़ूं (उचित) मालूम होता है।

शाद—दिले-तबाहने सींचे थे आँसुओंसे जो दाग़
तुम्हारी बज़्मे-तरबके वे बन गये हैं चिराग़
जोश—दिले-शिकस्तःने ....
....

जोश साहबने पहले मिसरेमें 'तबाह' की बजाय 'शिकस्तः' बना दिया। तबाहकी ब-निस्बत शिकस्तः आँसुओंकी रियायतसे वास्तवमें ज़्यादा मुनासिब है।

---

१. वह भूतकाल जिसमें काम अभी ख़त्म होना पाया जाय। जैसे किया है, आयी है। २. सामान्य भूतकाल जैसे किया, खाया।

शाद—भटक सके तो भटक जा रहे—मुहब्बतमें
सफ़र हो सहल तो फिर लुत्फ़े-जुस्तजू क्या है
जोश—जो बन पड़े तो भटक जा रहे—मुहब्बतमें
....

'जो बन पड़े' का टुकड़ा रख देनेसे मज़मून जितना बा-मुहावरा फ़सीह (लालित्यपूर्ण) हो गया है। उसे अहले-नज़र बख़ूबी महसूस कर सकते हैं।

शाद—निगाहो-दिलमें अगर मस्तिए-शबाब नहीं
यह चाँद-रात, यह पैमानओ-सबू क्या है ?
जोश—..
यह रक़्सो-रंग ....

'चाँदरात' का टुकड़ा यहाँ ग़रीबुलदयार (परदेशी) और महज़ तकल्लुफ़ (बनावटी, कृत्रिम) मालूम होता था। जोश साहबने इस तक़ल्लुफ़को दूर करनेके लिए उसकी जगह 'रक़्सोरंग' के अल्फ़ाज़ रख दिये। यह परिवर्त्तन करके जोश साहबने सिर्फ़ एक नुक़्स (दोष) ही को दूर नहीं किया, बल्कि एक ही खान्दानके अल्फ़ाज़ ख़ुश उसलूबीसे एक जगह जमा करके मिसरेको बे-तकल्लुफ़ और पुर-कैफ़ (शराबकी मस्ती लिये हुए) बना दिया।

शाद—चहरोंकी रौशनी हूँ, दिलोंका ग़ुबार हूँ
आईनए - निशातो-ग़मे - रोज़गार हूँ
जोश—आँखोंकी ....
....

जोश साहबने सिर्फ़ पहले मिसरेमें 'चहरों' को 'आँखों' में बदलकर शेरियतका चहरा निखार दिया है। रौशनीका तआल्लुक़ चहरेसे ज़्यादा

आँखोंसे है और फिर आईनेकी रिआयतसे भी आँखका लफ़्ज़ कहीं ज्यादा मुनासिब मालूम होता है। चहरोंकी रौशनी कहनेमें भी अगर्चे कोई क़बाहत (ख़राबी) नहीं। लेकिन हुस्न आँखोंकी रौशनी कहने ही में है।

शाद—दिलोंका सोज़ है मेरे हसीं तरानोंमें
मैं वोह शरार हूँ जिसपर रदाए-शबनम है
जोश—जहाने-सोज़ है, मेरे ख़ुनक तरानोंमें
....

'दिलोंका सोज़' कहनेके बदले जहाने-सोज़ कहनेसे मआनवी तौरपर (भावकी दृष्टिसे) शेरमें ज़्यादा वुसअतः—(विस्तीर्णता-शक्ति) पैदा हो गयी। मेरे मिसरेमें हसीं महज़-(केवल) भर्तीका लफ़्ज़ था। हश्वे-क़बीह (दोषपूर्ण-अनावश्यक) न सही, हश्वेमलीह (सुन्दर होते हुए भी व्यर्थ) ज़रूर था। उसे ख़ुनुक (शीतल) में तब्दील करके जोश साहबने शेरमें लफ़्ज़ो मुनासबतका हुस्न भी पैदा कर दिया। यानी पहले मिसरेमें सोज़ (तपिश, आगकी जलन)के लिए ख़ुनुक (शीतल) ज़्यादा मुनासिब है।

शाद—जब मौजमें आते हैं शनावरके अज़ाइम
तूफ़ानकी मौजोंसे उभरते हैं किनारे
जोश—.................... ....
बिफ़रे हुए तूफ़ाँसे................................

शेरमें मौजकी तकरार अगर ऐब नहीं तो बेकैफ़ (बेलुत्फ़) ज़रूर थी। जोश साहबने शेरको पुरकैफ़ भी बना दिया और मज़मूनमें शिद्दत (तेज़ी शक्ति) भी पैदा कर दी।

शाद—बे नवाओंको मयस्सर हैं कहाँ जामो-सुबू ?
बिजलियाँ चमकीं तो क्या, अब्रे-रवाँ आया तो क्या ?
जोश—...
कोयलें कूकीं तो क्या.............................

यानी 'बिजलियाँ चमकीं' की बजाय 'कोयलें कूकीं' बना दिया। अपने मिसरेमें बिजलियाँ और अब्रेरवाँका ज़िक्र मैंने तरवियए-माहौल (आनन्दमय वातावरण) पैदा करनेकी ग़रज़से किया था। लेकिन बिजलियोंका चमकना तरविय: कैफ़ियतके इज़हारकी अलामत (आनन्दपूर्ण स्थितिके उल्लेख करनेका तरीक़ा) नहीं है। कम-से-कम ग़ज़लिया शाइरीकी रिवायत (परम्परा) इसके क़तई बरक्स (विपरीत) है। (यानी बिजलियोंका प्रयोग आनन्दके लिए नहीं, चमन या आशियाँको बर्बाद करनेके लिए होता है) पहले मिसरेमें बेनवाओं (साधन हीनों, दरिद्रों) से लफ़्ज़ मुनासबत पैदा करनेके लिए भी बिजलियोंके चमकनेकी निस्बत कोयलोंका कूकना ज़्यादा दिलकश मालूम होता है।

शाद—हयात है कि मुसल्सल सफ़रका आलम है
हरेक साँसमें आहूए-नाज़का रम है

जोश—..
..............................वहशी ग़ज़ालाका रम है

आहूए-नाज़की तरकीब ऐन मुमकिन (सम्भव) है कि जोश साहबके मज़ाके-सुख़न (शाइराना सुरुचि) की लताफ़तपर बार (कोमलतापर भार) गुज़री हो। इसके अलावा पहले मिसरेमें हयात स्त्रीलिंग है। इसलिए दूसरे मिसरेमें 'आहू' (पुल्लिग) के बजाय ग़ज़ाल: (स्त्रीलिंग) को ही तरजीह दी।

●

१. मुतालमें, पृ० ६९–१०४।

जोश मलसियानी-द्वारा इस्लाहें

पण्डित लम्भूराम 'जोश' ज़िला जालन्धरके गाँव मलसियानमें १ फ़रवरी १८८२ ई० को जन्मे। आपके शैशवकालमें ही पिता स्वर्ग-वासी हो गये थे, किन्तु अपनी लगन और परिश्रमसे इतनी अच्छी योग्यता प्राप्त की कि वर्त्तमानमें आपका नाम भारत और पाकिस्तानमें बहुत आदर और सम्मानके साथ लिया जाता है और आप ग़ज़लके प्रामाणिक विद्वान् समझे जाते हैं। आपने कई-सौ ऐसे शब्दोंको मतरूक (अव्यावहारिक) कर दिया है, जिनका अनेक शाइर प्रयोग करते हैं। आप प्राचीन छन्द-शास्त्रके प्रबल अनुयायी तो हैं ही, साथ ही आपने अपनी निजी मान्यताएँ भी जारी की हैं। जिससे आप-द्वारा दी गयी इस्लाहोंमें कहीं भी झोल या दोष नहीं रह पाता है।

आप मुंशी-फ़ाज़िल और अदीब-फ़ाज़िल परीक्षाओंमें पंजाब-भरमें सर्वश्रेष्ठ उत्तीर्ण हुए। विद्यार्थी अवस्थासे ही शाइरीकी ओर रुचि थी। १९०२ ई० में मिर्ज़ा दाग़से पत्र-व्यवहार-द्वारा मशवरए-सुख़न लेते रहे। १९०५ ई०में उनकी मृत्यु हो जानेपर फिर किसीसे इस्लाह नहीं ली। अपने निजी अध्यवसायसे उत्तरोत्तर उन्नति करते हुए भारत एवं पाकिस्तानके इने-गिने उस्तादोंकी श्रेणीमें शुमार होने लगे।

पंजाबके सरकारी स्कूलोंमें काफ़ी अर्से तक फ़ार्सीके प्रधानाध्यापक रहे। १९३८ ई०में रिटायर हुए तो मलसियानके पास नकोदरमें स्थायी तौरपर रहकर साहित्यिक सेवामें लगे हुए हैं।

ग़ज़लगो शुअ़रामें आपका दर्जा निहायत मुमताज़ है। ग़ज़लोंकी भाषा लालित्यपूर्ण बा-मुहावरा सरल और निर्दोष होती है। स्वभाव

और चरित्रकी दृष्टिसे पुराने बुजुर्गोंकी प्रतिमूर्ति, सरल और भद्र स्वभावी हैं।

आपके कलामके कई संकलन प्रकाशित हो चुके हैं। भारत और पाकिस्तानमें आपके अनेक शिष्य हैं। आपकी 'आईनए-इस्लाह' शीर्षक १७६ पृष्ठकी पुस्तक प्रकाशित हुई है जिसमें ४६ शिष्योंके कलामपर चारसौ इस्लाहोंके नमूने मुद्रित हैं। हम उनमें-से २५ शिष्योंके कलामोंपर दी गयीं चन्द इस्लाहें बतौर नमूना पेश कर रहे हैं। इस्लाहोंके साथ-साथ आपने इस्लाह देनेके कारणोंपर भी प्रकाश डाला है। हमने उसी प्रकाशके सहारे अपनी भाषा-द्वारा स्वतन्त्र ढंगसे इस्लाहोंपर विचार व्यक्त किया है।

कमाल[1]—आख़िरी हिचकीसे उनके सामने दम तोड़कर
मुख़्तसर कहना है अपना हाले-तूलानी मुझे

जोश—एक ही...
मुख़्तसर करना है.....................................

कौन-सी हिचकी आख़िरी होगी, कोई भी मरीज़े-इश्क़ नहीं जान सकता। अतः उस्तादने आख़िरीके बजाय 'एक ही' बनाया है। दूसरे मिसरेके 'कहना'को करना बनाया। क्योंकि हिचकियोंमें हाले-तूलानी (लम्बी हृदय-गाथा) कहना असम्भव है। उसे तो मरकर ही मुख़्तसर करना पड़ता है।

कमाल—एक-से-एक सख़्त तर इश्क़में हर मक़ाम है
दर्दो-अलम हलाल है, ख़्वाहिशे-दिल हराम है

जोश—...
काहिशे-दिल...

---

१. श्री जगन्नाथ साहब 'कमाल' करतारपुरी रिटायर्ड हेड मास्टर।

काहिश और ख्वाहिश समान तुक होनेके कारण ललित मालूम होते हैं। दर्दो-अलमके बजाय 'काहिशे-दिल' (मनपर संयम रखना, इच्छाओंको क्षीण करना) बनानेसे शेरमें सौन्दर्य भी बढ़ गया और शेरका अभिप्राय भी वही रहा।

कमाल—इज़्तराबे-दिल[1] ही जब वजहे-सकूँ[2] होने लगा
हुस्नने खुद पर्दए-महमिलके टुकड़े कर दिये

जोश—दीदके क़ाबिल[3] है यह गुस्ताखिए-शौक़े-नुमूद
....

कमाल साहबके दूसरे मिसरेमें दावा-ही-दावा था, उसकी दलील कहीं मौजूद न थी। शौक़े-नुमूदकी गुस्ताखी (जल्वा देखनेकी उत्सुकता-की धृष्टता)ने दलील पैदा कर दी और दोनों मिसरे क्रमबद्ध हो गये। पहले मिसरेमें 'ही' शब्द भी अधिक और व्यर्थ था। इस्लाहसे यह दोष भी दूर हो गया।

कमाल—कभी फ़रेब न जाये मेरी उम्मीदोंका
मेरी नज़र पै यही पर्दए-सराब[4] रहे

जोश—कभी तिलस्म न टूटे..........................
....

'फ़रेब न जाये' अस्पष्ट-सा था। संशोधनने शाइरके भावको स्पष्ट भी किया और मिसरेको बा-मुहावरा भी बना दिया।

कमाल—मेरी जब आँख खुलती है तो यह महसूस करता हूँ
अभी उठकर गये हो तुम मेरी आग़ोशे-वीराँ[5] से

जोश—मुझे जब होश आता है..........................
....

---

१. दिलकी बेचैनी। २. चैनका कारण। ३. देखने योग्य। ४. मृग मरीचिकाका धोका। ५. उजड़ी हुई गोदमें-से, खाली बग़लसे।

'मेरी' शब्द दोनों मिसरोंमें प्रयुक्त हुआ था। अतः एक मेरीको निकालनेके लिए संशोधन करना पड़ा। प्रियतमाके ध्यानमें लीन होनेपर नींद नहीं आती। अपितु आत्म-विस्मृति-सी हो जाती है और इस आत्म-विस्मृतिका भंग होना ही होश आना कहलाता है। अतः 'आँख खुलती है' के स्थानपर उस्तादने 'होश आता है' का संशोधन बहुत ही उपयुक्त किया है।

कमाल—यह दिल, यह ज़र्फ़[1] बिचारा कहाँ से ले आये
फँसा हुआ है मुसीबतमें राज़ेदाँ[2] अपना
जोश—यह दिल, यह ज़र्फ़ खुदाने उसे दिया ही नहीं
....

'बेचारे'की जगह 'बिचारा' बाज़ारी लहजा रखता है। 'कहाँसे लाये' की जगह भी 'कहाँसे ले आये' कहा गया था। संशोधनसे दोनों दोष दूर हो गये।

नसीम[3]—बेदादगर[4] न हो कोई आज़ारे-जाँ[5] न हो
अब उस ज़मीं पै चलिए जहाँ आस्माँ न हो
जोश—..
ढूँढ़ेंगे वोह ज़मीन जहाँ आस्माँ न हो

दूसरे मिसरेको निखारनेके लिए संशोधन किया गया 'उस ज़मीं पै चलिए' शब्दसे 'चलने' का भाव प्रकट होता है न कि खोजनेका।

---

१. पात्रता, योग्यता। २. हृदयका भेद जाननेवाला, मित्र। ३. श्री लक्ष्मीचन्द्र 'नसीम' नूरमहल ज़िला जालन्धर। ४. अत्याचारी। ५. अत्याचार-पीड़ित।

नसीम—रंज है, ग़म है, अलम[1] है, हसरतें[2] हैं, यास[3] है
कुछ न होनेपर भी यह सामान अपने पास है
जोश—..............................बेदिली है, यास है...
..............................इतना कुछ हमारे पास है

पहले मिसरेमें चार 'है' और एक 'हैं' आये हैं। एक ही मिसरेमें कहीं एकवचन और कहीं बहुवचन-जैसी असमानताको दूर करनेके लिए 'हसरतें हैं' के स्थानपर 'बेदिली है' बनाया गया है। दूसरे मिसरेमें 'यह सामान' के बजाय 'इतना कुछ हमारे' बनाकर शेरको चमका दिया है।

नसीम—बेकसोंकी[4] दस्तगीरी[5] कोई भी करता नहीं
और अमीरोंकी तरफ़ बढ़ते हैं दुनिया भरके हाथ
जोश—मुफ़लिसों..
मालदारों..

दूसरे मिसरेमें प्रयुक्त अमीरोंकी तुलनामें पहले मिसरेमें 'बेकसों'के बजाय 'ग़रीबों' शब्द उपयुक्त होता। दूसरे मिसरेमें 'और' शब्द भी अनावश्यक-सा था। अतः उस्तादने पहले मिसरेमें 'मुफ़लिसों' परिवर्तन करके उसकी मुनासबतमें दूसरे मिसरेमें 'मालदारों' शब्दका नगीना जड़ दिया।

नसीम—एक जाने-ज़ार[6] है, जो मुब्तलाए-रंज[7] है
एक दिल है जो निसारे-जल्वए-जानानः[8] है
जोश—..............................जो है असीरे-क़ैदे-ग़म[9]
....

---

१. दुःख। २. अभिलाषाएँ। ३. निराशा। ४. असहायोंकी, लाचारोंकी। ५. सहायता। ६. निर्बल आत्मा। ७. रंजो-ग़मसे घिरी हुई। ८. प्रियतमाके रूपपर न्योछावर। ९. दुःखरूपी कारागारका बन्दी।

इस शेरकी रदीफ़ 'है' 'जानान:' काफ़ियेके अन्तमें मौजूद है। पहले मिसरेके अन्तमें भी 'है' शब्द आया है जो कि काफ़ियेके साथ न होनेसे रदीफ़ न होते हुए भी रदीफ़का धोका दे रहा है। अत: इस दोषको निकालनेके लिए संशोधन किया गया।

नसीम—दहरमें[1] जो बे-नियाज़े-जल्वए-जानान:[2] है
होशसे वोह दूर है, वोह अक़्लसे बेगान: है

जोश—..
........बेज़ार..........................

दूसरे मिसरेमें 'वोह' दो जगह प्रयुक्त हुआ था। संशोधनसे यह दोष भी निकल गया और 'बेगान:'की समानतामें 'बेज़ार' (विमुख) शब्दसे सौन्दर्य्य भी बढ़ गया।

नसीम—किस तरह मरते हैं अहले-दिल दिखा देते तुम्हें
यह तमाशा तुम अगर ख़ंजर दिखाकर देखते

जोश—.......................... दिलवाले दिखा देते तुम्हें
....

शाइरका उद्देश्य साहस एवं उत्साह प्रकट करना था, किन्तु वह 'अहले-दिल' से स्पष्ट नहीं हुआ। अत. उस्तादने उसके बजाय 'दिलवाले' बनाकर आशय स्पष्ट कर दिया है। इस संशोधनमें विशेषता यह है कि 'दिलवाले' शब्द 'अहले-दिल' का ही उर्दू रूपान्तर होते हुए भी वही आशय प्रकट कर रहा है। जो 'अहले-दिल' से स्पष्ट नहीं होता था।

---

१. संसारमें। २. प्रियतमाके सौन्दर्यसे अनभिज्ञ, उदासीन। ३. अक़्लसे ख़ारिज।

नसीम—कोई मर भी जाय तो उनकी बला जाने 'नसीम'
क्या पड़ी थी उनको वह क्यों मुझको आकर देखते

जोश—........................ तो उनकी बलासे ऐ 'नसीम' !
....

इस इस्लाहसे यह ज़ाहिर है कि 'बला' के साथ 'जाने' कोई ज़रूरी नहीं। 'बला'से कह देना काफ़ी भी है और ख़ूबसूरत भी। नसीमके पहले मिसरेमें 'जाने' प्रयुक्त होनेके कारण 'जाने-नसीम' भी पढ़ा जा सकता था। अतः उक्त संशोधनसे उपहास्यास्पद दोष भी निकल गया।

नसीम—दाद दे कौन हमारे ग़मे-उल्फ़तकी 'नसीम'!
कोई 'मजनूँ'[1] नहीं, 'वामिक़'[2] नहीं, 'मंसूर'[3] नहीं

जोश—........................ मेरे शोरे-मुहब्बतकी 'नसीम' !
....

दूसरे मिसरेमें प्रेमोन्मत्तों (दीवानगाने-इश्क़)का उल्लेख हुआ है। अतः पहले मिसरेमें 'ग़मे-उल्फ़त' कहना कुछ उचित न था। दीवाने शोरोगुल करते रहते हैं। अतः उस्तादने ग़मे-उल्फ़तकी बजाय 'शोरे-मुहब्बत' बनाया है।

नसीम—क्या ख़ौफ़ क़यामतका[4] है किस बातका डर है
हाँ शौक़से बेदाद[5] करें, जौर[6] करें आप

जोश—किस बातका अन्देशा है, ...
....

---

१. लैलीका आशिक़। २. अरबका एक प्रेमी जो 'अज़्रा' पर आसक्त था। ३. एक महात्मा जिसे अनलहक़ (मैं ख़ुदा हूँ, मैं ब्रह्म हूँ) कहनेके अपराधमें सूलीपर चढ़ा दिया था। ४. प्रलयका। ५. अत्याचार। ६. ज़ुल्म।

क़यामतका जिक्र यहाँ ग़ैर जरूरी था। संशोधनसे पहले मिसरेके दोनों हिस्सोंमें एकरूपता आ गयी और प्रवाह भी बढ़ गया।

नसीम—हो गया गुम वो ले के नामए-शौक़[1]
नामःबरका[2] कोई पता न मिला

जोश—नामए-शौक़ तो है, नामए-शौक़
नामःबरका भी कुछ पता न मिला

नामए-शौक़ गुम हो गया की जगह यह कहना कि 'नामए-शौक़ लेकर नामःबर गुम हो गया' बहुत हल्की ज़बान है और लालित्यपूर्ण भी नहीं। संशोधनसे शेर इतना दिलकश और बयान इतना ज़ोरदार हो गया कि तारीफ़ नहीं हो सकती।

नसीम—सितम[3] उठा, ग़मो-कुल्फ़त[4] उठा, अज़ाब[5] उठा
उठा 'नसीम' उठा और बेहिसाब उठा

जोश—" ....
.... रंज बेहिसाब उठा

दूसरा मिसरा कमज़ोर था। यह भी स्पष्ट न था कि सितम और ग़मो-कुल्फ़त या अज़ाबमें-से कौन-सी चीज़ बे हिसाब उठायी जाये? संशोधनसे यह त्रुटि ठीक हो गयी।

नसीम—आरज़ूएँ[6], हसरतें[7], एक-एक करके मिट गयीं
एक मिट जानेकी हसरत[8] अब हमारे दिलमें है

जोश—और जितनी हसरतें पैदा हुई थीं मिट गयीं
....

---

१. प्रेमीका पत्र। २. पत्रवाहकका। ३. ज़ुल्म। ४. रंज एवं कष्ट। ५. यातना। ६. इच्छाएँ। ७. लालसाएँ। ८. तमन्ना।

उक्त परिवर्तनसे दूसरे मिसरेके अन्दाज़े-बयानमें ज़्यादा रब्त पैदा हो गया।

नसीम—हर ज़ुल्म उठाते हैं, हर रंज उठाते हैं
जी छोड़के हम लेकिन फ़रियाद नहीं करते

जोश—गो ज़ुल्म उठाते हैं दुःख-दर्द भी सहते हैं
..

पहले मिसरेमें दो दफ़ा 'उठाते हैं' कहना उचित न था। यह दोष संशोधनसे दूर हो गया। और 'भी' के इज़ाफ़ेसे मिसरेमें ज़ोर आ गया।

नसीम—मै नोशको[1] ऐ ज़ाहिद! इंकार नहीं अच्छा
कमबख़्त जवानीको बरबाद नहीं करते

जोश—..
यूँ लोग..

दूसरे मिसरेसे यह ज़ाहिर नहीं होता था कि जवानीको कमबख़्त कहा गया है या ज़ाहिदको। कर्त्ता कौन है यह भी स्पष्ट नहीं था। संशोधनसे यह दोनों त्रुटियाँ दूर हो गयीं।

नसीम—एक तूफ़ाने-शबाब[2] और दूसरे तूफ़ाने-इश्क़
बहरे-उल्फ़तका[3] नज़र आता नहीं साहिल[4] मुझे

जोश—............................और इस पै यह तूफ़ाने-इश्क़
..

---

१. सुरासेवीको। २. जवानीकी बाढ़। ३. प्रेम-समुद्रका। ४. किनारा।

संशोधनसे मिसरेमें ज़ोर आ गया।

नसीम—बह्‌रे-उल्फ़तके[1] जो शनावर[2] हैं
मौतके घाट उतारे जाते हैं
जोश—जो शनावर हैं बह्‌रे-उल्फ़तके
....

उक्त शेरमें 'जाते' क़ाफ़िया और 'हैं' रदीफ़ है। पहले मिसरेके अन्तमें 'हैं' आनेसे रदीफ़का धोका होता है। हज़रत 'जोश' ऐसे लफ़्ज़को पहले मिसरेमें रखना दोष समझते हैं, जो दूसरे मिसरेकी रदीफ़ हो। अतः आपने शब्दोंके हेर-फेरसे उक्त दोष दूर कर दिया।

नसीम—तू मेरी क़ैदे-ख़यालीसे निकल सकता नहीं
रात-दिन आठों पहर तेरा तसव्वुर[3] दिलमें है
जोश—'तू मेरी क़ैदे-मुहब्बतसे...............
तेरी सूरत दिलमें है,...............

'ख़याल' की जगह 'मुहब्बत' बहुत उपयुक्त संशोधन है। ख़यालीके मायने फ़र्ज़ी भी होते हैं। इसलिए यह सूरत अस्पष्ट थी। दूसरे मिसरेमें जो परिवर्त्तन किया गया, उससे शेरमें जान पड़ गयी।

हुमा[4]—मुमकिन है कि चलती हुई आँधी रुक जाय
मुमकिन है कि गिरती हुई बिजली रुक जाय
लेकिन यह महाल[5] है कि रंजो-ग़ममें—
आँखोंसे उमड़ती हुई नदी रुक जाय

---

१. प्रेम-समुद्रके। २. तैराक। ३. ध्यान, ख़याल। ४. मेहता ब्रह्मदत्त 'हुमा' जालन्धर। ५. मुश्किल।

जोश—......................................
....
.... जोशे-ग़ममें
....

उक्त रूबाईके चौथे मिसरेमें प्रयुक्त 'उमड़ती हुई' के लिहाजसे 'जोशे-ग़म' का संशोधन उचित है।

हुमा—एहतराज़े-हुस्नसे[1] दिल शिकस्ता[2] हो न इश्क़ !
एहतराज़े-हुस्न भी एहतरामे-इश्क़ है[3]

जोश—.............................हो न तू
यह अदाए-ख़ास भी..............

'एहतराज़े-हुस्न' शेरमें दो बार आना उचित न था। अतः 'यह अदाए-ख़ास भी' के संशोधनसे यह दोष भी निकल गया और 'एहतरामे-इश्क़' का समर्थन भी हो गया।

हुमा—क्या बुझायेंगे अश्क दिलकी आग
जब वे ख़ुद आतशीं शरारे[4] हैं
....
वे तो ख़ुद ....

तनिक-से परिवर्त्तनसे शेर आकर्षक हो गया।

हुमा—दिल मुहब्बतमें बेक़रार भी है
और तस्कींसे[5] हमकनार[6] भी है

जोश—..............................
बेक़रारीका पर्दादार भी है

---

१. रूप-द्वारा उपेक्षा किये जानेसे। २. ऐ इश्क़! साहस न तोड़, हिम्मत न हार। ३. इश्क़का सम्मान है। ४. आगकी चिनगारियाँ। ५. तसल्ली मिलनेसे। ६. सन्तुष्ट।

शब्दार्थकी दृष्टिसे दोनों मिसरे परस्पर प्रतिकूल थे। संशोधनसे यह प्रतिकूलता इस ख़ूबीसे दूर की गयी कि शेरका भाव और शाइरका आशय अक्षुण्ण बना रहा।

हुमा—देखकर गुलको हो गये वे ख़ुद
यह न समझे कि साथ ख़ार[1] भी है
जोश—............ खिल गये नाफ़हम[2]
....

गुलोंको देखकर कौन बेख़ुद हो गये? कर्त्ताका पता न चलता था। 'नाफ़हम' के इज़ाफ़ेने यह दोष भी दूर कर दिया और 'बेख़ुद' की जगह 'खिल गये' बनाया जो कि गुलके लिए बहुत ही मुनासिब है।

साहिर[3]—बात बिगड़ जाये न कहीं
बिगड़ी बात बनाने से
जोश—और........................
....

पहली सूरत भी अच्छी थी। मगर शुरूमें लफ़्ज़ 'और' ने अन्देशेको ज्यादा ज़ोरदार बना दिया। अतः मिसरा और भी बुलन्द हो गया।

साहिर—न आह गर्म, न तबअ्-[4]जवाँ न जोशे-तलब[5]
यह बे दिली[6] यह .गुलामी, यह बेहिसी[7] क्या है
जोश—..................न अज़्मे-[8]जवाँ न जोशे-तलब
....

---

१. काँटा। २. बेअक़्ल, मूर्ख। ३. श्रीराम प्रकाश 'साहिर' होशियारपुरी। ४. तबीयतमें जवानी। ५. इच्छाओंमें उमंग। ६. बुझी हुई तबियत। शुष्क हृदयपना। ७. अकर्मण्यता। ८. युवकोचित संकल्प, दृढ़ धारणा।

'तबअ़' को केवल 'अ़ज़्म' में परिवर्त्तन करनेसे शेर ज़ोरदार बन गया।

साहिर—मुअ़म्मे[1] से नहीं कम यह हक़ीक़त[2]
कभी शोख़ी कभी शर्मो-हया है
जोश—........................ तलव्वुन[3]
....

दूसरे मिसरेमें प्रयुक्त 'कभी शोख़ी कभी शर्मो-हया' के मुक़ाबिलेमें पहले मिसरेमें तलव्वुन (कभी कुछ-कभी कुछ) ही अधिक उपयुक्त है। 'हक़ीक़त' शब्द यहाँ ठीक चस्पाँ नहीं होता था।

साहिर—उसकी मासूम[4] निगाहोंका फ़सूँ[5] तो देख
आज अहबाब[6] भी अग़ियार[7] नज़र आते हैं
जोश—उसकी बेगाना रवी[8] का यह फ़सूँ तो देखो
....

'मासूम' शब्द यहाँ व्यर्थ था। उसका दूसरे मिसरेसे कोई मेल न था। अतः दूसरे मिसरेमें प्रयुक्त 'अग़ियार' की मुनासबतके लिए पहले मिसरेमें बेगाना रवीका संशोधन करना पड़ा।

साहिर—अबके गुलशनमें[9] अजब रंगसे आयी है बहार
गुल नज़र आते नहीं ख़ार[10] नज़र आते हैं
जोश—.......................................
शाख़े-गुल[11] पर भी हमें..................

दूसरा मिसरा केवल भर्तीका था। संशोधनसे शेरमें निखार आ गया।

---

१. पहेलीसे। २. वास्तविकता। ३. रंग बदलना, कभी कुछ कभी कुछ। ४. भोली-भाली। ५. चमत्कार, जादू। ६. इष्ट-मित्र। ७. ग़ैर, शत्रु। ८. परायेपनका रंग-ढंग। ९. उद्यानमें। १०. काँटे। ११. फूलोंकी टहनीपर।

क़ैस[1]—पुरनूर[2] है दिन-रात भी तारीक[3] नहीं है
रौशन हो अगर दिल तो हर-इक चीज़ हसीं[4] है

जोश—..

कुछ हुस्ने-नज़र[5] हो तो ....

'हसीं' की मुनासबतसे 'कुछ हुस्ने-नज़र' ज़्यादा ख़ूबसूरत है। हुस्नको देखनेके लिए नज़रका होना लाज़िमी है।

क़ैस—शगूफ़े[6] दम-ब-ख़ुद, गुल दिल-गिरफ़्ता[7], नख़्ल पज़मुर्दा[8]
ख़िज़ाँ परवर हर इक़दामे-सबा[9] है, और मैं चुप हूँ

जोश—........................, ...गुल चाक दामन[10]..................
....

ग़ुंचे (कली)को दिलगीर (दुःखी) या दिल गिरफ़्तः (खिन्न चित्त) कहा जाता है। उक्त शेरमें गुलको दिलगिरफ़्तः कहा गया था। अतः उस्ताद ने 'गुल दिल गिरफ़्तः' को 'गुल चाक दामन' बनाया।

क़ैस—हुस्नका तो कोई गुनाह नहीं
इश्क़ ख़ुद बेक़रार हो के रहा

जोश—..............................क़ुसूर नहीं
....

'गुनाह' और 'क़ुसूर' यद्यपि समानार्थक हैं, किन्तु समानार्थक शब्दोंके चुनावमें परख और सुरुचिका होना आवश्यक है। कौन शब्द कहाँ उचित एवं ठीक चस्पाँ होगा। शाइरके लिए इस विवेक और

---

१. श्री अमरचन्द 'क़ैस' बसी कलाँ ज़िला होशियारपुर। २. प्रकाशवान। ३. अँधेरी। ४. सुन्दर। ५. सुरुचिपूर्ण दृष्टि। ६. कलियाँ। ७. फूल खिन्नचित्त। ८. वृक्ष कुम्हलाये हुए। ९. वायुका हर झोंका पतझड़का सहायक। १० फूलोंका दामन फटा हुआ।

चुनाव-कौशलका होना आवश्यक है। उस्तादने 'गुनाह' के बजाय 'क़ुसूर' का नगीना जड़कर शेरको चमका दिया।

कैस—किस महरे-दरख़्शाँको[1] देखा है मेरे दिलने
अब महरे-दरख़्शाँ[2] भी साया[3] नज़र आता है

जोश—किसके रुख़े-ताबाँको[4] देखा है निगाहोंने
ख़ुरशीदका पर्तौ[5] भी ....

देखना दिलका काम नहीं, आँखों या निगाहोंका काम है। पर्तौ-(प्रतिबिम्ब) को 'साया' (परछाईं) कहना उचित मालूम देता है। बनिस्बत इसके कि 'ख़ुरशीद' को साया कहा जाय।

कैस—इसी डरसे देखा न तस्वीरको भी
मबादा[6] वो मैली हो शौक़े-नज़रसे

जोश—..
....गर्दे-नज़रसे[7]

शौक़े-नज़र (उत्सुक दृष्टि) से तस्वीरका मैला होना सम्भव नहीं। नज़र और निगाहके लिए 'गर्द' का प्रयोग भी लालित्यपूर्ण और मक़बूल होता है, और वही यहाँ ठीक मालूम होता है। किसीका यह मिसरा मशहूर है—

'मिट्टी वे दे गये मुझे गर्दे-निगाहसे'

कैस—कहीं महशर बपा न हो जाये
दिल हमारा हमारे बसमें नहीं

जोश—कोई महशर बपा न कर डाले
....

तनिक-से हेर-फेरसे कलाममें रब्त बढ़ गया।

१. ज्योतिर्मय सूर्यको, आभायुक्त रूपवतीको। २. चमकता सूर्य। ३. परछाईं। ४. प्रकाशमान मुखको। ५. सूर्य्यका प्रतिबिम्ब। ६. ऐसा न हो। ७. दृष्टिके मैलसे। ८. प्रलय न आ जाये।

साहिर[1]—दुनियाकी हक़ीक़त[2] न खुली है न खुलेगी
कहनेको तो सब कुछ है मगर कुछ भी नहीं है
जोश—..................... है फ़क़त एक दिखावा
....

अस्ल मिसरेसे जाहिर होता है कि दुनियामें हकीकत तो है, मगर किसीपर नहीं खुलती। दूसरे मिसरेमें इस हक़ीक़तसे इन्कार किया गया है। इसी विरोधाभासको दूर करने और दोनों मिसरोंमें सम्बन्ध बनानेके लिए जो संशोधन किया गया, उससे शब्दार्थका दोष भी जाता रहा।

साहिर—सबक़ देता रहा हूँ चश्मे-तरको[3] ज़ब्ते-गिरयः[4] का
मगर भीगी हुई फिर आस्तीं मालूम होती है
जोश—बहुत ताक़ीदें[5] की थी चश्मे-तरको ज़ब्ते-गिरयःकी
....

बयानमें ज़ोर पैदा करनेके लिए यह संशोधन बहुत उचित और आवश्यक था।

साहिर—बेताबी-ओ-मजबूरी, मजबूरी-ओ-बेताबी
महफ़ूज़ खुदा रक्खे अब हाल यह दिलका है
जोश—..
अब शक्ल यह दिलकी है..................

दूसरे मिसरेके दोनों अंशोंमें इस संशोधनसे मुक़ाबिलेकी शान पैदा हो गयी।

---

१. पं० रघुवीरदास 'साहिर' स्यालकोटी, वर्तमान निवासस्थान जालन्धर। २. वास्तविकता। ३. अश्रुपूर्ण नेत्रोंको। ४. न रोनेका, आँसुओंको रोकनेका। ५ समझाया था, हुक्म दिया था।

साहिर—मुझे महशरमें[1] भी औरों पै फौक़ीयत[2] रही हासिल
हुआ मेरे गुनाहोंका हिसाब आहिस्ता-आहिस्ता
जोश—सुना दे फ़ैसला जो कुछ भी हो ऐ दावरे-महशर[3] ।
न कर..

अस्ल शेरका आशय यह था कि मुझे महशरमें ज़्यादा वक़्त दिया गया। इसमें कोई खास शेरियत न थी। साथ ही यह भाव वास्तविकताके भी अनुकूल न था। संशोधनसे यद्यपि शेरका आशय बदल गया, परन्तु यह अपराधीकी मानसिक स्थितिको बहुत खूबीसे स्पष्ट कर रहा है। अपराधी अपने जुर्मोंका निर्णय यथाशीघ्र चाहता है, न कि विलम्बसे।

ज़ार[4]—लाख बद्बख्तोंका[5] वह बद्बख्त है
जो फ़रेबे-आशिक़ी[6] खाता नहीं
जोश—लाख नादानोंका वह नादान है
....

'बद्बख्ती' मुसीबतके लिए कही जा सकती है। मगर यहाँ तो फ़रेबे-आशिक़ीको एक नेमत बताया गया है। इस नेमतसे वंचित होना बद्बख्ती (दुर्भाग्य) नहीं, नादानी (मूर्खता) है और यहाँ यही लफ़्ज़ मुनासिब है।

ज़ार—अपनी आयीसे दिले-दीवाना बाज़ आता नहीं
हर ख़तापर होती है, सौ-सौ परेशानी मुझे
जोश—अपनी शोरिशसे.......................................
हर फ़ुग़ाँपर.......................................

---

१. महाप्रलयके न्यायालयमें। २. विशेषता, प्रधानता। ३. महशरके न्यायाधीश, ख़ुदा। ४. पण्डित बिशनदास 'ज़ार' नडाला ज़िला-कपूरथला। ५. अभागोंका। ६. प्रेममें धोका।

'अपनी आयी' यहाँ जिदके अर्थमें है। इसे पंजाबी लहजा कहा जा सकता है। उर्दूमें 'आयी' मौत और क़ज़ाके लिए ही प्रामाणिक और लालित्य पूर्ण है। दीवानेके साथ शोरिश (शोर-गुल) शब्दका बहुत समीपका सम्बन्ध है। अतः यहाँ 'अपनी शोरिश' कहा जाये तो उचित होगा। इसी प्रकार खताकी जगह भी यहाँ फ़ुग़ाँ (आह) कहना बरमहल है। फ़ुग़ाँ भी शोरिश और दीवानगीसे सम्बन्ध रखती है।

अर्श[1]—मैकदेके दर पै[2] यह बेवक़्त दस्तक किसने दी ?
राहे-हस्तीसे[3] कोई भटका हुआ इंसाँ न हो।

जोश—..
दैरो-काबाका..................................

राहे-हस्तीसे भटककर मैकदेके दर पै पहुँचना मैकदेकी प्रधानता एवं श्रेष्ठता प्रकट नहीं करता। हाँ दैरो-काबा (काशी और काबे)से भटककर मैकदेके दर पै पहुँचना सम्भव है। क्योंकि वहाँ भूले-भटकेको आश्रय मिल सकता है, और वह दैरो-काबासे छुटकारा पा सकता है।

अर्श—देखते हैं किस क़दर होती है अब ताख़ीर[4] और
माइले-लुत्फ़ो-करम[5] उनकी नज़र बरसोंसे है

जोश—सोचता हूँ..................................
....

पहले मिसरेमें कर्त्ताका उल्लेख नहीं था। इसलिए 'देखते हैं' को 'सोचता हूँ' में परिवर्तित करना पड़ा। साथ ही इतनी ताख़ीर (देरी) होनेपर सोचमें पड़ जाना वैसे भी स्वाभाविक है।

---

१. 'अर्श' सहबाई कच्ची छावनी जम्बू। २. मदिरालयके द्वारपर। ३. जीवन-मार्गसे। ४. देरी। ५. कृपापूर्ण व्यवहारके लिए उत्सुक।

अर्श—ख़ुदाका शुक्र राहत[1] और ग़म[2] पहलू-ब-पहलू[3] हैं
वगर्ना ज़िन्दगी बे कैफ़-सा[4] अफ़साना[5] बन जाये

जोश—ग़नीमत है कि..............................
नहीं तो..............................

शुक्रके बाद 'है' भी आना चाहिए। 'वगर्ना' फ़ारसियत है। जोश साहब जहाँतक सम्भव होता है, उर्दू-शब्दोंका प्रयोग करते हैं। उर्दूके लालित्यपूर्ण शब्दोंके बजाय व्यर्थमें अर्बी-फ़ार्सी शब्दोंके व्यवहारको अनुचित समझते हैं। अतः सर्वसाधारणमें अप्रचलित शब्द वगर्नाके स्थानपर 'नहीं तो' शब्द रखना आपने उचित समझा।

अर्श—ठहर ऐ अजल[6] ! जानिबे-मैकदा[7] हम
ज़रा देख लें लौटकर जाते-जाते

जोश—..............................
..............इक नज़र जाते-जाते

दूसरे मिसरेमें 'लौटकर' बाज़ारी शब्द है। 'पलटकर' होना चाहिए था, किन्तु इससे वज़न बढ़ता था। अतः 'लौटकर' के बजाय 'इक नज़र' बनाया।

अर्श—इंसान के हाथों इंसाँपर, क्या-क्या बीती, क्या-क्या गुज़री
रूदाद[8] ज़माने की सुनकर पत्थरका कलेजा हिलता है

जोश—..............................
यह दर्द भरी बातें सुनकर..............

दूसरे मिसरेसे सम्बन्ध स्थापित करनेके लिए इशारा भी लाज़िमी था। 'रूदाद'में वह ख़ूबी न थी जो दर्द-भरी बातोंसे ज़ाहिर होती है।

---

१. सुख चैन। २. दुःख। ३. साथ-साथ। ४. नीरस-सी। ५. किस्सा। ६. मृत्यु। ७. मदिरालयकी तरफ़। ८. कहानी, आपबीती।

अर्श—इतनी ख़ता[1] हुई कि तुझे बेवफ़ा कहा
जुज़[2] इसके हमने और कहा भी तो क्या कहा

जोश—यह तो बजा कि हमने तुझे बेवफ़ा कहा
इसके सिवा कुछ और कहा भी तो क्या कहा ?

दूसरे मिसरेमें 'जुज़ इसके' की बजाय 'बजुज़ इसके' कहना उचित था। 'जुज़'का इस्तेमाल फ़ार्सी लफ़्ज़के साथ होता है। मसलन—'जुज़-मर्ग'। पहले मिसरेमें ख़ता तो तस्लीम कर ली थी। मगर इस इक़रारमें दूसरी तरफ़से शिकायतका इज़्हार नुमायाँ न था। इसको प्रकट करनेके लिए जो परिवर्तन किया गया वोह बहुत उपयुक्त है।

अर्श—थी मसलहत जो कर लिया हर जब्र इख़्तियार
कुछ बात थी जो उनकी जफ़ाको वफ़ा कहा

जोश—कुछ राज़ था[3] कि जब्र भी करना पड़ा .क़ुबूल
कुछ बात थी कि...............................

शेरमें मुक़ाबिलेकी शान पैदा करनेके लिए संशोधन करना पड़ा, जो बहुत ख़ूब और उचित है।

अर्श—जो खिलखिलाके हँस पड़ी गुलशन में हर कली
बादे-सबाने[4] कानमें चुपकेसे क्या कहा

जोश—सुनते ही मुस्करा उठी..............................
बादे-सबाने उससे .ख़ुदा जाने क्या कहा !

कलीका खिलखिलाकर हँसना ख़िलाफ़े-वाक़अ (वास्तविकताके विरुद्ध) है। अतः उस्तादने संशोधन करके यह दोष निकाल दिया।

---

१. अपराध, ग़लती। २. अतिरिक्त, इसके सिवा। ३. भेद। ४. वायुने।

कँवल[1]—मेरे हालपर और इतनी नवाज़िश[2]
उन्हें आज फिर महर्बां देखता हूँ
जोश—ख़ुदा जाने क्या आफ़तें सरपर आयें
....

पहले मिसरेमें 'और' का लफ़्ज़ मौजूदा सूरतमें कुछ अच्छा न था। या तो इस तरह कहा जाता—'मेरा हाल और उसपै इतनी नवाज़िश'। इस्लाह करते वक़्त यह उलझन भी नज़र आयी कि शाइरका आशय आख़िर क्या है? ये सब बातें नये मिसरेसे ठीक हो गयीं और अस्ल भाव बिलकुल स्पष्ट हो गया।

कँवल—नक़ूशे-उम्रे-गुरेज़ाँ[3] तलाश करता हूँ
मैं अब भी ऐशके सामाँ तलाश करता हूँ
जोश—'.....................................
अदममें ज़ीस्तके[4].....................

इस्लाहसे मतला बहुत बुलन्द हो गया। अब शेरका भाव यह हो गया कि उम्रे-गुरेज़ाँके नक़ूश (व्यतीत हुई आयुके चिह्न) तलाश करना ऐसी ही बात है जैसे कोई अदममें ज़ीस्तके सामान तलाश करे।

कँवल—हमारी वज़अ़दारी[5] ही रही हर गाम[6] पर हाइल[7]
न तू होता सख़ी[8] तो हाथ फैलाने कहाँ जाते?
जोश—.....................ज़िन्दगी दुश्वार कर देती
....

---

१. प्रोफ़ेसर कँवल साहब, गाँधी कॉलेज अम्बाला। २. कृपा। ३. गुज़री हुई उम्रके चिह्न। ४. मृत्युलोकमें ज़िन्दगीके। ५. आन-बान। ६. पग-पगपर। ७. रुकावट। ८. दाता।

'रही हर गाम पर हाइल' इससे शाइरका आशय तो किसी हदतक प्रकट होता है, किन्तु वज़अ़दारीसे जो कठिनाइयाँ उत्पन्न होती हैं, उनका उल्लेख पहले मिसरेमें नहीं था। संशोधनसे वह त्रुटि जाती रही।

कँवल—उधर वे हो गये आमादए-जौरो-जफ़ा[1] हमपर
इधर हम हैं कि राहो-रब्त[2] हरगिज़ कम नहीं करते
जोश—उधर वे हैं कि बढ़ती जा रही है वे रुख़ी उनकी
....

इस्लाहसे दोनों मिसरोंमें मुक़ाबिलेकी शान पैदा हो गयी।

कँवल—न हिम्मत लब-कुशाईकी[3] न जुरअत है तकल्लुमकी[4]
मगर जब पूछते हो मुद्दआ[5] कहना ही पड़ता है
जोश—..............................न जुरअत बात करनेकी
....

'तकल्लुम' एक भारी लफ़्ज़ था। उसकी जगह हल्का-फुल्का आम-फ़हम-'बात करना' लफ़्ज़ बनाया गया। जुरअतके बाद 'है' भी बेज़रूरत था। इससे पहले मिसरेके दोनों टुकड़ोंमें अन्दाज़े-बयानकी समानता न होने पाती थी।

कँवल—यह अपने-अपने मुक़द्दरकी बात है ऐ दोस्त!
कोई वफ़ाके लिए है, कोई जफ़ाके लिए
जोश—यह अपनी-अपनी तबीयतकी बात है ऐ दोस्त!
....

दूसरे मिसरेका मज़मून मुक़द्दर (भाग्य) से कोई सम्बन्ध न रखता था। अपनी-अपनी तबीयत और स्वभावको ही ज़ाहिर करता था। इसीलिए 'मुक़द्दर' की जगह 'तबीयत' इस्लाह दी गयी।

---

१. अत्याचार करनेपर उतारू। २. सम्बन्ध, मेल मिलाप। ३. ओठ खोलनेकी। ४. वार्त्तालापकी। ५. मंशा, मतलब।

हुनर[1]—लगता नहीं है जी किसी[2] उनवाँ तेरे बग़ैर
फिरता हूँ दश्त-दश्त[3] परेशाँ तेरे बग़ैर
जोश—मिलता नहीं [4]सकूँ..........................
....

दश्त-दश्त फिरनेका मतलब यही हो सकता है कि कहीं सकून नहीं मिलता। इस्लाहमें यही बात दरशायी गयी है। अस्ल शेरमें भी यही भाव था, किन्तु इतना स्पष्टीकरण न था।

हुनर—जिसके होनेका [5]गुमाँ काबेमें बुतख़ानेमें है
नूर[6] उस [7]जल्वेका मेरे दिलके काशानेमें[8] है
जोश—जुस्तजू[9] जिसकी हरम[10] में और.........
....

लफ़्ज 'गुमाँ' यहाँ बरमहल (विषयोचित) नहीं था। गुमाँका अर्थ सन्देह, शक आदि हैं। पहले मिसरेमें जो बात सन्देहपूर्ण थी, वही दूसरे मिसरेमें विश्वस्त हो गयी थी। साथ ही 'काबे और बुतखाने'की जगह 'काबेमें, बुतखानेमें' अंश भी ज़बानके खिलाफ़ था।

मंसूर[11]—खाते हैं ठोकरें ज़मानेकी
अपना ग़ुस्सा जो पी नहीं सकते
जोश—जलते रहते हैं आगमें दिन-रात
....

ग़ुस्सा आग ही तो होता है। दूसरे मिसरेका ठोकरोंसे कोई

---

१. श्री पूरनसिंह 'हुनर' अमृतसरी। २. किसी भी प्रकार। ३. यत्र-तत्र, जंगल जंगल। ४. चैन। ५. सन्देह। ६. प्रकाश। ७. प्रकाश पुंजका। ८. हृदय-मन्दिरमें। ९. तलाश। १०. मस्जिदमें, मन्दिरमें। ११. श्री ज्ञानचन्द 'मंसूर' हाल मकाम पानीपत।

शाब्दिक सम्बन्ध न था। शब्दार्थसे हो तो हो। संशोधनसे शाब्दिक और शब्दार्थसम्बन्धी दोनों बातें ठीक हो गयीं।

मंसूर—क़ाबिले-याद हम नहीं लेकिन
वोह हमें भूल भी नहीं सकते
जोश—.......................................
तुम.......................................

उक्त शेरके दूसरे मिसरेमें 'वोह' की जगह 'तुम' बनाया गया है। शेरमें माशूक़को परोक्ष रूपमें स्मरण किया गया था। इस्लाहमें उसे प्रत्यक्ष रूपमें सम्बोधित किया गया है। स्पष्ट है कि यह ढंग अधिक रुचिकर एवं पसन्दीदः है।

मंसूर—चाके-तक़दीर[1] वे सियेंगे क्या?
चाके-दामन[2] जो सी नहीं सकते
जोश—चाके-दिलको वे सी सकेंगे क्या
....

बात तो वही है मगर तक़्दीरके चाक (फटे हुए भाग्य) को सीना तो दूरकी बात है, और दिलका चाक सीना नज़दीककी बात। आशय जब एक ही हो तो दूर जानेकी क्या आवश्यकता?

रहबर[3]—ख़ुशीके दिनसे ग़ामे-ग़मका[4] रुत्बा[5] कम नहीं होता
ग़मे-इशरतका[6] मतलब क्या ग़मे-पैहम[7] नहीं होता?
जोश—.......................................
मसर्रतका[8] नतीजा क्या....................?

१. फटे हुए भाग्यको। २, फटा हुआ दामन। ३. श्री स्वदेशचन्द्र जौहरी 'रहबर' बदायूँनी। ४. दुःखरूपी सन्ध्याका। ५. पद, महत्ता। ६. भोगविलासरूपी कष्टोंका। ७. लगातार दुःखोंका। ८. आनन्दका।

'ग़मे-इशरतका मतलब' यह अस्पष्ट अंश था। दोनों मिसरोंमें सम्बन्ध भी नाममात्रका था। संशोधनने यह दोष भी दूर कर दिये और शेर भी चुस्त हो गया।

फ़ाज़िल[1]—वह हाल है कहना ही पड़ा हमको भी आख़िर
अच्छे हैं वही लोग जो उल्फ़त नहीं करते

जोश—आख़िर हमें कहना ही पड़ा हाले-दिल अपना
....

पहले मिसरेमें 'भी' व्यर्थ था। उसे निकालनेके लिए यह संशोधन करना पड़ा।

फ़ाज़िल—दिलमें ख़ौफ़े-ख़ुदा नहीं बाक़ी
आदमी आदमीसे डरता है

जोश—अब ख़ुदाका तो डर किसीको नहीं
....

दोनों मिसरोंमें परस्पर सम्बन्ध नहीं था। शेरका अर्थ यह होता था कि ख़ौफ़े-ख़ुदा बाक़ी न रहनेसे आदमी आदमीसे डरने लगा। या यह कि आदमी अगर आदमीसे डरता है तो इसका यह मतलब है कि ख़ुदाका ख़ौफ़ बाक़ी नहीं रहा। दोनों सूरतोंमें शेरका आशय उलझा हुआ था। संशोधनसे शेरका आशय स्पष्ट हो गया, और दोनों मिसरोंमें सम्बन्ध भी स्थापित हो गया।

फ़ाज़िल—ऐ दिल! वे उल्टी गंगा इस दम बहा रहे हैं
घर मेरे बे-बुलाये तशरीफ़ ला रहे हैं

जोश—क्या जाने उल्टी गंगा वे क्यों बहा रहे हैं
क्यों घरमें ....

1. सैय्यद फ़ाजिल जैदी साहपुरी नवाब शाह मलिक सिन्ध।

'इस दम' 'जिस दम' 'किस दम' ये शब्द अब व्यवहार योग्य नहीं। बोल-चालसे भी खारिज़ हैं। इनकी जगह 'इस वक़्त' और 'किस वक़्त' ही बोलते हैं। 'मेरे घरकी जगह' भी 'घर मेरे' कहा गया था। ये दोष दूर करनेके लिए संशोधन किया गया।

तमन्ना[१]—क्या जाने कैसा आया तख़रीबका[२] ज़माना
इंसान चाहता है, इंसानको मिटाना
जोश—क्या आ गया है या रब! तख़रीबका ज़माना
....

पहले मिसरेकी बन्दिश सुस्त थी, 'या रब' शब्दसे मज़मूनके फ़रियादी अन्दाज़में ज़ोर पैदा हो गया।

तमन्ना—शमए-सोज़ाँकी[3] तरह जो नहीं होते रौशन
वे कभी ज़ीनते-महफ़िल[४] नहीं होने पाते
जोश—शमए-महफ़िलकी..............................
....

ज़ीनतके लिए 'सोज़ाँ' शब्द व्यर्थ और बेमौक़े था।

तमन्ना—हुस्नवालोंका यह अन्दाज़े-तबाही तौबा
क़त्ल करके भी वह क़ातिल नहीं होने पाते
जोश—हुस्नवालोंकी यह मासूम जफ़ाएँ[५] देखो
....

दूसरे मिसरेके मज़मूनको 'मासूम जफ़ाओं' ही से सम्बन्धित करना चाहिए था। अन्दाज़े-तबाही और तौबाकी व्याख्याका दूसरे मिसरेमें कहीं भी, उल्लेख नहीं था।

---

१. श्री रामकिशन 'तमन्ना' अम्बालवी। २. विध्वंसका। ३. जलती हुई शमाकी तरह। ४. जल्सोंकी रौनक़। ५. भोलीभाली जफ़ाएँ।

तमन्ना—ख्वाहिशे-खुल्दमें[1] दुनियाकी भी इशरत[2] छोड़ी
मुझको वाइज़की हिमाक़त पै हँसी आती है

जोश—..

मुझको नादानिए-वाइज़ पै..............................

'हिमाक़त' ग़ज़लकी ज़बानमें शामिल नहीं है।

तमन्ना—हाय उनका यह पूछना मुझसे
"किस लिए अश्कबार[3] बैठे हैं?"

जोश—..

आप क्यों..................................

दूसरे मिसरेमें 'बैठे हो' कहना लाज़िम था या आप कहकर सम्बोधन करना था। 'आप' शब्दसे आदरका भाव भी प्रकट होता है। 'पहले मिसरेके 'हाय' शब्दसे भी उसका सम्बन्ध और अधिक हो गया है।

साग़र[4]—अल्लाहरे आज़ादिए-जुम्हूरका मंज़र[5]
हर शख़्सको पामाले-सितम[6] देख रहे हैं

जोश—क़ैफ़ीयते-आज़ादिए-जम्हूर न पूछो
....

पहले मिसरेसे यह ध्वनित होता था कि जनता-राज्य (आज़ादिए-जम्हूर) की विशेषताओं एवं खूबियोंका वर्णन किया जायगा, किन्तु दूसरे मिसरेमें स्पष्टरूपसे बुराई की गयी है। अतः संशोधन इसी असमानता-

---

१. जन्नतकी लालसामें। २. भोगविलास, आनन्द। ३. रोते हुए, अश्रुपूर्ण नेत्र लिये हुए। ४. श्री बलवन्तकुमार अग्रवाल 'सागर' नकोदरी। ५. प्रजातन्त्रीय स्वराज्यका दृश्य। ६. दुर्दशाग्रस्त।

को ठीक करनेके लिए किया गया। पहले मिसरेमें 'अल्लाहरे' के बजाय केवल 'क़ैफ़ीयते' बना देनेसे बुराईका भाव पैदा हो गया।

सागर—तड़पना, तिलमलाना, लोटना रुख़सत हुए अक्सर
अजल[1] तेरे मरीज़े-ग़मको पैग़ामे-शिफ़ा[2] निकली

जोश—.. जाता रहा.........
मरीज़े-.............. ग़मके हक़में मौत..................

पहले मिसरेमें क्रिया एकवचन ही लालित्यपूर्ण एवं उचित होती। दूसरे मिसरेमें—"मरीज़े-ग़मको पैग़ामे-शिफ़ा निकली" ये शब्द भी बोलचालके खिलाफ़ थे। इन्हीं दो त्रुटियोंको शुद्ध करनेके लिए संशोधन किया गया।

सागर—न हुस्नो-इश्क़का हो जिसमें कोई ज़िक्र ऐ 'सागर'!
वो क़िस्सा, वो कहानी, वो हिकायत कुछ नहीं होती
जोश—न हो जिसमें कोई मज़कूरे-हुस्नो इश्क़[3] ऐ 'सागर'!
....

पहले मिसरेमें 'न' और 'हो' का एक साथ आना लाज़िम था। इन शब्दोंका जिस प्रकार इस्तेमाल किया गया है, वह अर्थहीन (मुहमिल) है। संशोधन-द्वारा यह दोष दूर हो गया है।

सागर—देखा है तेरे कूचेमें नज़्ज़ारए-जन्नत[4]
जन्नतमें न देखा तेरे कूचेका नज़ारा[5]
जोश—देखा तेरे कूचेमें तो.......................
....

---

१. मृत्यु। २. आरोग्यताका सन्देश। ३. सौन्दर्य्य एवं प्रेमका वर्णन। ४. जन्नतका दृश्य। ५. दृश्य।

प्रथम मिसरेमें 'है' अनावश्यक था। संशोधनमें 'है' निकालकर यथा-स्थान 'तो' का इज़ाफ़ा किया गया।

शाइक़[1]—मैकश[2] जो थे वह जामो-सुबू[3] कर गये तही[4]
डूबे जनाब शैख़ अज़ाबो-सवाबमें[5]
जोश—मैकश तो ले-के किश्तिए-मै[6] पार हो गये
....

डूबनेके लिहाज़से पार हो जानेका मज़मून ही मुनासिब था। 'खाली कर गये' की जगह भी 'तही कर गये' कहा था। यह दोष भी संशोधनसे जाता रहा। 'किश्तिए-मै' पार हो जानेके लिए बहुत ही उचित संशोधन है।

शाइक़—मुसीबत आ पड़ी उस पर कि आदत है कोई उसकी
उड़ी जाती है क्यों पूछो ज़रा उम्रे-गुरेज़ाँ से[6]
जोश—.................................... ....
....................................पूछे कोई....................................

'कौन पूछे' इसका कोई पता दूसरे मिसरेमें नहीं है। 'पूछे कोई' यह शब्द यहाँ बहुत उपयुक्त एवं सार्थक है।

शाइक़—जानकर तुमने किया हमसे गुरेज़[7]
हमसे नादानीमें उल्फ़त हो गयी
जोश—तुमने दानिस्ता किया.....................
....

जान-बूझकरकी जगह सिर्फ़ 'जानकर' कहना काफ़ी न था। यहाँ दानिस्तः कहना बहुत ज़रूरी था।

---

१. श्री लक्ष्मीदास 'शाइक़' अमृतसरी। २. सुरासेवी। ३. मदिरापात्र। ४. रिक्त। ५. पाप-पुण्यमें। ६. मदिरारूपी नौका। ६. बीती हुई उम्रसे। ७. उपेक्षा, नफ़रत।

क़मर[1]—मुसलसल[2] जो सहे चोटें जफ़ाकी
वह दिल अब वह जिगर लाऊँ कहाँसे ?
जोश—..
वह दिल वह हौसला ....

दूसरे मिसरेमें 'अब' की आवश्यकता न थी। उसको निकालनेके लिए संशोधन किया गया।

क़मर—ख़ुशा[3] जज़्बे-मुहब्बत[4] रंग लाया
हम उसके वो हमारा हो गया है
जोश—ख़ुशा क़िस्मत, ख़ुशा जज़्बे-मुहब्बत
....

पहले मिसरेमें 'ख़ुशा' की शक्ल महल्लेनज़र (शक या एतराज़की जगह) थी। इसे ज़ोफ़े-तालीफ़ (शाइराना दुर्बलता) भी कह सकते हैं। इस लफ़्ज़ (ख़ुशा) को सही शक्लमें इस्तेमाल करनेके लिए परिवर्त्तन किया गया। अब पहले मिसरेमें ज़ोर भी पैदा हो गया। ख़ुशाके बाद ऐसा लफ़्ज़ ज़रूर आना चाहिए जिसकी अज़मत (इज़्ज़त) को बयान करना मक़्सूद हो। रंग लाया शब्दने 'ख़ुशा' को बिलकुल अलग-थलग करके 'जज़्बे-मुहब्बत' को अपने साथ कर लिया था।

क़मर—मुहब्बतमें हुआ दिल टुकड़े-टुकड़े
जिगर भी पारा-पारा हो गया है
जोश—फ़क़त दिल ही नहीं है टुकड़े-टुकड़े
....

१. श्री बलराज भारद्वाज 'क़मर', गान्धी कॉलेज अम्बाला। २. लगातार। ३. अहोभाग्य। ४. प्रेमाकर्षण।

दूसरे मिसरे का 'भी' इच्छुक था कि पहले मिसरेके 'दिल' पर बात समाप्त न करके उसके साथ सम्बन्ध रखा जाये। संशोधनसे दोनों मिसरे एक सूत्रमें बँध गये।

क़मर—उनसे उम्मीदे-करम[1] होगी तो क्यों कर होगी !
उनको आती है तो इक फ़ित्नागरी[2] आती है

जोश—... ....होती तो क्योंकर होती
जिनको ले-देके फ़क़त ....

पहला मिसरा सन्देहास्पद था। इस्लाहसे विश्वासकी सूरत पैदा कर दी गयी। 'उनको' 'उनसे' एक ही प्रकारके शब्द दो बार अनावश्यक प्रयुक्त हुए थे। इस्लाहसे दोनों मिसरोंमें क्रमबद्धता आ गयी। 'इक' की जगह 'फ़क़त' ज्यादा मौज़ूँ है और 'ले-देके' शब्दोंने शेरको चार चाँद लगा दिये हैं।

क़मर—आलमे-कैफ़-सा[3] हो जाता है तारी[4] मुझपर
दिल मचल जाता है जब याद तेरी आती है

जोश—..
बैठे-बैठे जो मुझे याद..............................

'बैठे-बैठे' शब्द यारके लिए बहुत ही उपयुक्त है। इस परिवर्त्तनने दूसरे मिसरेके 'दिल मचल जाता है जब' शब्द अनावश्यक कर दिये। दूसरे मिसरेमें दिलका मचल जाना एक ऐसी बात थी; जिसे 'आलमे-कैफ़से' कोई सम्बन्ध न था।

---

१. कृपापूर्ण व्यवहारकी आशा। २. उपद्रव करना-कराना। ३. नशेकी हालत। ४. छा जाती है।

मजाज़[1]—ख़ारे-हसरतकी ख़लिशमें[2] लज्ज़तें थीं किस क़द्र
मैं ही ख़ुद काँटे-व की राहमें बोता रहा
जोश—ख़ारे-हसरतकी ख़लिशपर क्यों तुझे इल्ज़ाम दूँ ?
....

बयानमें रब्ते-उस्तुवार (स्थायी बन्धन) न था। पहले मिसरेके संशोधनसे यह कमी पूरी हो गयी। अब दोनों मिसरोंमें अलगाव नहीं रहा।

मजाज़—तू ही कुछ क़द्रदाँ नहीं वर्ना—
जौहरे-इन्तख़ाब हैं हम लोग
जोश—..
इश्क़में इन्तख़ाब..........................

'जौहरे-इन्तख़ाब' की तरकीब नामानूस (अपरिचित) थी उसे निकाल दिया गया।

मजाज़—बे-ख़ुदीए-शौक़[3] बरहमे-हस्ती[4] है
किसीने छेड़ा है मेरे दिलका साज़
जोश—बे-ख़ुदी आज सब पै तारी[5] है
....

'बेख़ुदीए-शौक़' की यह तरकीब नामानूस भी थी और स्पष्ट भी न थी, उसे ख़ारिज कर दिया गया।

---

१. श्री नवल किशोर जैन 'मजाज़' चन्दौसवी। २. अभिलाषारूपी काँटोंकी चुभनमें। ३. शौक़की आत्मलीनता। ४. जीवनकी अव्यवस्था। ५. छायी हुई।

मजाज़—रहे-तलबमें[1] कुछ ऐसे मक़ाम भी आये
तेरे बग़ैर भी दिल मुतमइन[2] रहा ऐ दोस्त !
जोश—..
....रहा मेरा

'ऐ दोस्त' यहाँ कुछ ज़रूरी न था। इस प्रकारका सम्बोधन वर्त्तमानके नवयुवकोंकी देन है। 'तेरे बग़ैर भी' यही शब्द यहाँ काफ़ी थे।

शहीद[3]—यह बद्ज़ौक़ी[4] नहीं तो और क्या है चश्मे-बुलबुलसे
टपकता है जो आँसू, क़तरए-शबनम[5] समझते हैं
जोश—असर अहले चमनपर हो तो क्या हो अश्के-बुलबुलका[6]
....

दूसरे मिसरेमें कर्ताका पता नहीं चलता। चश्मे-बुलबुलसे जो आँसू टपकता है, उस वाक्यका आधा हिस्सा पहले मिसरेमें रह गया, शेष दूसरे मिसरेमें। शेरकी यह बन्दिश अनुचित थी। संशोधनसे ये दोष दूर हो गये।

शहीद—ढूँढ़ता हूँ पर इलाजे-दर्दे-दिल मिलता नहीं
गो बहार आयी मगर दिलका कँवल खिलता नहीं
जोश—ढूँढ़नेपर भी..
....

---

१. अभिलाषाओंके मार्गमें। २. आश्वस्त। ३. श्री मनोहरलाल 'शहीद' अलीपुरी हाल मक़ाम सोनीपत। ४. कुरुचि। ५. ओसकी बूँदें। ६. बुलबुलके आँसुओंका।

'लेकिन' के अर्थमें 'पर' का प्रयोग अब वर्जित है। उसे ख़ारिज करनेके लिए इस्लाह की गयी। संशोधनसे मिसरा अधिक प्रभावक बन गया।

आबिद[1]—शौक़े-मंज़िल[2] तूने यह क्या कर दिया
ज़िन्दगी गर्दे-सफ़र[3] होकर रही
जोश—.................. इस क़दर था तेज़ गाम[4]
....

'गर्दे-सफ़र' हो जानेका सबूत तेज़गामी ही से हो सकता है। इसके बग़ैर पहले मिसरेके लफ़्ज़ इस नतीजेको स्पष्ट नहीं कर सकते। 'इस क़दर' के इज़ाफ़ेसे मिसरेमें ज़ोर आ गया।

आबिद—जो ज़माने भरका ग़म खाता नहीं
वह बशर[5] इंसान कहलाता नहीं
जोश—जो किसी बेकसका[6] ....
....

ज़माने-भरका ग़म खाना भी इंसानियत है। सारी दुनियाका चक्कर काटनेके बजाय जब नज़दीक और सामनेके केवल एक लफ़्ज़से काम चल जाये तब दूर जानेकी ज़रूरत नहीं।

आबिद—गर पिरोते न ग़मके धागेमें
दिलके टुकड़े बिखर गये होते
जोश—न पिरोते जो रिश्तए-ग़ममें
....

---

१. श्री गौरीशंकर 'आबिद' मनादरी, हाल मुक़ाम जम्बू। २. भ्रमणका शौक़। ३. मार्गकी धूल। ४. शीघ्रगामी। ५. मनुष्य। ६. लाचारका।

'गर' मतरूक (उर्दू में व्यवहृत नहीं होता) है, धागा भी ग़ज़लकी ज़बान नहीं। इसकी जगह 'रिश्तए-ग़म' कहनेमें अधिक सौन्दर्य है।

आबिद—वह सूरत ही नज़र आती नहीं अब
लबोंपर[1] मुद्दआ[2] है और मैं हूँ

जोश—..
निगाहे-नारसा[3] है........................

दूसरा मिसरा पहले मिसरेसे सम्बन्धित न था। यह ख़राबी 'निगाहे-नारसा' कहनेसे दूर हो गयी।

साधू[4]—है आ.ज़ूए-दीद[5] फ़नापर[6] भी ऐ सबा!
ले चल उड़ाके ख़ाक मेरी कूए-यारमें[7]

जोश—मुश्ताके-दीद[8] बादे-फ़ना[9] भी हूँ ऐ सबा[10]!
....

पहला मिसरा अस्पष्ट था। 'बादे-फ़ना' से स्पष्ट हो गया। 'फ़नापर'-की जगह 'बादे-फ़ना' बनानेसे मिसरेका सौन्दर्य बढ़ गया।

साधू—ऐ दिल! न छेड़ क़िस्सए-फ़र्सूदा इश्क़का[11]
क्यों रो रहा है फ़ुर्क़ते-लफ़्ज़ी निगारमें[12]

जोश—..
उलझा न अहले-बज़्मको इस ख़ारज़ारमें[13]

'लफ़्ज़ी निगार' का कुछ अर्थ नहीं। यह अर्थहीन शब्द निकालनेके लिए मिसरेका क़ाफ़िया भी बदलना पड़ा।

---

१. ओठोंपर। २. अभिप्राय, मतलबकी बात। ३. न देख सकने योग्य दृष्टि। ४. सरदार साधू सिंह 'साधू' फ़रीदकोटी। ५. देखनेकी लालसा। ६. मरनेपर भी। ७. प्रियतमाके मुहल्लेमें। ८. देखनेका अभिलाषी। ९. मरनेके बाद। १०. वायु। ११. विस्मृत प्रेमका क़िस्सा। १२. विरह-व्यथामें। १३. कंटकाकीर्णमें।

रतन[1]—कौन-सा यह मुक़ाम आ गया
दुश्मनी हो गयी राहबरसे[2]
जोश—.................................
बदगुमानी-सी[3] है...........

राहबरसे दुश्मनीकी सम्भावना बहुत कम होती है। हाँ उसके रंग-ढंगसे उसके बारेमें ग़लतफ़हमी या विपरीत धारणा (बद गुमानी) बन जाती है।

रतन—इक ख़ास मक़ाम है नज़र में
अब शोरिशे-कुफ़्रो-दीं[4] नहीं है
जोश—किस ख़ास मक़ामपर मैं पहुँचा ?
....

दोनों मिसरोंमें समानता लानेको संशोधन किया गया है। प्रश्न-वाचक लहजा जो आश्चर्यजनक भी है—'किस ख़ास मक़ामपर मैं पहुँचा।' इस्लाहने शेरमें जान डाल दी।

फ़ुग़ाँ[5]—क्यों भला जायें दश्ते-ईमनमें[6]
अपना मस्कन[7] है अपने गुलशनमें
जोश—किस लिए.................................
....

---

१. पण्डित बलराम 'रतन' पिण्डूरवी हाल मुक़ीम हरगोबिन्दपुर। २. पथ-प्रदर्शकसे। ३. कुधारणा। ४. धर्म-अधर्मका जंजाल। ५. फ़ुग़ाँ सूरती (भाँपा बाज़ार सूरत)। ६. अरबका एक देश जहाँका याक़ूत और लाल सारे संसारसे अच्छा होता है। ७. देश, स्थान।

'भला' बेजरूरत और क़ाबिले-तर्क है। यह शब्द अब अच्छाके अर्थमें प्रयुक्त होता है। जैसे—

तू भला है तो बुरा हो नहीं सकता ऐ 'ज़ौक़'!

फ़ुग़ाँ—बारहा[1] ग़मकी मौजोंसे गुज़री मगर
डगमगायी न यह किश्तिए-ज़िन्दगी

जोश—...
डगमगायी नहीं ....

दूसरे मिसरेमें 'यह' शब्द ज़्यादा और बेकार था। 'डगमगायी न' की जगह भी यहाँ 'डगमगायी नहीं' ज़्यादा मुनासिब और सौम्य है।

फ़ुग़ाँ—हो गये हमकनार[2] मंज़िलसे
डाल दो ख़ाक चश्मे-रहज़नमें[3]

जोश—अपनी मंज़िलको हमने जा ही लिया
झोंककर..............................

शेरमें कर्त्ताका पता न था। 'डाल दो' की जगह 'झोंककर' परिवर्त्तन बहुत उचित एवं प्रिय है।

राज़[4]—हमारे आशियाँसे आस्माँ तक रोक ही क्या थी
बलाए-बर्क़से[5] महफ़ूज़[6] क्योंकर आशियाँ करते?

जोश—रुकावट कौन-सी थी चर्ख़से[7] शाख़े-नशेमन तक
....

---

१. अनेक बार। २. मंज़िल तक पहुँचना। ३. मार्गके लुटेरोंकी आँखोंमें। ४. 'राज़' अहसनी, सहसवान ज़िला—बदायूँ। ५. बिजलीके कोपसे। ६. सुरक्षित। ७. आकाशसे।

'आशियाँ' शेरमें दो बार आया है। साथ ही बिजलीके गिरनेसे पूर्व उसकी रवानगीका मक़ाम पहले और मंज़िलपर पहुँचकर गिरनेका स्थान बादमें होना चाहिए था। संशोधनसे ये दोनों दोष दूर हो गये।

राज़—उनसे उम्मीदे-करम[1] थी 'राज़' मुझको इश्क़में
यह ख़याले-ख़ाम[2] और कितना ख़याले-ख़ाम था

जोश—..
अब हुआ मालूम यह कितना....................

इस्लाहका आशय स्पष्ट है।

राज़—वादिए-इश्क़में[3] दिल डूब रहा है अपना
ग़र्क़ होता है बयाबाँमें सफ़ीना[4] कैसा

जोश—...या रब!
....

'अपना' और 'कैसा' दोनों शब्दोंमें समान क़ाफ़ियोंका भ्रम होता है। हज़रत 'जोश' इस विचारके पाबन्द हैं कि पहला मिसरा ऐसे लफ़्ज़पर ख़त्म न किया जाये जो रदीफ़के साथ हम क़ाफ़िया हो।

राज़—वे क्या नक़ाबको रुख़से[5] वहाँ उलट देंगे
क़यामत आये तो आया करे हमें क्या है

जोश—..
ख़ुदाके सामने जानेसे फ़ायदा क्या है।

'हमें क्या'के बाद 'है' व्यर्थ था।

१. कृपाकी आशा। २. व्यर्थ विचार। ३. प्रेमकी घाटीमें। ४. नौका। ५. मुखसे।

राज़—ख़ुदाके वास्ते ढूँढ़ो यहीं कहीं होगा
दिले-ग़रीब सरे-बज़्म[1] अभी तो खोया है

जोश—..
दिले-हज़ीं[2] सरे महफ़िल..................

'ग़रीब' बेचारेके अर्थमें इज़ाफ़तमें नहीं आ सकता।

बिस्मिल[3]—कोई बिजली न आयेगी चमनमें
यह फ़ित्ने थे हमारे आशियाँ तक

जोश—चमनसे बिजलियोंको अब ग़रज़ क्या!
....

पहला मिसरा 'अब' लफ़्ज़का मुहताज था। साथ ही इसी मिसरेमें 'बिजली' एकवचन और दूसरे मिसरेमें 'फ़ित्ने' बहुवचन था। संशोधनसे यह दोनों दोष भी जाते रहे और शेर अधिक जानदार बन गया।

बिस्मिल—मेरे क़ाबूमें अगर आज मेरा दिल होता
इतना रुसवा[4] न कभी मैं सरे-महफ़िल होता

जोश—..............................दर्द भरा दिल होता
....

पहले मिसरेमें 'आज' अनावश्यक था। क़ाबूके लिए दिलके बेक़ाबू हो जानेकी कोई सिफ़त क़ाबिले-ज़िक्र थी।

बिस्मिल—ख़ुदा करे कि न टूटे तिलस्मे-ज़ौक़े-नज़र[5]
ख़िरद[6] जुनूँ[7] पै कहीं छा गयी तो क्या होगा

जोश—..
जुनूँ पै अक़्ल अगर छा गयी..................

१. महफ़िलमें। २. पीड़ित हृदय। ३. श्री गुरुदयाल साहब 'बिस्मिल' कपूरथलवी। ४. बदनाम। ५. देखनेकी लालसाका भ्रम। ६. अक़्ल। ७. दीवानगीपर।

दूसरे मिसरेमें 'खिरद' की क्रिया उससे काफ़ी दूर थी। संशोधनसे यह त्रुटि ठीक हो गयी।

बिस्मिल—आरज़ूएँ[1] एक ही मरकज़ पै[2] आकर मिट गयीं
मैं जिसे आगाज़[3] समझा था वही अंजाम[4] है

जोश—.................................पै रहकर मिट गयीं
....

संशोधनका आशय स्पष्ट है।

बिस्मिल—जो ज़िद है बर्क़े-तपाँको[5] तो फिर यह ज़िद ही सही
हम आज अपना नशेमन[6] बनाके देखेंगे

जोश—जो ज़िद है बर्क़े-चमन सोज़को तो ज़िद ही सही
....

मिसरा अव्वलमें 'यह' अनावश्यक है। साथ ही शेरके आशयको स्पष्ट करनेके लिए बर्क़की सिफ़त 'तपाँ' काफ़ी नहीं है। उसकी जगह 'चमन सोज़' कहनेसे भाव अधिक उजागर हो गया।

बिस्मिल—यक़ीं है मंज़िले-मक़सूद[7] ख़ुद क़दमोंमें आयेगी
मगर क्या हर्ज है मैं एहतियाते-जुस्तजू[8] कर लूँ

जोश—यक़ीं तो है कि मंज़िल ख़ुद मेरे.................
....

'यक़ीं' के बाद 'तो' लानेसे मिसरेमें भी ज़ोर पैदा हो गया और दूसरे मिसरेसे सम्बन्ध भी दृढ़ हो गया।

●

---

१. इच्छाएँ। २. केन्द्रपर। ३. प्रारम्भ, शुरूआत। ४. अन्त, परिणाम। ५. उत्तप्त उल्काको, क्रुद्ध बिजलीको। ६. नीड़। ७. अभिलषित, लक्ष्यस्थान। ८. पुरुषार्थ, खोजका प्रयास।

अनेक उस्तादों-द्वारा इस्लाहें

अब हम चमने-शाइरीका ऐसा गुलदस्ता भेट कर रहे हैं, जिसे एक ही बाग़बाँने बनाकर अपनी विचित्र सूझ-बूझका परिचय दिया है। हज़रत शौक़ सन्देलवी अपनी हर-एक ग़ज़लपर वर्त्तमानयुगीन ख्याति-प्राप्त ४२ उस्तादोंसे इस्लाह लेते रहे। प्रत्येक उस्ताद उन्हें अपना ही शिष्य समझता रहा, और हज़रत शौक़ सन्देलवी भी पत्र-व्यवहार-द्वारा इस्लाह लेते रहे और हर उस्तादपर यही जाहिर करते रहे, कि वे उन्हींके शिष्य हैं। उस्तादोंकी फ़र्माइशें पूरी करते रहे। जाइज़-नाजाइज़ आदेशोंका पालन करते रहे। इन इस्लाहोंके अवलोकनसे मालूम होगा कि प्रत्येक उस्तादका इस्लाह देनेका अपना-अपना जुदा ढंग है। कुछ उस्तादोंने जिन अशआरको क़लमज़द कर (ग़ज़लसे निकाल) दिया है। उन्हीं अशआरको कुछ उस्तादोंने कई-कई स्वाद (Right) देकर शौक़ साहबकी सराहना की है। जिस शब्दको कुछ उस्तादोंने मतरूक़ (अव्यवहृत, अप्रचलित) या ग़लत कहा, उसी शब्दकी अन्य उस्तादोंने दाद दी है। शौक़ साहब १९१७ सन्से १९२३ तक इस्लाह क्या लेते रहे, उस्तादोंका चुपचाप इम्तहान लेते रहे हैं और तारीफ़ यह है कि किसी भी उस्तादको उनके इस कौशलका आभास तक न हुआ। इसी तरहकी सोलह ग़ज़लोंका इस्लाहशुदा संकलन 'इस्लाहे-सुख़न' शीर्षकसे सन् १९२६ ई० में शौक़ साहबने प्रकाशित कराया था। जिसका क्रम निम्न प्रकार है—

१—पहले अपनी पूरी ग़ज़ल दी है।

२—फिर अपनी उसी ग़ज़लका एक शेर मोटे अक्षरोंमें दिया है।

३—उस शेरके नीचे प्रत्येक उस्तादका नाम हाशिएपर और

उनकी इस्लाह नामके आगे दर्ज़ है। और जिस मिसरेपर इस्लाह नहीं दी है, उस मिसरेके नीचेका स्थान खाली छोड़ दिया है।

४---इस्लाहके साथ जिस किसी उस्तादने कोई रिमार्क दिया है वह भी नामके आगे दे दिया है। अन्तमें जिन उस्तादोंने जिस शेरको इस्लाहसे मुक्त समझा है उनके नाम शेरके अन्तमें दे दिये हैं।

हमने भी यही क्रम अपनाया है। शौक़ साहबकी सोलह ग़ज़लोंमें-से नमूनेके तौरपर केवल यहाँ एक ग़ज़ल दी जा रही है। 'शौक़' साहबकी पूरी ग़ज़ल देनेके बाद उनके प्रत्येक हाशियेपर 'सन्देलवी' दिया है। क्योंकि उन्होंने अपने हमनाम उस्ताद 'शौक़'की भी इस्लाहें दर्ज की हैं। नामोंकी वजहसे ग़लतफ़हमी न हो, इसलिए 'शौक़' साहबके उन शेरोंपर जिनपर उस्तादोंने इस्लाहें दी हैं। केवल 'सन्देलवी' दिया गया है।

ग़ज़ल

दुश्मने-जाँ जबसे यह चर्ख़े-सितमगर हो गया
कौन-सा बाक़ी सितम है, जो न हमपर हो गया
ख़त्म आज अफ़सानए-तर्क-सितमगर हो गया
सख़्त जाँ मैं ज़िबह टुकड़े-टुकड़े ख़ंजर हो गया
किश्तिए-नाज़े-तग़ाफुलका है अब क्या पूछना
ज़िन्दए-जावेद तेरी ख़ाके-ठोकर हो गया
वाए-क़िस्मत पहुँचे हैं कब हमसे नाकामे-अज़ल
ख़त्म जब महफ़िलमें दौरे-जामो-साग़र हो गया
इक निगाहे-यास से क़ातिलके तेवर बुझ गये
एक छींटेसे लहूके कुन्द ख़ंजर हो गया
देख ज़ालिम तेरे फ़रियादीने वक़्ते-बाज़ पुर्स
वह हवा बाँधी कि सम मैदाने-महशर हो गया
आह ज़ालिम हो चुकी इक मुन्तज़रकी आँख बन्द
अब तेरा आना न आना सब बराबर हो गया
ज़ाहिदे-बदबींकी उफ़ तर्सी निगाहोंका असर
शीशा चटका बीचसे सौ टुकड़े साग़र हो गया
ख़ाक़ उड़ायी तेरे दीवानेने ऐसी रोज़े-हश्र
गर्द जिसके सामने आशोबे-महशर हो गया
टुकड़े दिल करता हुआ झोंका नसीमे-सुबहका
बुलबुले-नादाँके हक़में तेज़ ख़ंजर हो गया
ऐ सरे-शोरीदा थोड़ी और हिम्मत चाहिए
शक़ हुई दीवारे-ज़िन्दाँमें नया दर हो गया

साथ देता जा ज़रा ऐ ज़ब्त ! थोड़ी देर और
दम उधर निकला कि मैदाने-वफ़ा सर हो गया
अब कहाँ है वह जवानीका तिलिस्मे-दिलफ़रेब
इक तमाशा था कि जो ऐ 'शौक़' ! शब भर हो गया

० ० ०

सन्देलवी—दुश्मने-जाँ[1] जबसे यह चर्खे-सितमगर[2] हो गया
कौन-सा बाक़ी सितम[3] है, जो न हमपर हो गया

अहसन—जबसे दुश्मन जानका चर्खे-सितमगर हो गया
क्या सितम बाक़ी रहा है जो न हमपर हो गया

आरज़ू—महबाँ जिस दिनसे इक तर्के-सितमगर[4] हो गया
कौन-सा ऐसा सितम था जो न हमपर हो गया

अतहर—..
जो न होना था सितम अब वह भी हमपर हो गया

बज़्म—..
कौन-सा ऐसा सितम है जो न हमपर हो गया

बेख़ुद देहल्वी—..
कौन-सा ऐसा सितम है जो न हमपर हो गया

बेख़ुद मोहानी—दुश्मन अपना जबसे यह चर्खे-सितमगर हो गया
कौन-सा ऐसा सितम है जो न हमपर हो गया

---

१. जानी दुश्मन, प्राणोंका शत्रु। २. अत्याचारी आकाश। ३. अत्याचार, ज़ुल्म। ४. अत्याचारत्यागी।

जलील—...

कौन-सा ऐसा सितम है जो न हमपर हो गया

रियाज़—दुश्मने-जाँ लेके दिल तर्के-सितमगर हो गया
हो गया जो ज़ुल्म होना था वह हमपर हो गया

शाद—ऐ फ़लक[1]! क्यों इस तरहका तू सितमगर हो गया
सच बता वह ज़ुल्म क्या था जो न हमपर हो गया

शफ़क़—['यह' का लफ़्ज़ बे-ज़रूरत था, दूसरे मिसरेमें जो तसर्रुफ़ (परिवर्तन) किया गया, उसने मतलेको और चमका दिया। सितम कहनेकी ज़रूरत न रही सब कुछ इशारेमें अदा हो गया—शफ़क़।]

शफ़क़—दुश्मने-जाँ जबसे चर्खे़-कीना पर्वर[2] हो गया
क्या बतायें जो न होना था वह हमपर हो गया

शौक़—[बहुत मामूली शेर है और जज़्बाते-इन्सानीसे[3] ख़ाली है। क़लमज़द (अतः शेर काट दिया है)।]

सफ़ी—तेरे हाथों ज़ुल्म क्या-क्या जो सितमगर हो गया
जो न होना था वह सब कुछ आज मुझपर हो गया

अज़ीज़—दुश्मने-जाँ जबसे तू चर्खे़-सितमगर हो गया
कौन-सा ज़ुल्मो-सितम है जो न हमपर हो गया

मुज़्तर—...

कौन-सा ऐसा सितम है जो न हमपर हो गया

नूह नारवी—...

क्या बतायें जो न होना था वह हमपर हो गया

---

१. आसमान। २. हृदयमें द्वेष रखनेवाला। ३. मानवताके भावोंसे।

वहशत कलकतवी—जबसे दुश्मन जानका चर्खे-सितमगर हो गया
जुल्म हमपर जो न होना था वह हमपर हो गया
दुश्मने जाँ जबसे वह शोख़े-सितमगर[1] हो गया
....

[जिगर, बाक़ी, दिल, फ़ानी, साइल आदि शाइरोंने उक्त मिसरेमें 'यह' की एवज़ 'वह' बनाकर शेरपर स्वाद[2] दिया है।]

० ० ०

सन्देलवी—ख़त्म आज अफ़सानए-तर्के-सितम[3] गर हो गया
सख़्त[4] जाँ मैं ज़िबह[5] टुकड़े-टुकड़े ख़ंजर हो गया

हसन—ख़त्म तूमारे-सितमगर[6]-ओ-सितमगर हो गया
सख़्त जाँ काम आ गया बेकार ख़ंजर हो गया

आरज़ू—ख़त्म आज अफ़सानए-जौरे-सितम[7] गर हो गया
होके बेदम ख़ुद ज़बाने-हाले-ख़ंजर हो गया

अतहर—ख़त्म आज अफ़सानए-जौरे सितमगर हो गया
ज़िबह बिस्मिल[8] हो गया बेकार ख़ंजर हो गया

बाक़ी—क्या सितम है मेरे क़ातिलको कहीं खिफ़्फ़त[9] न हो
सख़्त जानी! देख टुकड़े-टुकड़े ख़ंजर हो गया

बज़्म—ख़त्म आज अफ़सानए-दस्ते-सितमगर हो गया
....

---

१. अत्याचार ढानेवाला चुलबुला माशूक़। २. शुद्ध, सहीका चिह्न। ३. सितम ढानेवाले माशूक़का क़िस्सा। ४. कठिनतासे जिसके प्राण निकलें। ५. क़त्ल किया गया। ६. बहुत अधिक अत्याचार सहनेवाला आशिक़। ७. अत्याचारीकी अनीतिका क़िस्सा। ८. अर्द्धमृतक, घायल। ९. बदनामी, नदामत।

बेखु.द देहल्वी—[क़लम[1] जद]

बेखु.द मोहानी—हो गया ख़त्म आज यूँ अफ़सानए नाज़ो-नियाज़[2]
पुर्ज़े-पुर्ज़े मैं तो टुकड़े-टुकड़े ख़ंजर हो गया

जिगर—ख़त्म आज अफ़सानए-ज़ुल्मे सितमगर हो गया
....

दिल— ....
यूँ लगा काँटा कि टुकड़े-टुकड़े ख़ंजर हो गया

रियाज़ — मेरे पहलू में दर[3] आते ही यह क्या आलम[4] हुआ
टुकड़े-टुकड़े मेरे दिलकी तरह ख़ंजर हो गया

शाइल—ख़त्म यूँ अफ़सानए-सईए-सितमगर[5] हो गया
....

शफ़क़ —[यह मतला कई वजहसे ठीक नहीं, बन्दिश खराब है। दूसरे मिसरेमें 'ज़िबह' का लफ़्ज़ 'मैं' के बाद फिर 'टुकड़े-टुकड़े' अजब तरहका है, ज्यादा तसर्रुफ़[6] की ज़रूरत थी, इसलिए क़लमज़द[7] किया गया—शफ़क़]

शौक़—[यह भी कुछ नहीं है क़लमज़द—शौक़]

शौक़—तू है मुन्किर[8] क़त्लसे तो क्या मैं यह सबसे कहूँ ?
खु.द ब-खु.द दामन किसीका .खूनसे तर हो गया

सफ़ी— ....
ज़िबह करके मुझको टुकड़े-टुकड़े ख़ंजर हो गया

---

१. व्यर्थ समझकर शेर काट दिया, रद्द कर दिया। २. मान-मनव्वलकी कहानी। ३. घुसते। ४. हाल। ५. अत्याचारीके प्रयासका क़िस्सा। ६. परिवर्त्तन-परिवर्द्धनकी। ७. रद्द। ८. इन्कारी।

गु.रेज़—[क़लमज़द]

फ़ानी—[क़लमज़द]

मुज़्तर—ख़त्म आज अफ़सानए-जौरे-सितमगर हो गया
सख़्त जाँ पर चलके टुकड़े-टुकड़े ख़ंजर हो गया

नूह—[फ़सानेके होते हुए अफ़साना क़ाबिले-तर्क है]
ख़त्म अब यूँ क़िस्सए-इश्क़े-सितमगर हो गया
....

वहशत—खेल ऐ क़ातिल ! न था मुझ सख़्त जाँका क़त्ल कुछ
मुफ़्त इस ज़हमतमें[1] टुकड़े-टुकड़े ख़ंजर हो गया

[शाद और जलीलने उक्त शेर शुद्ध समझकर कोई इस्लाह नहीं दी ।]

०००

सन्देलवी—कुश्तए-नाज़ो-तग़ाफ़ुल[2] का है अब क्या पूछना
ज़िन्दए-जावेद तेरी खाके ठोकर हो गया

अहसन—कुश्तए-ना.ज़ुक़ तग़ाफ़ुल भी है क्या बेदार बख़्त[4]
ज़िन्दए-जावेद खाकर तेरी ठोकर हो गया

आरज़ू—कुश्तए-तेग़े-तबस्सुम[5] नाउम्मीदे-ज़िन्दगी
ज़िन्दए-जावेद[3] खाकर एक ठोकर हो गया

अतहर—..
ज़िन्दए-जावेद खाके तेरी ठोकर हो गया

---

१. परेशानीमें । २. उपेक्षापूर्ण हावभावों-द्वारा मिटा हुआ प्रेमी, बेपर्वाह नाज़नख़रोंसे घायल आशिक़ । ३. अमर । ४. भाग्य जगानेवाला । ५. मुस्कानरूपी तलवारसे घायल ।

बाक़ी—और ठुकराएँ शहीदे-नाज़को अपने हु.ज़ूर
ज़िन्दए-जावेद खाकर एक ठोकर हो गया

[पहले मिसरेमें 'और' का लुत्फ़ क़ाबिले मुलाहिज़ा है—बाक़ी]

बे.ख़ुद देहलवी—..
ज़िन्दए-जावेद खाकर तेरी ठोकर हो गया

बे.ख़ुद मोहानी—अल्लाह-अल्लाह कुश्तए तेग़ो-तग़ाफ़ुलके नसीब[1]
ज़िन्दए-जावेद खाकर एक ठोकर हो गया

जिगर—..
ज़िन्दए-जावेद खाकर तेरी ठोकर हो गया

जलील—कुश्तए-तेग़ो-तग़ाफ़ुलका है अब क्या पूछना
....

दिल—ख़स्तए[2]-तर्जे-तग़ाफ़ुलका है अब क्या पूछना
ज़िन्दए-जावेद गोया खाके ठोकर हो गया

रियाज़—कुश्तए-नाज़े-तग़ाफ़ुलका तेरे क्या पूछना
ज़िन्दए-जावेद खाकर तेरी ठोकर हो गया

शाद—कुश्तए-नाज़े-तग़ाफ़ुलकी है क़िस्मत जाये-रश्क़[3]
....

शफ़क़—[ताक़ीद फ़ाश[4] है। तेरी ठोकर खाके ज़िन्दए-जावेद हो गया—शफ़क़]

---

१. भाग्य। २. उपेक्षाके रंग-ढंगसे ख़स्ताहाल। ३. ईर्ष्या योग्य। ४. लज्जा-जनक, समझमें न आनेवाला वाक्य।

शफ़क़—फ़ित्नए-दौराँ[1] कि जो मुद्दतसे था सोया हुआ
इक क़यामत वह भी खाकर तेरी ठोकर हो गया

शौक़—[ताक़ीदसे ऐब बुरा है—शौक़]

शौक़—ख़ूब चमका कुश्तए तेग़े-तग़ाफ़ुलका नसीब
ज़िन्दए-जावेद खाकर तेरी ठोकर हो गया

सफ़ी—कुश्तए-नाज़ो-तग़ाफ़ुलका भला क्या पूछना
ज़िन्दए-जावेद खाकर एक ठोकर हो गया

गु़रेज़—कुश्तिए-तर्ज़े-ख़िरामे यारका[2] क्या पूछना
ज़िन्दए-जावेद खाकर एक ठोकर हो गया

फ़ानी—..
ज़िन्दए-जावेद खाकर तेरी ठोकर हो गया

नूह—कुश्तए-तर्ज़े-तग़ाफ़ुलका है अब क्या पूछना
ज़िन्दए-जावेद खाकर तेरी ठोकर हो गया

मुज़्तर—..
ज़िन्दए-जावेद गोया खाके ठोकर हो गया

वहशत—कुश्तए-जौरे-तग़ाफ़ुलका है अब क्या पूछना
....

[बज़्म, साइलने संशोधन-रहित समझकर स्वाद लगाया]

० ० ०

---

१. संसारका उपद्रव, नटखट। २. माशूक़की अलबेली चालका मारा हुआ।

सन्देलवी—वाये-क़िस्मत[1] पहुँचे हैं कब हम-से नाकामे-अज़ल[2]
खत्म जब महफ़िलमें दौरे-जामो-साग़र[3] हो गया

आरज़ू—बज़्मे-इशरतमें[4] न होंगे हमसे नाकामे-अज़ल
खत्म जिनके आते-आते दौरे-साग़र हो गया

अतहर—..
खत्म जब उस अंजुमन में[5] दौरे-साग़र हो गया

बज़्म—वाये-क़िस्मत हमसे नाकामे-अज़ल पहुँचे हैं कब
....

बेबाक—वाये-नाकामी निगह साक़ीकी हमपर कब पड़ी
....

बे.खुद देहल्वी—..
खत्म जब बज़्मे-तरबमें दौरे-साग़र हो गया

बेख़ुद मोहानी—[हमसे नाकामे-अज़लके साथ "वाये क़िस्मत" और "कब पहुँचे जब दौर चल चुका" कुछ बेजोड़-सी बात है। हमेशा इसका ख्याल रहे कि लफ़्ज़ोंमें तलवारें न खिच जायें।—बेख़ुद मोहानी]

बे.खुद मोहानी—आह जिस महफ़िल में पहुँचे हमसे नाकामे-अज़ल
झूठे साग़र बोल उट्ठे दौरे-साग़र हो गया

जिगर—वाये-क़िस्मत आके कब पहुँचे हैं नाकामे-अज़ल
....

जलील—..
खत्म जब महफ़िलमें उनकी दौरे-साग़र हो गया

---

१. हायरे भाग्य, अफ़सोस। २. सृष्टिके प्रारम्भसे ही भाग्यहीन असफल। ३. सुरापानका दौर। ४. भोगविलासके उत्सवोंमें। ५. महफ़िलमें।

दिल—..

खत्म जब बज़्मे-बुताँ में[1] दौरे-साग़र हो गया

रियाज़—मै वही, मैकश[2] वही, महफ़िल वही, साक़ी वही
खत्म मेरे आते ही क्यों दौरे-साग़र हो गया ?

साइल—वाये-क़िस्मत पहुँचे है किस वक़्त नाकामे-सरूर[3]
....

शाद—हमसे नाकामे-अजल हिरमाँ नसीब[4] आये हैं कब
....

शफ़क़—वाये क़िस्मत तिश्ना कामानी अज़ल[5] पहुँचे तो कब
....

सफ़ी—वाये-क़िस्मत पहुँचे भी किस वक़्त नाकामे-अज़ल
....

फ़ानी—..
खत्म जब महफ़िलमें उनकी दौरे-साग़र हो गया

वहशत—हम तही दस्ताने-क़िस्मत पहुँचे हैं कब देखना
....

[गुरेज़, गुज़तर, नूह, अहसन, बाक़ी शौक़ ने शुद्धका चिह्न बनाया।]

० ० ०

सन्देलवी—इक निगाहे-यासमे[7] क़ातिलके तेवर बुझ गये
एक छींटेसे लहूके कुन्द[8] ख़ंजर हो गया

१. माशूक़ोंकी महफ़िलमें। २. सुरासेवी। ३. नशेके वास्ते तरसनेवाला, आनन्दसे अनभिज्ञ। ४. अभागे। ५. सृष्टिके प्रारम्भसे ही प्यासे। ६. भाग्यरहित। ७. निराशा-भरी दृष्टिसे। ८. भौंटा, धाररहित।

अहसन—[तेवर बुझ जाना खास लखनऊका मुहावरा है। अगर आप ज़बाने-देहलीकी तक़लीद[1] करते हैं तो इसका इस्तेमाल ना[2] मौज़ूँ है—अहसन]

अहसन—इक निगाहे-याससे जल्लादका दिल बुझ गया
एक आहे-गर्मसे बे-आब ख़ंजर हो गया

आरज़ू—ऐ निगाहे-यास! बस क़ातिलके तेवर बुझ गये
ख़ूनमें तर होते ही बे-आब ख़ंजर हो गया

बाक़ी—इक निगाहे-यास क़ातिलको पशेमाँ[3] कर गयी
....

बेबाक—[यह शेर पसन्द नहीं। क़लमज़द[4]—बेबाक]

बेख़ुद देहल्वी—इक निगाहे-यास से क़ातिल का ग़ुस्सा मिट गया
....

[रदीफ़का तक़ाबुल जाइज़ नहीं है। लेकिन यह शेर दो लख़्त है, और दो लख़्त शेरके लिए असातज़ाने तक़ाबुल जायज़ रखा है। बेख़ुद देहल्वी]

बेख़ुद मोहानी—[भई! क़ातिलके तेवर बुझ गये तो लहूका छींटा आया कहाँसे। 'क़ातिलके तेवर बुझ गये' इसका मफ़हूम यही तो हुआ कि हौसले पश्त हो गये। हिम्मत मुँह मोड़ गयी। जब यूँ ठहरी तो वार हुआ ही कब। अगर यह कहा जाये कि हम निगाहे-यास ही को लहूका छींटा क़रार देते हैं, तो पूछनेवाला पूछ न बैठेगा कि आखिर क्यों? हाँ क़ातिलकी आँखोंमें क़त्ल करते वक़्त ख़ून उतर

---

१. अनुकरण। २. अव्यावहारिक। ३. लज्जित। ४. रद्द किया गया।

आया है और निगाहे-क़हरसे लहू बरसने लगता है। मगर यहाँ इस बातका क्या महल है।—बेख़ुद मोहानी]

बेख़ुद मोहानी—..

तीर रक्खे रह गये बेकार ख़ंजर हो गया

दिल—..

हाथ काँपे क़त्लगहमें कुन्द ख़ंजर हो गया

रियाज़—आप ही जाती रही सुर्ख़ी लहूको देखकर
ख़ून मेरा चाटते ही कुन्द ख़ंजर हो गया

साइल—..

चाट लेनेसे लहूके कुन्द ख़ंजर हो गया

शाद—[क्या उम्दा शेर है—शाद]

शफ़क़—उफ़ रे क़ातिल पर निगाहे-यासे-बिस्मिलका असर
हाथ चलकर रुक गया शर्मिन्दा ख़ंजर हो गया

मुज़तर—इक निगाहे-याससे क़ातिलको नज़रें फिर गयीं
....

नूह—[तेवर बुझ गये इसमें मुझे शुब्हा है। यहाँ कोई लुग़त (कोश) मौजूद नहीं कि देखूँ।—नूह]

नूह—..

चन्द छींटों से लहूके कुन्द ख़ंजर हो गया

[अतहर, बज्म, जिगर, गुरेज़, जलील, शौक़, सफ़ी, फ़ानी, वहशत-ने उक्त शेर स्वाद किया।]

० ० ०

सन्देलवी—देख ज़ालिम ! तेरे फ़रियादी ने[1] वक़्ते-बाज़[2] पुर्स
वह हवा बान्धी कि सम मैदाने-महशर[3] हो गया

अहसन—[सम हो जाना भी लखनऊका मुहावरा मालूम होता है—अहसन]

अहसन—वक़्ते-पुरसिश तेरे फरियादीने ओ-बेदादगर[4]।
वह हवा बान्धी कि ठण्डा रोज़े-महशर हो गया

आरज़ू—चूँकि ज़ालिम तेरे फ़रियादीने क़िबलज़-[5] बाज़पुर्स
....

अतहर—[सम—मैंने ख़ामोशके मानीमें नहीं सुना। अगर लखनऊमें बोलते हों तो रहने दीजिए। गुमसुम तो सुना है—अतहर]

अतहर—...
वह हवा बान्धी कि सुन मैदाने-महशर हो गया

बाक़ी—[इस शेरका मतलब समझमें नहीं आया 'सम' क्या ? क़लमज़द—बाक़ी]

बज़्म—[सम हो गया यह मुहावरा नहीं है—बज़्म]

बज़्म—...
वह हवा बान्धी कि सुन मैदाने-महशर हो गया

बेबाक़—[यह शेर पसन्द नहीं—बेबाक]

बेख़ुद देहल्वी—[मैदाने-हश्रको महशर कहते हैं। मैदानके साथ महशर नहीं लिखते।—क़लमज़द]

---

१. न्याय चाहनेवालेने, प्रार्थीने। २. पूछताछके समय। ३. महाप्रलयका क्षेत्र संकुचित, क़यामतका मैदान मौन। ४. ज़ालिम। ५. पूछताछसे पहले ही।

बेखुद मोहानी—[प्यारे शौक़ ! तुमने यह न देखा कि बाज़ पुर्सका यह महल है कि नहीं। ताज्जुब है, बाज़ पुर्स क़ातिलसे हुआ करती है या मक़तूलसे। क़त्लअज़बाज़ पुर्स हो तो सही है मगर ख़ूबसूरती इसमें कहाँ ? बेख़ुद मोहानी]

बेखुद मोहानी—कुछ ख़बर है तेरे फ़रियादीने रखते ही क़दम
....

जिगर—देख ज़ालिम तेरे फ़रियादीने वह फरियाद की
चाक दामन ख़ुद-ब-ख़ुद मैदाने-महशर हो गया

जलील—..
वह हवा बान्धी कि साकित[1] सारा महशर हो गया

दिल—..
वह हवा बान्धी कि साकित शोरे-महशर[2] हो गया

दिल—..
वह हवा बान्धी कि फीका रंगे-महशर हो गया

रियाज़—मेरी तुर्बतमें मिली मुझको जगह फिर रोज़े-हश्र
तंग मुझपर इस क़दर मैदाने-महशर हो गया

साइल—..
वह हवा बान्धी कि सुम मैदाने-महशर हो गया

शफ़क़—[सम क्या है—शफ़क़]

शफ़क़—हर तरफ़ इक धूम है नालोंकी, फ़रियादोंका शोर
कूचए-जानाँ भी अब मैदाने-महशर हो गया

शौक़—[सम यहाँ कोई मायनी नहीं देता। मैदाने-महशर सम नहीं हो सकता। मस्मूम[3] हो सकता है। शौक़]

---

१. अचल, बेहरकत। २. प्रलयका शोर शान्त हो गया। ३. विषाक्त।

शौक़—...

वह हवा बान्धी कि साकित शोरे-महशर हो गया

फ़ानी—[क़लमज़द (रद्द किया गया)]

मुज़्तर—[सम यह लफ़्ज़ पढ़ा नहीं गया। मुज़्तर]

नूह—महशर ख़ुद जाए-हश्रको कहते हैं। अक्सर असातज़ा (उस्तादों) ने और ख़ुद मैंने पहले अर्से-महशर और मैदाने-महशर लिखा है। मगर तहक़ीक़ातसे अब ग़लत मालूम होता है। —नूह]

नूह—शिद्दते-सोज़े-मुहब्बतका[1] मेरी क्या पूछना
बढ़ते-बढ़ते दाग़े-दिल ख़ुर्शीदे-महशर[2] हो गया

वहशत—...

वह हवा बान्धी कि सम मैदाने-महशर हो गया

[शाद, सफ़ी, अज़ीज़ने उक्त शेर इस्लाहसे परे समझा, और स्वाद बनाया]

० ० ०

सन्देलवी—आह ज़ालिम हो चुकी इक मुन्तज़िर[3] की आँख बन्द
अब तेरा आना न आना सब बराबर हो गया

आरज़ू—इससे पहले हो चुकी इक मुन्तज़िरकी आँख बन्द
....

अतहर—वाए-हसरत हो चुकी इक मुन्तज़िरकी आँख बन्द
....

बेख़ुद मोहानी—आँखमें आँसू भरे कहते हैं मेरी लाश पर
मेरा आना और न आना सब बराबर हो गया

---

१. प्रेमाग्निकी तीव्रताका। २. प्रलयकालका सूर्य। ३. प्रतीक्षा करनेवालेकी।

रियाज़—आह ज़ालिम हो चुकी मुझ मुन्तज़िरकी आँख बन्द

....

शफ़क़—[एक ही आँख बन्द हुई दूसरी क्यों न हुई।]

शफ़क़—नजअ़मे[१] हूँ ताबे-नज़्ज़ारा[२] कहाँ ओ-बेवफ़ा।
अब तेरा आना न आने के बराबर हो गया

.गुरेज़—[यह शेर रूहे-ग़ज़ल है। अहसनत ? (उत्तमोत्तम) चार स्वाद दिये गये हैं] अहसन, बाक़ी, बेख़ुद देहलवी, जलील, दिल, शाद, सफ़ी, फ़ानी, नूह, ने भी इस्लाह रहित समझा और स्वाद बनाया]

० ० ०

सन्देलवी—ज़ाहिदे-बद्बींकी[३] उफ़ तर्सी निगाहोंका असर
शीशा चटका बीचसे सौ टुकड़े साग़र हो गया

अहसन—उफ़ तेरी बद्बीं निगाहोंका असर ऐ मुह्तसिब[४]!
पारा-पारा शीशा, टुकड़े-टुकड़े साग़र हो गया

आरज़ू—नीयते-ज़ाहिदका आईना[५] है तासीरे-नज़र
शीशा चटका ख़ुद-ब-ख़ुद सौ टुकड़े साग़र हो गया

अतहर—क्या बुरी नीयत है ज़ाहिदकी कि पड़ते ही नज़र

....

बाक़ी—थी निगाहे-ज़ाहिदे-बद्बीं कोई पत्थर, मगर
शीशा चटका और टुकड़े-टुकड़े साग़र हो गया

---

१. मृत्युके निकट हूँ, मरनेवाला हूँ। २. देखनेकी शक्ति। ३. छिद्रान्वेषी संयमी, ढोंगी धर्मात्मा। ४. सुरापानसे रोकनेवाला। ५. पाखण्डी ज़ाहिदकी नज़र दर्पण है जिसमें उसकी बुरी नीयत झलकती है।

बज़्म—देखिए तर्सी हुई ज़ाहिद्की नज़रोंका असर
शीशा चटका टुकड़े-टुकड़े मै का साग़र हो गया

[बीचसे चटकना कोई खूबी नहीं है, सिर्फ़ तर्सी निगाहें कहना ठीक नहीं था। बज़्म]

बेबाक—[यह शेर पसन्द नहीं, बेबाक]

बेख़ुद देहल्वी—ज़ाहिदे-बद्बींकी नज़रें और फिर तर्सी हुई
शोशा चटका, मै गिरी, बेकार साग़र हो गया

रियाज़—पड़ गयी ज़ाहिद्की शायद आँख ललचायी हुई
टुकड़े-टुकड़े हाथमें साक़ीके साग़र हो गया

साइल—ज़ाहिदे-बद्बींकी देखी भी नज़रेहाई निगाह
....

शाद—..
चूर शीशा बीचसे दो टुकड़े साग़र हो गया

शफ़क़—['तर्सी निगाहों' खिलाफ़े मुहावरा तिर्छी निगाहों सही है। दूसरे मिसरेमें 'बीचसे चटका'की क़ैद अच्छी नहीं। शफ़क़]

शफ़क़—मैकदे पर थी कड़ी ऐसी निगाहे-मुहतसिब।
जाम चकनाचूर टुकड़े-टुकड़े साग़र हो गया

शौक़—सच बताओ ज़ाहिदे बद्बीं! लगी किसकी नज़र
शीशा चटका और टुकड़े-टुकड़े साग़र हो गया

सफ़ी—देखना तर्सी हुई नज़रोंका ज़ाहिद्की असर
शीशा चकनाचूर टुकड़े-टुकड़े साग़र हो गया

---

१. नज़र लगानेवाली।

मुज़तर—[क़लमज़द]

[अज़ीज़, जिगर, जलील, दिल, फ़ानी, नूह, वहशत, ने इस्लाहकी ज़रूरत न समझी और स्वाद बनाया]

०००

सन्देलवी—ख़ाक उड़ायी तेरे दीवानेने ऐसी रोजे-हश्र[1]
गर्द[2] जिसके सामने आशोबे-महशर[3] हो गया

आरज़ू—क़ब्रसे उट्ठा बगोला बनके यूँ वहशी[4] तिरा
....

बेख़ुद मोहानी—किस क़यामतकी उड़ायी ख़ाक वहशीने तेरे
....

रियाज़—आस्तींपर आज क़ातिलके न देखी छींट भी
सुर्ख़ मेरे ख़ूनसे दामाने-महशर हो गया

शफ़क़—ख़ाक उड़ायी तेरे दीवानोंने इतनी हश्रमें
इक बगोला गर्दका मैदाने-महशर हो गया

शौक़—..
आसमाँ एक और पैदा आसमाँ पर हो गया

वहशत—..
जिसके आगे गर्द ख़ुद आशोबे-महशर हो गया

[अतहर, बज़्म, बेबाक, जिगर, अज़ीज़, मुज़तर, अहसन, बाक़ी, बेख़ुद देहल्वी, जलील, दिल, साइल, शाद सफ़ी, फ़ानी, नूहने संशोधन रहित माना और स्वाद बनाया]

---

१. प्रलयके दिन। २. गर्द, ख़ाक। ३. प्रलयका उपद्रव, क़यामतकी आँधी। ४. दीवाना।

सन्देलवी—टुकड़े दिल करता हुआ झोंका नसीमे-सुबहका[1]
बुलबुले-नालाँके[2] हक़में तेज़ ख़ंजर हो गया

अहसन—तेरा झोंका भी था ऐ बादे-ख़िज़ाँ[3]! ख़ारे-शिगाफ़[4]
....

आरज़ू—जिसने गुल बिखरा दिये मोजः वोह बादे-तुन्दका[5]
बुलबुले-शैदाके[6] हक़में तेज़ ख़ंजर हो गया

अतहर—क़ैदमें सैय्यादकी झोंका नसीमे-सुबहका
बुलबुले-नालाँके हक़में तीरो-ख़ंजर हो गया

बाक़ी—दिलको टुकड़े कर गया झोंका नसीमे-सुबहका
यानी वह मेरे क़फ़समें[7] आके ख़ंजर हो गया

बज़्म—[यह शेर ग़लत नहीं था, मगर मुझे पसन्द न आया। काटकर दूसरा बना दिया है। बज़्म]

बज़्म—क्या दिया चीं-बरजबीं होनेने वक़्ते-ज़िबह काम
उनको ग़ुस्सेमें जो देखा तेज़ ख़ंजर हो गया

बेबाक—जो गिरा पत्ता वह तासीरे-ख़िज़ाँसे बाग़में
....

बेख़ुद मोहानी—यह भी क़िस्मत जाँ[8] फ़िज़ाँ झोंका नसीमे-सुबहका
बुलबुले-हसरत ज़दाके[9] हक़में ख़ंजर हो गया

जलील—दिलको टुकड़े कर गया झोंका नसीमे-सुबहका
....

---

१. प्रातः कालीन मृदु पवनका। २. रुदन करनेवाली बुलबुलके वास्ते। ३. पतझड़वाली हवा। ४. घाव करनेवाला काँटा। ५. प्रचण्ड वायुकी लहरोंके फूल। ६. आसक्त बुलबुलके। ७. पिंजरेमें। ८. प्राण संचारक। ९. निराशाग्रस्तके।

दिल—गर्दिशे-क़िस्मतसे हर झोंका नसीमे-सुबहका
....

दिल—मुनहसिर यह है कि हर झोंका नसीमे-सुबहका
....

रियाज़—बाढ़ दे सकता नहीं खंजरको कोई इस तरह
जब निगह क़ातिलने की तेज़ और ख़ंजर हो गया

शाद—ऐ ख़िज़ाँ ! झोंका कहाँ तेरा, कहाँ बुलबुलका दिल
उस ज़बूँ क़िस्मतके[1] हक़में तेज़ ख़ंजर हो गया

शफ़क़—[नसीमका झोंका बुलबुलके लिए खंजर क्यों हो गया ? इसका सबूत चाहिए। बुलबुलके लिए छुरी दरकार है या खंजर बहरहाल इस तरह जाइज़ नहीं। शफ़क़]

शफ़क़—चल गया सर-सरका इक झोंका ख़िज़ाँ में जिस घड़ी
ज़िबहे-बुलबुलके लिए इक तेज़ ख़ंजर हो गया

शौक़—[बिल्कुल फ़िज़ूल शेर है, कोई ख़ूबी नहीं—कलमज़द-शौक़]

शौक़—क्या ख़ता मेरी जो वारफ़्तः[2] किसी पर हो गया
हुस्नको देखा तो दिल क़ाबूसे बाहर हो गया

अज़ीज़—[कलमज़द]

मुज़तर—जब चला गुलज़ारमें[3] झोंका नसीमे-सुबहका
....

नूह—जो गिरा पत्ता ख़िज़ाँ में शाख़े-गुलसे टूट कर
....

[साइल, जिगर, बेख़ुद देहलवी, सफ़ी, फ़ानी, वहशतने स्वाद बनाया]

---

१. अभागेके। २. आसक्त। ३. बग़ीचेमें।

सन्देलवी—ऐ सरे-शोरीदा[1] थोड़ी और हिम्मत चाहिए
शक़[2] हुई दीवारे-ज़िन्दाँ में[3] नया दर[4] हो गया

अहसन—ऐ सरे-शोरीदा हिम्मतको तेरी सद् मरहबा[5]
खुल गयी दीवार, ज़िन्दाँमें नया दर हो गया

आरज़ू—...
अब गिरी दीवार अब पैदा नया दर हो गया

अतहर—ऐ सरे-शोरीदा क्या कहना है हिम्मतका तेरी
....

बज़्म—ऐ सरे-शोरीदा हाँ थोड़ी-सी हिम्मत और भी
....

बेबाक—...
शक़ हुई दीवारे-ज़िन्दाँ अब नया दर हो गया

बे.खुद मोहानी—[मेरी जान ! जब दीवार शक़ हो गयी और ज़िन्दाँकी दीवार दर बन गयी तो अब सरे-शोरीदा ग़रीब क्या करे। क्यों उसके सर हो रहे हो ? कहीं-न-कहीं, कभी-कभी, रहम भी करते हैं। शक़ हुई की जगह खुल गयी भी कह सकते हैं, मगर शक़ हुईसे इस महलपर ज़ोरे-क़लाम बढ़ता है। बेखुद मोहानी]

बे.खुद मोहानी—तेरे सद्क़े[6] ऐ सरे-शोरीदा ! क्या कहना तेरा
....

रियाज़—सद्क़े शोरीदा सरीके आज निकली .खूब राह
....

---

१. प्रेमोन्मत्त मस्तिष्क। २. विदीर्ण, टूटी हुई। ३. कारागारकी दीवारमें। ४. द्वार। ५. सैकड़ों शाबासियाँ। ६. कुर्बान जाऊँ, न्योछावर हो जाऊँ।

साइल—ऐ सरे-शोरीदा ! तेरी सई-ओ-हिम्मतके निसार
....

शाद—ऐ सरे-शोरीदा मेरे, तेरी हिम्मतके निसार
सारा ज़िन्दाँ काँप उठा दीवारमें दर हो गया

शफ़क़—..
शक़ हुई दीवारे-ज़िन्दाँ इक नया दर हो गया

शौक़—[दीवारमें दर तो हो गया अब ज्यादा हिम्मतसे काम लेनेकी ज़रूरत क्या रही ? दीवार गिरे या न गिरे दर काफ़ी है। शौक़]

शौक़—ऐ सरे-शोरीदा ! इस शोरीदगीपर आफ़रीं[1]
....

नूह—["थोड़ी-सई" की ज़रूरत थी—नूह]

नूह—ऐ सरे-शोरीदा ! कुछ तो और हिम्मत चाहिए
....

[बाक़ी, बेख़ुद देहल्वी, जलील, जिगर, दिल, सफ़ी, अज़ीज़, फ़ानी, मुज़्तर, वहशतने स्वाद बनाया और संशोधनसे मुक्त समझा]

सन्देलवी—साथ देता जा ज़रा ऐ ज़ब्त[2] ! थोड़ी देर और
दम इधर निकला कि मैदाने-वफ़ा सर[3] हो गया

आरज़ू—साथ दे कुछ देर और ऐ ज़ब्ते-दर्दे-जाँ ! गुज़ाँ[4]
....

१. शाबाश। २. सब्र, सहनशक्ति। ३. विजय। ४. कष्टदायक दर्द।

अतहर—अलमदद[1] ऐ ज़ब्ते-उल्फ़त ! और थोड़ी देर है
....

बज़्म—मरहबा ऐ जब्त ! आ पहुँचे हैं मक़्सदके[2] क़रीब
....

बेबाक—साथ देना इक ज़रा ऐ जब्त ! थोड़ी देर और
....

बेख़ुद देहल्वी—तेरे सद्के जब्ते-ग़म थोड़ी-सी तकलीफ़ और भी
दम जहाँ निकला वफ़ाका मोर्चा[3] सर हो गया

साइल—साथ देता रह ज़रा ऐ ज़ब्त ! थोड़ी देर और
....

शफ़क़—..
थम गये नाले तो मैदाने-वफ़ा सर हो गया

शौक़—साथ देता जा ज़रा ऐ दर्द थोड़ी देर और
....

नूह—साथ देता जा ज़रा देर और भी ऐ ज़ब्ते-ग़म !
....

[बाक़ी, जिगर, रियाज़, अज़ीज़, मुज़्तर, अहसन, बेख़ुद देहल्वी, जलील, दिल, शाद, सफ़ी, फ़ानी, वहशतने स्वाद बनाया]

सन्देल्वी—अब कहाँ है वह जवानी का तिलस्मेदिल फ़रेब[4]
इक तमाशा था कि जो ऐ 'शौक़' ! शब[5] भर हो गया

---

१. सहायता कर। २. उद्देश्यके, मतलबके। ३. मोर्चा। ४. दिलको लुभाने-वाला, धोखा देनेवाला तिलस्म। ५. रात-भर।

अहसन—[हज़रत ! उस्तादने शब-भरको इसलिए मतरूक (अव्यावहारिक) कर दिया कि शप्पर (चमगादड़) का इल्तिबास (गुमान) होता था। नीज़ कानोंको अच्छा भी नहीं मालूम होता। काफ़के बाद 'जो' का इस्तेमाल भी ग़ैर फ़सीह है लिहाज़ा एक साथ (कि जो) न कहना चाहिए। अहसन]

अहसन—...
इक तमाशा था जो हस्बे-शौक़ दिन-भर हो गया

आरज़ू—ख़्वाब है अब तो जवानीका तिलस्मे-दिल-फ़रेब
'शौक़' वह भी क्या तमाशा था कि शब भर हो गया

अतहर—...
'शौक़' वह भी इक तमाशा था कि शब भर हो गया

बज़्म—[माशा अल्लाह मक़्तेमें तिलस्मे-दिल-फ़रेबका लफ़्ज़ ख़ूब कहा है।]

बेख़ुदमोहानी—अब कहाँ अहदे-जवानीका तिलस्मे-दिल-फ़रेब
'शौक़' यह भी इक तमाशा था कि शब भर हो गया

साइल—फिर न देखोगे जवानीका तिलस्मे-दिल-फ़रेब
'शौक़' वह तो इक तमाशा था जो शब भर हो गया

शाद—'शौक़' क्या कहिए जवानीका तिलस्मे-दिल-फ़रेब
मुख़्तसर-सा इक तमाशा था जो दम भर हो गया

शफ़क़—सुबहे-पीरी ख़्वाब[1] है, गोया जवानीका ख़याल
'शौक़' चौंको इक तमाशा था जो शब भर हो गया

---

१. बुढ़ापेका स्वप्न।

फ़ानी—..

'शौक़' वह भी इक तमाशा था कि शब भर हो गया

नूह—['शब भर' दाग़ साहबने कहीं नहीं लिखा। उनका ख़याल था कि रात-भर चाहिए। नूह]

नूह—..

देखते ही देखते ऐ 'शौक़' अबतर हो गया

[बाक़ी, बेबाक, जिगर, रियाज़, अज़ीज़, मुज़तर, वहशत, बेख़ुद देहल्वी, जलील, दिल, शौक़, सफ़ीने संशोधनसे मुक्त समझा और स्वाद बनाया]

o o o

शौक़ साहबकी १६ सोलह ग़ज़लोंपर तब्सिरा (आलोचना) करते हुए। अमीर अहमद साहब अल्वी लिखते हैं—

इस गुलदस्तेमें सोलह ग़ज़लें हैं। पहले मुअल्लिफ़ (शौक़ सन्देलवी) का शेर जली क़लमसे लिखा है। बादको असातज़ा (उस्तादों) की इस्लाहें और उनके इर्शादात (आदेश) दर्ज हैं। हैरत होती है कि ज़मानेहालके शुअ़रा किस क़दर मुतग़ैयिर मज़ाक़ (विकृत रुचि) रखते हैं। जिस शेरपर एक उस्ताद स्वाद बनाता है दूसरा उसको क़लमज़द करता (निकाल देता) है। मसलन—

१. शौक़ साहबका शेर है—

मक़ाम अफ़सोस का है तुझपै दे दी जिसने जान आख़िर
न उसके वास्ते दिल से तेरे दो गज़ ज़मीं निकली

इसको एक बुज़ुर्ग बे मानी बताते और क़लमज़द करते हैं। दूसरे सुख़न फ़हम इस शेरपर स्वाद करते हैं। चार नाज़ुक ख़याल इस्लाहकी ज़रूरत नहीं समझते और एक कुहना मश्क़ यूँ तरक़्क़ी देते हैं--

१. अस्तव्यस्त, दुर्दशाग्रस्त।

न दी उसको जगह कूचे में जिसने जान दी अपनी
न तेरे दिल से उसके वास्ते दो गज़ ज़मीं निकली

२. शेर है—

आह ज़ालिम हो चुकी इक मुन्तज़िर की आँख बन्द
अब तेरा आना न आना सब बराबर हो गया

एक ज़ुबाँ दान मौतरिज़ (एतराज करते) हैं कि "एक ही आँख बन्द हो गयी दूसरी क्यों न हुई।" दूसरे नुक्ता-शनास (सूक्ष्मदर्शी) इर्शाद फ़र्माते हैं कि 'यह शेर रूहे-ग़ज़ल (ग़ज़लकी जान) है" और इसपर चार साद (शुद्धका चिह्न) बनाते हैं। १६ सोलह असातज़ा (उस्ताद) इस शेरमें इस्लाहकी ज़रूरत नहीं समझते।

३. शेर है—

दोज़ख है बहारे—हश्त[1] जन्नत
हम से वह कहीं जुदा नहीं है

दो उस्ताद इस शेरपर साद बनाते हैं, १४ शुअरा इस्लाहकी ज़रूरत नहीं समझते। दूसरे खुश फ़हम फ़र्माते हैं कि "दावेका सबूत पाक़ीज़ा नहीं।" और तीन नाज़ुक दिमाग़ इस शेरको बग़ैर किसी दलीलके क़लमज़द करनेका फ़तवा देते हैं। एक साहबकी इस्लाह है—

दोज़ख़ भी बहिश्त है हमारी
हम से वह कहीं जुदा नहीं है

४. शेर है—

आख़िरी वक़्त भी क्या साथ निभाया दिल ने
रूठना उनका, इधर दमका ख़फ़ा हो जाना

---

१. सातवें आस्मानसे ऊपर आठवाँ।

एक उस्तादका एतराज़ है—"दिलने क्या साथ निभाया ? दमका ख़फ़ा हो जाना क्या मानी ?" दूसरे बुज़ुर्गका इर्शाद है "आख़िरी वक़्त कौन किससे रूठता है ? उस वक़्त तो ज़रूर रहम आ जाता है।" एक अदाशनास फ़र्माते हैं—"रूठना और ख़फ़ा होना लुत्फ़ दे रहा है।" मगर तीन उस्ताद शेरपर साद बनाते हैं। और छह बुज़ुर्ग इस्लाहकी ज़रूरत नहीं समझते।

५. शेर है—

> मआले-कार अपनी हस्तिए—मौहूम का यह है
> हयाते-चन्द रोज़ा वह भी ग़फ़लत में गुज़र जाना

एक साहब फ़र्माते हैं—"हयात चन्द रोज़ा हस्तिए-मौहूमका मआल नहीं बल्कि उसकी हक़ीक़त है। इसका मआल तो सिर्फ़ फ़ना है।" दूसरे ज़बानपरस्त फ़र्माते हैं—"वह भी ग़फ़लतमें गुज़र जाना ख़िलाफ़ मुहावरा है। लेकिन छह उस्ताद साद बनाते हैं और छह उस्ताद इस्लाहकी ज़रूरत नहीं समझते वग़ैरह, वग़ैरह, वग़ैरह।"

इस तिलस्मी गुलदस्तेमें यह तमाशा भी नज़र आता है कि हमारे ज़मानेके बाज़ मुस्तनद असातज़ा (प्रामाणिक उस्ताद) बजाय इसके कि शागिर्दके मज़मूनको तरक़्क़ी देने और अस्क़ाम (दोषों) को दूर करनेकी कोशिश करें, नया शेर तसनीफ़ (निर्माण) कर देते हैं। जिसको शागिर्दके ख़यालसे कुछ भी वास्ता नहीं होता। मसलन

१. मक़ता है—

> तेरी बेदारियों से 'शौक़'! थीं तम्हीद ग़फ़लत की
> वह पर्दा रात का था जिसको आग़ाज़े-सहर जाना

इसपर इस्लाह होती है—

> नज़र में क्यों न फिरती 'शौक़' फिर तस्वीर महशर की
> किसी का सर झुकाकर था ग़ज़ब वक़्ते-सहर जाना

समझमें न आया कि शागिर्दके ख़यालसे इस्लाह शुदा शेरको क्या तअ़ल्लुक़ है। अलबत्ता यह इस्लाह क़ाबिले-तारीफ़ है—

रही ऐ 'शौक़'! इक तमूहीदे-ग़फ़लत मेरी बेदारी
वह था पिछला पहर शब का जिसे मैंने सहर जाना

२. मक़ता है—

ख़ूबरूओं से[1] कहीं करके मुहब्बत ऐ 'शौक़'!
न ख़ुदा के लिए महसूरे-बला[2] हो जाना

एक मुसल्लिम उल सबूत उस्तादकी (प्रामाणिक) इस्लाह है—

मर्गे-उश्शाक़ की हालत वही समझे साहिल
जिसने देखा है हुबाबों का फ़ना हो जाना

[प्रेमियोंकी मृत्युकी स्थिति वही नदीका किनारा समझ सकता है—जिसने दरियामें पानीके बुलबुलोंके क्षणभंगुर जीवनको नष्ट होते हुए देखा है]

दूसरे मुस्तनद बुज़ुर्गका फ़र्मान है—

'शौक़' ने इश्क़े-मजाज़ी का यह देखा अंजाम
पायेबन्द रहे तस्लीमो-रज़ा[3] हो जाना

अफ़सोस है कि शागिर्दके मज़मूनसे इन तरक़्क़ी याफ़्ता अशआ़रको जो नाज़ुक ताल्लुक़ है, वह हम ऐसे ज़ाहिरबीनोंको[4] नज़र नहीं आ सकता !! अलबत्ता यह इस्लाह ग़नीमत है—

ख़ूबरूओं की मुहब्बत है मुसीबत ऐ 'शौक़'!
तुम ख़ुदारा न[5] गिरफ़्तारे-बला हो जाना

---

१. माशूक़ोंसे, रूपवतियोंसे। २. मुसीबतोंमें गिरफ़्तार। ३. माशूक़की रुचि और आशाका पाबन्द। ४. बाह्यदृष्टि वालोंको। ५. ख़ुदाके वास्ते।

३. शेर है—

हो चुकी जामादरी[1] बखिया गरी होती है,
ऐ जुनूँ बस यहीं दो शग़ल हैं दीवानों के

इस्लाह देनेवाले फ़र्माते हैं—

वज्द[2] करते हैं बयाबाँ में बगोले लाखों
उर्स[3] होते हैं बड़ी धूम से दीवानों के

शागिर्दके मज़मूनसे सिवाय क़ाफ़ियेके क्या वास्ता है ? बेशक यह इस्लाह क़दरके क़ाबिल है—

है कभी जामादरी और कभी बख़िया गरी
जोशे-वहशत में यह दो शग़ल हैं दीवानों के

---

१. शरीरके वस्त्रोंका फाड़ना। २. नृत्य। ३. क़व्वालियोंकी महफ़िल।

परिचय

शौक़ साहबने जिन उस्तादोंसे इस्लाहें ली हैं, उनका संक्षिप्त परिचय इस प्रकार है।

१. अहसन मारहवी

[जन्म १८७६ ई०; मृत्यु १९४० ई०]

सैयद अलीअहसन मिर्ज़ा दाग़के मुख्य शिष्योंमें-से थे। आपने वर्षों तक अपने वतन मारहर (पटना)से दूर हैदराबाद दकनमें उस्तादके चरणोंमें बैठकर शाइरीमें दक्षता प्राप्त की। मिर्ज़ा दाग़ अक्सर आप ही से बाहरके सागिर्दोंकी आयी हुई ग़ज़लें पढ़वाते थे और जो इस्लाह देते थे, आप ही से लिखवाते थे। आप वहुत-सी पुस्तकोंके रचयिता एवं उर्दू-भाषाके अधिकारी विद्वान् थे।

२. आर्ज़ू लखनवी

[जन्म १८७२ ई०; मृत्यु १९५१ ई०]

सैयद अनवर हुसेन 'आर्ज़ू' जलाल लखनवीके पट्टशिष्य थे। बारह वर्षकी अवस्थासे शेर कहने लगे थे। अरबी-फ़ारसीके ज्ञाता थे। कलकत्ते और बम्बई रहकर फ़िल्म कम्पनियोंके वास्ते गीत भी लिखे। फ़ुगाने-आर्ज़ू, जहाने-आर्ज़ू और सुरीली बाँसुरी तीन संकलन आपने स्मृति-स्वरूप छोड़े हैं।

३. बेख़ुद देहल्वी

[जन्म १८६३; मृत्यु १९५५]

हाजी सैयद वहीदुद्दीन अहमद 'बेख़ुद' मिर्ज़ा दाग़के शिष्य थे। १२ वर्षकी उम्रसे आपने शेर कहना शुरू कर दिया था। देहलीकी टकसाली उर्दूके आप माहिर थे। आपके बाबा 'सालिक' उपनामसे, पिता 'सालम' उपनामसे और आपके दो चाचा 'मौज़ूँ' और 'फ़र्द' उपनामसे एवं आपके मामा 'शैदा' उपनामसे शेर कहते थे। और आर्ज़दा आपकी माताके फूफा थे। गोया यूँ कहना चाहिए कि—

"पुश्तें गुज़री हैं इसी दश्त की सैयाही में"

४. शफ़क़

हकीम सैयद हसन शफ़क़का जन्म १८७२ ई० में हुआ। बिहारके रहनेवाले थे। ९ वर्षकी उम्रमें शेर कहने शुरू किये। १८९२ ई० में आप अमीर मीनाईके शिष्य हुए। आपका अधिकांश कलाम 'नातिया' है। आपके ग़ज़लोंके कई संकलन प्रकाशित हो चुके हैं।

५. शौक़ क़िदवाई

[जन्म १८५३; मृत्यु १९२८ ई०]

मुन्शी अहमद अली शौक़ लखनऊके आस-पासके निवासी और 'असीर' लखनवीके शिष्य थे। अरबी और फ़ारसीके विद्वान् थे। अवध पंच, लखनऊके ख्यातिप्राप्त लेखक, और अख़बार 'आज़ाद' लखनऊके ऐडीटर थे। आपका दीवान प्रकाशित हो गया है।

६. सफ़ी लखनवी

[जन्म १८६२; मृत्यु १९५० ई०]

सैयद अली नक़ी ज़ैदी 'सफ़ी' लखनऊमें जन्मे 'लस्सानुल क़ौम' ख़िताबसे सम्मानित किये गये। आपका शुमार लखनऊके ख्यातिप्राप्त उस्तादोंमें था।

७. मुज़तर ख़ैराबादी

[जन्म १८६५ ई०; मृत्यु १९२६ ई०]

सैयद इफ़्तख़ार हुसेन मुज़तर ख़ैराबाद निवासी और अमीर मीनाईके शिष्य थे।

८. वहशत कलकतवी

[जन्म १८८१; मृत्यु १९५६ ई०]

रज़ाअली वहशत कलकत्तेमें १८८१ में पैदा हुए। भारत विभाजनके बाद आप ढाका (पूर्वी पाकिस्तान) चले गये। १९३१ में आप खानबहादुर ख़िताबसे सम्मानित हुए। आप उच्चकोटिके शाइर थे। दीवाने-वहशत और तरानए-वहशत नामक दो दीवान आपके प्रकाशित हो चुके हैं।

९. हसन

[जन्म १८५७; मृत्यु १९०७ ई०]

हाजी मुहम्मद हसन रज़ाख़ाँ बरेली निवासी और दाग़के शिष्य थे। आपका अधिक परिचय प्राप्त न हो सका।

१०. साइल

[जन्म १८६८; मृत्यु १९४५]

नवाब सिराजुद्दीन अहमदख़ाँ 'साइल' देहल्वी मिर्ज़ा दाग़के जामाता और शिष्य थे। उन्हींके रंगमें शेर कहते थे। उर्दू-ज़बान आपके घरकी लौंडी थी। निहायत, शकील, जमील, ख़ुशगुल्ल और ख़ुशज़ेब बुज़ुर्ग थे।

११. दिल शाहजहाँपुरी

ऐतबारुल मुल्क हकीम मौलवी ज़मीरहसन 'दिल' शाहजहाँपुरी अमीर मीनाईके शिष्य थे। १५ वर्षकी उम्रसे शाइरीका चस्का लगा। आपके ग़ज़लोंके दो दीवान प्रकाशित हो चुके हैं। आपके बहुत-से शिष्य हैं।

१३. फ़ानी बदायूनी

[जन्म १८७९; मृत्यु १९४१]

शौक़त अलीखाँ फ़ानी बदायूँ निवासी थे। आप यासयासके इमाम समझे जाते थे। बी० ए० एल०-एल० बी० थे। तमाम उम्र अथक परिश्रम और उद्योग करते रहे, किन्तु असफलता और निराशाके अतिरिक्त कुछ भी हाथ नहीं लगा।

१२. अज़ीज़ लखनवी

[जन्म १८८२; मृत्यु १९३५ ई०]

मिर्ज़ा मुहम्मद हाजी अज़ीज़ लखनऊ निवासी थे। जोश मलीहाबादी असर लखनवी और जगतप्रसाद रवाँ-जैसे ख्याति प्राप्त शाइरोंके आप कविता-गुरु थे। सफ़ी लखनवीसे शुरू-शुरूमें आपने मशविरए-सुख़न लिया। ग़ज़ल और क़सीदे आप ख़ूब कहते थे। आपके दो दीवान प्रकाशित हुए हैं!

सूचना—(१) जलील मानिकपुरी, रियाज़ ख़ैराबादी, शाद अजीमाबादी, नूह नारवी, के परिचय इस परिच्छेदसे पूर्व उन-द्वारा दी गयी इस्लाहोंके साथ दिये जा चुके हैं।

(२) निम्नलिखित शाइरोंका परिचय प्रयास करनेपर भी प्राप्त नहीं हो सका—

अतहर—मौलवी सैयद माशूक़ हुसेन साहब 'अतहर' वकील जौनपुर।

बज़्म—मिर्ज़ा आशिक़ हुसेन साहब 'बज़्म' अकबराबादी, मैराजुल शुअ़रा अज़ ग़ाज़ियाबाद।

बेबाक—मौलाना सैयद हुसेन अहमद शाह साहब 'बेबाक' शाहजहाँपुरी।

बेख़ुद—सैयद मुहम्मद अहमद साहब 'बेख़ुद' बी०-ए० मोहानी शिया कॉलेज लखनऊ।

सर इक़बालकी इस्लाहें अपने क़लामपर

[जन्म १८७३; मृत्यु १९३८ ई०]

डॉक्टर सर मुहम्मद इक़बालके पूर्वज काश्मीरी पण्डित थे। एम० ए० करनेके बाद १९०५ ई० में बैरिस्टरीकी सनद लेनेके लिए आप लन्दन चले गये। १९०८ ई० में वापस आकर बैरिस्टरी करने लगे। १९२२ में सरका खिताब मिला। उर्दू-फ़ार्सीमें आपने बहुत उच्चकोटि-की शाइरी की है। प्रारम्भमें आप राष्ट्रीय विचारोंके थे, किन्तु लन्दन जानेके बाद आपपर साम्प्रदायिक रंग चढ़ गया। आप उर्दूके सर्वश्रेष्ठ शाइर होनेके अतिरिक्त मुसलमानोंके नेता भी थे। सर्वप्रथम आप ही के मस्तिष्कमें पाकिस्तानका अंकुर फूटा था। हालीने अपनी नज़्मों-द्वारा मुस्लिम पूर्वजोंका गौरव-गान गाया, और वर्त्तमान मुस्लिम क़ौमके पतनपर रुदन किया तो सर सैयदने अलीगढ़में मुस्लिम-यूनिवर्सिटीकी स्थापना करके मुस्लिम-क़ौमको आधुनिक शिक्षाकी तरफ़ प्रेरित किया। उन्हें इस तरहकी शिक्षा-दीक्षा देनेकी व्यवस्था की कि वे पड़ौसी क़ौमोंके मुक़ाबिलेमें हर क्षेत्रमें कार्य करने योग्य तो हुए ही, साथ ही अपने राज-नैतिक, धार्मिक, सामाजिक और आर्थिक अधिकारोंके लिए कटिबद्ध होने लगे और सम्प्रदायवादके प्रबल समर्थक बनने लगे, और सर इक़बालने अपने कलामसे मुस्लिम समाजमें वोह अभूतपूर्व स्फूर्ति, शक्ति, दृढ़ता एवं आत्म-विश्वासका संचार किया कि मुर्दोंमें जान पड़ गयी। परिणाम-स्वरूप मुस्लिम समाज बग़ैर हाथ-पाँव हिलाये भारतका विभाजन कराके एक बहुत बड़े भारतीय क्षेत्रको पाकिस्तानमें परिवर्तित करानेमें कामयाब हो गया।

पिछले पृष्ठोंमें दो प्रकारकी इस्लाहोंके उद्धरण दिये जा चुके हैं। अब यहाँ तीसरी प्रकारकी ऐसी इस्लाहका नमूना पेश किया जा रहा है, जो कि किसी उस्ताद-द्वारा इस्लाह न दी जाकर स्वयं शाइरने अपने कलामपर की है।

यहाँ हम सर इक़बालकी नमूनेके तौरपर केवल एक 'हिमालय' शीर्षक नज़्म दे रहे हैं, जो कि पहली बार लाहौरके 'मख़ज़न' रिसाले (अप्रैल १९०१ ई०) में प्रकाशित हुई थी। फिर यही नज़्म संशोधित परिवर्द्धित होकर १९२४में 'बाँगेदरा' (सर इक़बालकी उर्दू-कविताओंका प्रथम संकलन) में मुद्रित हुई। यहाँ उक्त नज़्म 'मख़ज़न' में प्रकाशित बाईं ओर 'बाँगेदरा' में मुद्रित अंश दाईं ओर दे रहे हैं, ताकि पाठकोंको पता चल सके कि स्वयं डॉ० इक़बालने अपने कलामपर किस प्रकार इस्लाह की है।

हिमालय

(१)

ऐ हिमालय ! ऐ फ़सीले-किश्वरे हिन्दोस्ताँ[1]
चूमता है तेरी पेशानी को झुककर आस्माँ
तुझ पै कुछ ज़ाहिर नहीं देरीना[3] रोज़ी के निशाँ
तू जवाँ है दौरए-शामो-सहर[4] के दरमियाँ
तेरी हस्ती पर नहीं बादे-तग़य्युर[5] का असर
ख़न्दः ज़न[6] है तेरी शौकत[7] गर्दिशे-ऐय्यामपर[8]

(२)

इम्तहाने-दीदए[9]-ज़ाहिर में कोहिस्ताँ[10] है तू
पासबाँ[11] अपना है तू, दीवारे-हिन्दुस्ताँ है तू
सूए ख़िलवत गाहे[12]-दिल दामन-[13]कशे-इन्साँ है तू
मतलए-अव्वल फ़लक जिसका हो वह दीवाँ[14] है तू
बर्फ़ ने बाँधी है दस्तारे-फ़ज़ीलत[15] तेरे सर
ख़न्दः-जन[16] है जो कुलाहे-महरे-आलम ताब पर[17]

---

१. भारतीय दुर्गकी प्राचीर । २ मस्तक । ३. बुढ़ापेके चिह्न । ४. सन्ध्यां और प्रातःकालमें । ५. इन्क़िलाबो हवाओंका । ६, मुस्कराती है । ७. ऐश्वर्य । ८. समय-चक्र, कालचक्र । ९. बाह्य दृष्टिमें । १०, पर्वत । ११. रक्षक । १२. हृदयमन्दिरके एकान्त स्थलका । १३. दामन बचाता हुआ, स्वाभिमानी । १४. जिसके कविता संकलनका प्रथम शेर आकाश है । १५. श्रेष्ठताकी पगड़ी । १६. हँस रहो है । १७ विश्वरूपी चन्द्रमाकी आभारूपी पगड़ीपर ।

(१)

....

....

तुझमें कुछ पैदा नहीं देरीना रोज़ीके निशाँ
तूँ जवाँ है गर्दिशे-शामो-सहरके दरमियाँ
एक जल्वा[1] था कलीमे-तूरे-सीना[2]के लिए
तू तजल्ली[3] है सरापा[4] चश्मे-बीना[5]के लिए

(२)

....

....

मतलए-अव्वल फ़लक जिसका हो वह दीवाँ है तू
सूए-ख़िलवत-गाहे-दिल दामन-कशे-इंसाँ है तू
....

....

---

१. चमत्कार। २. तूर पर्वतपर ईश्वरीयरूप देखनेके इच्छुक मूसाके लिए।
३. ईश्वरीय प्रकाश। ४. पूर्णरूपेण। ५. दृष्टिवालोंके।

(३)

सिलसिला तेरा है या बहरे-बुलन्दी मौजज़न[१]
रक़्स[२] करती है मज़ेसे जिस पै सूरजकी किरन
तेरी हर चोटीका दामाने-फ़लक[३]में है वतन
चश्मए-दामन[४]में रहती है मगर परतव फ़िगन[५]
चश्मए-दामन है या आईनए-सैय्याल[६] है
दामने-मौजे-हवा जिसके लिए रूमाल है

(४)

अब्र[७] के हाथोंमें रहवारे-हवा[८] के वास्ते
ताज़ियाना[९] दे 'दिया [१०]बर्के-सरे-कोहसार[११] ने
ऐ हिमालय ! कोई बाज़ीगाह[१२] है तू भी जिसे
दस्ते-क़ुदरत[१३] ने बनाया है [१४]अनासिरके लिए
हाय क्या जोशे-[१५]मसर्रतमें चला जाता है अब्र
फ़ील बे-[१६]ज़ंजीरकी सूरत उड़ा जाता है अब्र

---

१. तरंगित समुद्रसे। २. नृत्य। ३. आकाशके आँचलमें। ४. झरनेके आँचलमें। ५. प्रकाश फैलाती हुई। ६. तरल दर्पण। ७. बादल। ८. वायुरूपी घोड़ेके। ९. हण्टर। १०. बिजली। ११. पर्वत श्रेणीने। १२, क्रीड़ास्थल। १३. प्रकृतिके हाथोंने। १४, पंच भूतके। १५. आनन्दोल्लासमें। १६. जंजीररहित हाथी।

(३)

तेरी उम्रे-रफ़्ता[1]की इक आन है अहदे-कुहन[2]
वादियोंमें हैं तेरी काली घटाएँ ख़ेमः ज़न[3]
चोटियाँ तेरी [4]सुरय्यासे हैं सरगर्मे-सुख़न[5]
तू ज़मी पर और पिन्हाए-फ़लक[6] तेरा वतन
चश्मए-दामन तेरा आईनए-सैय्याल है
....

(४)

....
....
....
....
हाय क्या फ़र्ते-तरब[7]में झूमता जाता है अब्र
....

---

१. भूतकालीन इतिहासकी। २. प्राचीनत्व। ३. तम्बू ताने हुए। ४. सप्ततारिकाओंसे। ५. वार्तालापमें लीन। ६. आकाश क्षेत्र। ७. आनन्दोल्लासमें।

(५)

जुम्बिशे-मौजे[1]-नसीमे-सुबहे[2]-गहवारा बनी
चूमती है क्या मज़े ले-लेके हर गुलकी कली
यूँ ज़बाने-[3]बर्गसे कहती है उसकी ख़ामुशी
दस्ते-[4]गुलचींकी झटक मैंने नहीं देखी कभी
कह रही है मेरी ख़ामोशी ही अफ़साना[5] मेरा
कुंजे-ख़िलवत[6] ख़ानए-क़ुदरत है काशाना[7] मेरा

(६)

नहर चलती है सरूदे-[8]ख़ामुशी गाती हुई
आइना-सा[9] शाहिदे-क़ुदरत[10] को दिखलाती हुई
कौसरो-तस्नीम[11] की मानिन्द लहराती हुई
नाज़[12] करती है फ़राज़े-[13]राहसे जाती हुई
छेड़ता जा इस इराक़े-दिल[14]-नशोंके साज़को
ऐ मुसाफ़िर ! दिल समझता है तेरी आवाज़को

---

१. वायुकी लहरोंके झकोरे। २. झूलनारूपी प्रातःकाल। ३. पत्तियोंकी वाणीसे। ४. फूल तोड़नेवाले हाथोंकी। ५. क़िस्सा। ६. प्रकृतिके एकान्त स्थलका कोना। ७ निवासस्थान। ८. मौन संगीत। ९. दर्पण-सा। १०. प्रकृतिरूपी प्रेयसीको। ११. जन्नतमें बहनेवाली मदिराकी नदी। १२. अभिमान। १३. उच्च मार्गसे। १४ हृदय-मन्दिरके वाद्यको।

(५)

....

झूमती है नशए-हस्ती[1]में हर गुलकी कली
यूँ ज़बाने-बर्गसे गोया[2] है उसकी ख़ामुशी
....

....

....

(६)

आती है नदी फ़राज़े-कोह[3]से गाती हुई
कौसरो-तस्नीमकी मौजोंको शर्माती हुई
आईना-सा शाहिदे-क़ुदरतको दिखलाती हुई
संगे-रह[4]से गाह[5] बचती गाह टकराती हुई
छेड़ती जा उस इराक़े-दिल-नशींके साजको
....

१. जीवनके नशेमें। २. वार्तालाप करती हुई। ३. पर्वतकी ऊँचाईसे। ४. मार्गके पत्थरोंसे। ५. कभी।

उस्तादके कलामपर इस्लाह

इस परिच्छेदसे पूर्व शिष्योंके कलामपर उस्तादोंकी और स्वयं अपने कलामपर इक़बालकी इस्लाहोंके नमूने पेश किये गये हैं। अब हम तीसरे ढंगकी इस्लाहकी झलकियाँ दे रहे हैं। अर्थात् अमीर मीनाई-द्वारा दी गयी अपने उस्ताद 'मुसहफ़ी'के कलामपर इस्लाहें। 'मुसहफ़ी' अपने जीवनमें अपना दीवान मुद्रित न देख सके। उनकी मृत्युके बाद 'अमीर' मीनाईने उनके कलामका संकलन प्रकाशित कराया तो मनमाने अनेक संशोधनों एवं परिवर्द्धनों सहित।

जनाब अताउल्लाह पालवीने 'एक अदबी डायरीके दो वरक़' शीर्षकसे अगस्त १९४८ ई०के 'शाइर'में 'अमीर'की इस अनधिकार चेष्टापर प्रकाश डाला है और हज़रत 'असर' लखनवीने नवम्बरके शाइरमें अताउल्लाह साहबका समर्थन करते हुए उनके भावोंको और स्पष्ट किया है। हम यहाँ उक्त दोनों महानुभावोंके लेखोंके आधारपर अमीर मीनाई-द्वारा दी गयीं इस्लाहोंपर अपनी भाषा और अपने ढंगसे रौशनी डाल रहे हैं, और जहाँ उक्त महानुभावोंके उद्धरणकी आवश्यकता समझी है, वहाँ उनके नामके साथ उनका मत व्यक्त कर दिया गया है।

मुसहफ़ी—एहतियाजे-शमअ़ क्या है, 'मुसहफ़ी' अपने तईं
है दिले-पुर सोज़ अपना कुंजे-ख़िलवत का चिराग़

[ऐ मुसहफ़ी ! अपने लिए दीपककी क्या आवश्यकता है ? निर्जन स्थानके अँधेरेको भगानेके वास्ते अपना दग्ध हृदय-दीपक काफ़ी है]

मुसहफ़ी देहल्वी थे और उनके ज़मानेमें देहलीवाले 'अपने लिए, आपके लिए'की जगह 'अपने तईं' भी बोलते थे। एक बार मिर्ज़ा

ग़ालिब लखनऊ गये तो एक साहित्यिक गोष्ठीमें लखनऊ और दिल्ली-की भाषापर वार्त्तालापके प्रसंगपर एक सज्जनने मिर्ज़ासे कहा—

"जिस मौक़ेपर अह्ले देह्ली 'अपने तईं' बोलते हैं, वहाँ अह्ले-लखनऊ 'आपको' बोलते हैं। आपकी रायमें फ़सीह (लालित्यपूर्ण) 'आपको' है या 'अपने तईं' ?"

मिर्ज़ाने जवाब दिया—"फ़सीह तो यही मालूम होता है जो आप बोलते हैं। मगर इसमें दिक़्क़त ये है कि मसलन आप मेरी निस्बत यह फ़र्माएँ कि मैं आपको फ़रिश्ता ख़साइल (देव-स्वभावी) जानता हूँ, और मैं इसके जवाबमें अपनी निस्बत यह अर्ज़ करूँ कि मैं तो आपको कुत्तेसे भी बदतर समझता हूँ, तो सख़्त मुश्किल वाक़अ़ होगी। मैं तो अपनी निस्बत कहूँगा और आप मुमकिन है कि अपनी निस्बत समझ जायें।" यह लतीफ़ा सुनकर सब हाज़रीन फड़क गये।

अमीर मीनाई लखनवी थे। अतः आपको मुसहफ़ीके पहले मिसरेमें 'अपने तईं' सुरुचि पूर्ण नहीं लगा। साथ ही मुसहफ़ीके दूसरे मिसरेमें 'चिराग़' तो था, किन्तु लखनवी शाइरीके अनुकरणमें 'रात'का उल्लेख नहीं था। अतः अमीरने 'अपने तईं' निकालकर 'हंगामे-शब' जड़ दिया।

एह्तियाजे-शमअ़ क्या है, 'मुसहफ़ी' हंगामे-शब
है दिले-पुरसोज़ अपना कुँजे-ख़िलवतका चिराग़

असर लखनवी—इस्लाह देनेवाला यह भूल गया कि दिलके जलनेके लिए दिन या रातकी तख़सीस (ज़रूरी) नहीं और कुंजे-ख़िल्वत सीनए-तंगो-तार (सूना हृदयस्थल संकीर्ण एवं अन्धकारपूर्ण) है। जहाँ रात ही में अँधेरा नहीं, दिनको भी उजाला नहीं होता। अमीरकी इस्लाहने इस वुसअतेमाअ़नी (विशाल अर्थके शेर) का ख़ून कर दिया।

मुसहफ़ी—तू भी आवे जो तमाशे को तो मानिंदे-अनार
फूल रखता है हज़ारों शजरे-नालः-ए-शब

[विरह-वेदनासे तड़पते हुए मुझ आशिक़की दयनीय स्थितिका तमाशा देखनेके लिए तू (माशूक़) कभी आता भी है तो आतिशबाज़ीके अनारकी तरह चिंगारियाँ फेंकता हुआ, क्रोधकी फुलझड़ियाँ बखेरता हुआ। सम्भवतः तुझे यह नहीं मालूम कि मेरे रात्रिकालीन आहोंके वृक्ष इस प्रकारके हज़ारों फूल रखते हैं। [मेरी आहो-फ़ुग़ाँ स्वयं ही चिनगारियाँ बखेरती हैं]

अताउल्लाह—अमीर साहबने देखा कि शेरमें नालए-शबका ज़िक्र है और माशूक़से जो आनेके लिए कहा गया है तो उसे वक़्त बताया ही नहीं गया है। लिहाज़ा शेरपर यूँ इस्लाह देकर शाया कराया।

वक़्ते-शब आओ तमाशेके लिए मानिंदे-अनार
फूल रखता है हज़ारों शजरे-नालः-ए-शब

जब शजरे-नालः-ए-शब' मौजूद है तो ऊले मिसरेमें 'वक्ते-शब' का इज़ाफ़ा (परिवर्त्तन) तहसीले-हासिल (व्यर्थ) है।

मुसहफ़ी—यारमारीके सबब कोहकन-ओ-वामिक़-ओ-क़ैस
बचके आया न कोई इश्क़के मैदाँ से हनूज़

अताउल्लाह—अमीर साहबने सोचा कि 'यार मारी' का लफ़्ज़ जामअ् सही, मगर अपने दौरकी ज़बान नहीं है। दूसरे आखिरी मिसरेमें जब मैदानका ज़िक्र है तो 'तेग़' का होना ज़रूरी है। लिहाज़ा इस शेरपर यूँ इस्लाह दी गयी—

तमए-तेग़ हुए कोहकन-ओ-वामिक़-ओ-क़ैस
बचके आया न कोई इश्क़के मैदाँ से हनूज़

असर—'यारमारीके सबब' न क़दीम (प्राचीन) ज़बान है, न जदीद (वर्त्तमान) जाहिल कातिब (मूर्ख लिपिक) ने 'यार मारे गये सब' को 'यारमारीके सबब' पढ़ा और लिख दिया। मेरे पास 'मुसहफ़ी'के दीवानका एक क़लमी नुस्ख़ा (प्रति) है और उसमें वही लिखा है, जो मैंने अर्ज़ किया। इस्लाहने तो कमाल ही कर दिया कि कोहकन (फ़रहाद) वामिक़ और क़ैसको तेग़के घाट उतार दिया। हालाँकि इनमें-से कोई भी शहीद नहीं हुआ।

मुसहफ़ी—आर्ज़ू में तिरी ऐ .ज़ुह् रा: जबीं ! यारों की
आँखें रहती हैं लगी रख़नए-दीवारके साथ

[ऐ चन्द्रमुखी ! तुझे देखनेकी लालसामें तेरे, घरकी दीवारकी दरारमें आँखें लगी रहती हैं कि कभी-न-कभी तो इस तरफ़ आते-जाते दीदार नसीब होगा]

अताउल्लाह—अमीर साहबने देखा कि मुसहफ़ीके शेरमें उमूमियत है। यानी अपने बजाय यारोंका भी ज़िक्र है। लिहाजा इसमें ख़ुसूसियत (विशेषता) पैदा करनी चाहिए। साथ-ही-साथ यह ख़याल वक़्ती हो जाता है। बजाय इसके उसमें हमेशगी होनी चाहिए। नीज़ इसका क्या पता कि उसकी दीवारमें रख़न: था। मुमकिन है पुख़्ता दीवार हो, मगर रोज़न (सूराख़) तो ज़रूर ही होगा। लिहाजा शेरपर यह इस्लाह देकर शाया कराया—

आर्ज़ू है तेरे दीदारकी ऐसी कि मुदाम[1]
आँखें रहती हैं लगी रोज़ने-दीवारके[2] साथ

---

१. सदैव। २. दीवारके सूराख़में।

असर—मुसहफ़ीने 'तारोंकी' कहा होगा, जिसे कातिबने—'यारोंकी' समझा। इसतरह शेरका मतलब आईनः (स्पष्ट) हो जाता है। मुसहफ़ीका सलीक़ा देखिए कि माशूक़को 'माहे जबीं' (चन्द्रमुखी) के बदले ज़ुह्‌राजबीं (शुक्र नक्षत्रमुखी) कहा क्योंकि माह (चन्द्रमा) हर शब नमूदार (प्रत्येक रात्रिको उदय) होता है और ज़ुह्‌रा (सितारा) कभी-कभी, वह भी एक ख़ास मुस्तक़र (निश्चित स्थान) से नहीं। इस्लाहने शेरको उन तमाम हक़ाइक़ और लताइफ़से महरूम (वास्तविकता एवं लुत्फ़से वंचित) कर दिया और सिर्फ़ यह ओछा मतलब रह गया कि माशूक़के रोज़ने-दीवारसे मुदाम आँखें लगी रहती हैं। ताहम दीदार नसीब नहीं होता।

गोयलीय—क़िबला 'असर' ने एक बहुत अछूती कल्पनाका उल्लेख किया है। मुसहफ़ीने अपने पहले मिसरेमें 'माहेजबीं' के बजाय 'ज़ुह्‌रः जबीं' का नगीना जड़ा है, हालाँकि दोनोंका समान वज़न है और 'माहेजबीं' बा-आसानी मौज़ूँ किया जा सकता था और अधिकांश शाइर माशूक़को 'माहेजबीं' ही कहते हैं। सौन्दर्य्यमें 'ज़ुह्‌राजबीं' से 'माहेजबीं' का मर्त्तबा बहुत बुलन्द है। फिर भी मुसहफ़ीने 'माहे-जबीं' न कहके 'ज़ुह्‌रः जबीं' कहा।

इसका सबब यही है कि 'माह' (चन्द्रमा) तो रोज़ाना दिखाई देता है। अतः रोज़ाना दिखाई देनेवाले माशूक़को देखनेके लिए रोज़ने-दीवारसे आँखें लगी रहनेसे क्या लाभ? आँखें तो उसी माशूक़की रख़नए-दीवारसे लगी होंगी। जिसकी झलक कभी-कभी मिलती हो, और यह ख़ूबी ज़ुह्‌रः (शुक्र-नक्षत्र) में होती है।

मुसहफ़ी—कब ख़ूँ में भरा दामन, क़ातिल ! नहीं मालूम
किस वक़्त यह दिल होगा बिस्मिल नहीं मालूम

अताउल्लाह—अमीर साहबने सोचा कि माज़ी (भूतकालीन) की तुक ग़लत है। बल्कि मुस्तक़बिल (भविष्य) का ख़याल बेहतर है। लिहाज़ा शेरपर यूँ इस्लाह दे दी—

कब ख़ू में भरे दामन, क़ातिल नहीं मालूम
कब साहिबे-दौलत हो यह बिस्मिल नहीं मालूम

असर—बिस्मिलके साहिबे-दौलत होनेकी भी बहुत हुई।

मुसहफ़ी—वोह बहर है दरियाए-सरिश्क अपना कि जिसका
पहनायी नज़र आवे है, साहिल नहीं मालूम

[अपने आँसुओंका दरिया ऐसा समुद्र है कि जिसका विस्तार तो दिखायी देता है, किन्तु किनारेका पता नहीं]

अताउल्लाह—अमीर साहबने सोचा कि 'बहर' का तो ज़िक्र है, मगर मल्लाहका पता ही नहीं और फिर आशिक़की आँखका दरिया है तो उसमें मल्लाह भी काफ़ी न होगा। लिहाजा शेरपर यूँ इस्लाह देकर शाया कराया—

वोह बहर है दरियाए-सरिश्क अपना कि जिसका
मल्लाह तो क्या नूह[1]को साहिल नहीं मालूम

असर—कहाँ एक दरियाए-नापैदा कनार (असीम, अपार समुद्र) आँखोंके सामने मौज़ज़न (तरंगित) था। जिधर देखो और

१. एक पैग़म्बर, जिनके समयमें पानीका बहुत बड़ा तूफ़ान आया था।

जहाँ तक देखो पानी ही पानी। कहाँ मल्लाह और नूहकी ठूंस-ठाँस ! इस्तगफ़्फ़ार अल्लाह (अल्लाह रहम करे)

मुसहफ़ी—**उसके दर पर ही जो रहता हूँ पड़ा मैं दिन-रात**
मुझसे झुझलाके कहे है "तेरा घर है कि नहीं ?"

अताउल्लाह—अमीर साहबने सोचा कि शेरमें जो मुस्तकिल (स्थायी) पड़े रहनेका जिक्र है, यह शाने-खुद्दारी (स्वाभिमानकी प्रतिष्ठा) के खिलाफ़ है। नीज़ आखिर कहा किससे गया। इसका शेरमें कहीं पता नहीं। लिहाज़ा इस शेरपर यूँ इस्लाह देकर उसे मक्ता बना दिया गया—

उसके दर पर जो मैं 'बैठा तो यह झुँझलाके कहा—
"मुसहफ़ी जा भी यहाँ से तेरा घर है कि नहीं ?"

असर—कहाँ दरपर दिन-रात पड़ा रहना, कहाँ सिर्फ़ दरपर बैठना ? कहाँ सिर्फ़ इतना कहना कि "तेरा घर है कि नहीं" ? जिसने दिन-रात पड़े रहनेके मफ़हूम (आशय) को मुकम्मिल कर दिया। कहाँ 'मुसहफ़ी जा भी' की मोहमलीयत (अर्थहीनता, बकवास) एक बात और अर्ज़ कर दूँ। और वोह 'तेरा घर' और 'तेरे घर' का नाज़ुक मानवी फ़र्क़ है। तेरा घरसे मिल्कियत मफ़हूम अदा—(स्वामित्वका भाव प्रकट) होता है और 'तेरे घरसे' मक़ामे-बूदो-बास (रहनेका स्थान) ठौर-ठिकाना। मुसहफ़ीके दीवानमें जिसका हवाला दे चुका हूँ 'तेरे घर ही' तहरीर (लिखा हुआ) है।

मुसहफ़ी—**किस तरह कोई रोक रक्खे उसको, क्या करे ?**
उम्रे-रवाँ तो जाती है आबे-रवाँकी तरह

अताउल्लाह—अमीर साहब इससे पहले ग़ालिबका इस मौज़ूँपर यह शेर देख चुके थे—

रौ में है रख़्शे-उम्र कहाँ देखिए थमे
नै हाथ बागपर है ना पा है रकाबमें

[आयु रूपी अश्व दौड़ रहा है, न मालूम कहाँ ठहरेगा। सवारके हाथमें न बागडोर है और न रकाबमें पाँव है] लिहाज़ा उन्होंने सोचा कि वहाँ घोड़ेका ज़िक्र है तो यहाँ सवारको पेश करना चाहिए। चुनाचः शेरपर इस्लाह देकर यूँ दुरुस्त किया और मतला बना दिया—

रोके कोई सवार उसे क्या इनाँ[1] की तरह
उम्रे-रवाँ[2] तो जाती है आबे-रवाँ[3] की तरह

असर—लीजिए साहब! ज़ुल्मात (अँधेरों) में घोड़े दौड़ते-दौड़ते आबे-रवाँ (प्रवाहित दरिया) में भी दौड़ने लगे। 'इनाँकी तरह' ने तसन्नोह (कृत्रिमता) पर आख़िरी हर्फ़ लिख दिया'।

मुसहफ़ी—'मुसहफ़ी'! मिस्रे-मुहब्बतकी करूँ क्या तारीफ़
कौन-सा शहर है इस गर्मिए-बाज़ारके साथ?

अताउल्लाह—अमीर साहबने सोचा कि मिस्र तो बहुत छोटा-सा शहर है और उस्तादकी मुहब्बत यक़ीनन बहुत बड़ी होगी, लिहाजा इस्लाह देकर यूँ शेर बना दिया।

वस्फ़ अक़्लीमे-मुहब्बतका करे क्या कोई
कौन-सा शहर है, इस गर्मिए-बाज़ारके साथ

असर—'अक़्लीम' मुल्क है और मिस्र शहर! एक शहरका तो दूसरे शहरसे मुक़ाबिला और मवाज़नः (तुलना) हो सकता है। लेकिन मुहब्बतको अक़्लीम कहकर उसका तक़ाबुल (तुलना) शहरसे करना न सुख़नवरी है न दानिशमन्दी (अक़्लमन्दी)।

---

१. बागडोर, लगामकी। २. बहती हुई उम्र। ३. बहते हुए पानीके समान।

मुसहफ़ी—यह अब्रे-सियह ताब नहीं, उड़के गया है
आशिक़का मेरे नामए-आमाल[1] हवापर

[आकाशमें यह काले बादल नहीं हैं। बल्कि आशिक़के नामए आमाल हवामें उड़के गये हैं]।

अताउल्लाह—यह शेर अमीर साहबको पहले बहुत पसन्द था। चुनाचः उन्होंने इस ख़यालको अपनाकर ख़ुद अपना यह शेर कहा था—

जब देखते हैं अब्रे-सियह कहते हैं हम मस्त—
"उड़ता हुआ जाता है यह मैख़ाना किसीका"

मगर जब अस्ल शेरको शाया करनेका वक़्त आया तो उन्होंने सोचा कि इस शेरको अपने शेरका सही माख़ज़ (उद्धरण) बनाकर पेश करना चाहिए। चुनाचः उन्होंने इस शेरको यूँ इस्लाह देकर पेश किया—

घिर-घिरके नहीं अब्रे-सियह आता है साक़ी!
मस्तोंका यह है नामए-आमाल हवापर

असर—अस्ल शेरमें 'मेरे' किताबत (प्रतिलिपि करने) की ग़लती है। 'तेरे' चाहिए। इस्लाहका पादर हवा (निराधार-काल्पनिक) होना बदीअ (अद्‌भुत अजीबो-ग़रीब) है। मुसहफ़ीने 'उड़के गया है' का टुकड़ा लगाकर नामए-आमालको अब्रे-सियह ताबमें मुब्दल (परिवर्त्तित) कर दिया। इस्लाहने इस सदाक़ते-शेरी (शेरकी यथार्थता) की मुत्लक़ परवाह न की

१. वह काग़ज़ जिसपर यमदूत हरेक व्यक्तिके सत्कर्म और कुकर्म लिखते हैं, कर्मोंका लेखा-जोखा।

और शेरको तनासुबे-अल्फाज़ (शब्दोंके रखरखाव) का घरौंदा बना दिया।

अताउल्लाह—इस तरहकी सैकड़ों इस्लाहें हैं। कहाँतक नक़ल की जायें ? अगर क़दीम सरमाय: (पुरातन निधि) हर ज़मानेमें नया-नया बनाकर पेश किया जाने लगा तो शायद वह दिन दूर नहीं कि 'मीर' और 'ग़ालिब' का कलाम हमारी आइन्दा नस्लें हिन्दी भाषाओंमें पढ़-पढ़कर खुश होंगी। और कहेंगी कि हज़ारों बरस क़ब्ल (पूर्व) किस तरहसे शाइर ये ज़बानें लिख गये थे।

●